田中正人
齋藤哲也 編集監修

中文版審定
苑舉正／臺灣大學哲學系教授
冀劍制／華梵大學哲學系教授

# 哲學

## 超圖解

世界72哲人╳古今210個哲思，看圖就懂，面對人生不迷惘！

無知之知。

BC469?～399
蘇格拉底

【推薦】

# 像看連續劇般，圖解讓哲學變得一目了然

——苑舉正（國立臺灣大學哲學系教授）

每當我遞出名片的時候，對方總是在看到我的職業之後出現兩種表情。一種是一臉茫然，不知哲學何物；另一種是面懷不善，狀似驚訝地說：「唉呀！你就是把簡單事物說得很複雜的哲學家！」面對前者，我願請他喝杯咖啡，好好解釋一下什麼是哲學；面對後者，我總是難掩心中不悅，卻又無言以對。

我時常想，哲學給人複雜的感覺，原因來自於文字的敘述。因此，如果能夠用繪圖的方式，**說出哲學中的複雜理念，會不會因此省掉了繁複的修辭與文句，直達理念之核心，讓想要理解哲學是什麼的人，一目了然**。《哲學超圖解》讓我實現了這個願望。

有許多哲學的概念，比如說柏拉圖的理型，用文字敘述，顯得非常複雜。我說：「理型本身是一個概念，卻又代表所有參與它的個體。」單單說到這裡，別說是其他人，就連我自己也開始覺得理型與個體之間愈講愈複雜。但是，在圖解的呈現裡，一匹用虛線展示的馬代表馬的理型，而其他各式各樣的大小馬，代表馬的個體。馬的理型，不會變，但個體的馬會經歷一連串的變化直到死亡為止。這樣用虛線與實線展示抽象理念與具體事物的方式，立即說明理型界與現象界的差別。

另外一個例子是黑格爾的辯證法。黑格爾的方法，強調自我否定，所以經常出現「我不是剛才的我，等一下的我也不會是我」，這種矛盾的語言。**在本書中，用圖解的方式，讓我們可以像看連續劇一般，在一連串的圖畫中，充分理解正、反、合的關係**。當這個關係展現在用圖畫

凡現實的，都是理性的，凡理性的，都是現實的。

1770～1831
黑格爾

出來的歷史上，讓人可以很自然地掌握，黑格爾的歷史哲學就是辯證法的應用。

　　本書中有趣的地方很多，其中令我印象最為深刻的，就是當作者應用尼采的權力意志，解釋日本文化裡頗具爭議的職場倫理。圖畫中，一位沒向主管打招呼的員工，違反日本習以為常的職場倫理。感覺權力被蔑視的主管，拒絕權力受損，於是發揮壓迫意志，搬出狀似正義的企業倫理，指責這位有眼無珠的員工。作者認為，這件在日本司空見慣的事情，其實顯現了所有行為的原理，也就是尼采所謂的權力意志。

　　**本書活像是一本圖解哲學字典，其中包含了七十二位哲學家、兩百一十個哲思，以及五百多幅插圖**。在橫跨兩千六百年的哲學史當中，作者依照每一位哲學家的重要性，分別介紹他們最具有影響力的概念。其中，最具影響力的前三名，是**康德、柏拉圖**與**亞里斯多德**。這個選擇是很正確的，因為他們確實是西洋哲學系統主要的三位奠基人。

　　雖然本書以插圖的方式解釋哲學理念，但在插圖之外，它也提供了很多資訊；例如理念的出處、術語的意義、相關的概念，以及名詞的原文等等。這些資訊讓對哲學原先渾然無知的人，可以在很短的時間內，掌握到一些要領，做為進一步踏入哲學殿堂的基礎。

　　我基於以上這些心得，向國內想要一窺哲學之美的好學人士，鄭重推薦本書。

知識就是力量。

1561～1626
培根

【推薦】

# 擴散哲思的新推手

——冀劍制（華梵大學哲學系教授）

如果有一天，考古大隊找到了孔子得意弟子——顏回的陋室遺跡，並在破碎的牆中，意外發現從未問世的《顏回手記》，更令人驚異的，裡面竟然有許多對孔子思想的批評，在這種情況下，你會怎麼想呢？

「這一定是偽造的！」

「為什麼？」

暫且不談當時的泥巴牆是否有可能長期保留住這樣的東西，單從內容來說，就很難讓人相信了。因為，在古代中國，批評老師思想，甚至可以算是違背傳統**「尊師重道」**古訓的行為。在這種情況下，顏回就算心裡不認同，也會覺得是自己的問題，就算覺得自己沒問題，大概也不會寫下來吧！

反觀古希臘時期，在亞里斯多德的著作中，發現一大堆對其老師柏拉圖思想的批評。甚至有一幅名畫〈雅典學園〉，就特別在表達這個矛盾。圖畫中間的兩個人，一人指天，另一人指地，象徵柏拉圖主張真實世界是在看不見的天上（理型界），而亞里斯多德則認為真實世界就在我們舉目可見的前方大地。有別於古代中國的尊師重道精神，亞里斯多德的名言則是：**「吾愛吾師，吾更愛真理。」**

**那麼，哪一種傳統比較好？**

讓我等一會再來回答這個問題。話說，前一陣子看見一個有趣的報導，標題是：「高中生的哲學課，不再把老師當神。」

當然，「神」在這裡的意思並不是主張老師們可以創造宇宙，或是可以製造神蹟，而是從「神不會犯錯」類比著一個觀念：「老師是不會錯的！」也就是說，讀了哲學，掌握一種懷疑精神，對任何說法保持反

我思，
故我在。

1596～1650
笛卡兒

思的習慣，就不會再把老師的觀念與教導，直接照單全收了。

看了這個報導，會心一笑。因為，這個報導想要表達高中生讀哲學很有益處，但我覺得說不定會有反效果。問題在於，當今臺灣教育界真的期待學生有這樣的改變嗎？

就我所知，在臺灣，大多數的老師並不喜歡叛逆的學生，不會跟學生溝通想法，對於唱反調的學生，也不習慣用談理的方式說服，而是認為，「我這麼說，你就該這樣做！」「學生應該聽老師的。」「我是為你們好，聽我的就對了！」

這些觀念，較偏向中國古代傳統尊師重道的學習態度。但哲學教育，卻採用了西方「吾愛吾師，吾更愛真理」的做法。「何者較優」是一個爭議問題，因為仍有一些教育學者認為把《四書》列為必修找回傳統必恭必敬的師生關係更為重要。這場拉鋸戰，究竟誰對？（還是讓我晚點再來回答這個問題。）

雖然在臺灣，哲學遲遲無法正式進入高中校園（捍衛傳統尊師觀念大概也是阻力之一）。**但其實這些年來，哲學已經愈來愈普及的瀰漫在眾人談話的空氣裡，許多年輕人已在呼吸間不知不覺吸入了這些天外訊息，化成成長的養分，逐漸型塑成一個一個的現代哲人，步入社會，擴散哲學的影響力。**

這個跡象，從這些年來哲學普及讀物在社會上的大量需求就可以看出端倪。「讀哲學」甚至已經成了年輕人的最新時尚。這種現象並非在世界各地都如此，在臺灣的興盛，可能歸功於近年來社會上有著太多的爭議話題，而各種哲學觀往往是爭議的焦點；而且讀哲學的人，提出來的觀點也較具說服力，加上（失控的）「臉書轉貼認同文章」取代（較易管控的）傳統媒體的資訊流通效應，愈有說服力的文章與報導，就更容易流通，導致哲學意外盛行起來。

這股流行，催生出各種簡易哲學入門書的大量需求，而這一本書《哲學超圖解》，雖然是日本人寫的，但卻最適合在這時刻出現。

讓他做、
讓他去、
讓他走！

1723～1790
亞當·史密斯

　　哲學的確不好讀。這讓許多嘗試踏入此一潮流（但卻遇到阻礙）的人卻步了。所以，為了滿足這些人的需求，愈來愈容易上手的普及讀物紛紛上市。而這一本書，當我一翻閱，就忍不住笑了。因為它的設計，正好適用於那些遇到困難，但又想試著接觸哲學的人。因為，它包含了好幾大優點：

**第一、有圖有漫畫。** 有圖的書就比較好讀，這是千古不變的真理。

**第二、字不會太多。** 字多了，看了討厭，壓力大。字少讀起來比較舒服，也比較不會因為遇到困難而分心。尤其此書能夠抓住許多哲學觀的核心要點，對初學者來說，字少一點反而是好事，比較容易做初步的掌握，而不會一下子就掉到混亂的分析深淵，迷失在理論的歧路上。

**第三、若不想看細節可以先看大字。** 每一回合，都有框框大字，沒興趣就先跳過去，有空再回頭看。因為有興趣時再來閱讀，比較容易克服理論上的困難。

**第四、隨手翻閱，讀來輕鬆自在。** 編排方法並非從頭到尾一行一行的結構，感覺沒有被迫一個字一個字的慢慢讀，而是隨意跳、隨意看，隨手翻閱，讀起來較輕鬆自在。

**第五、可以拿來當作哲學字典查。** 平時隨便翻，當聽到有人說什麼聽不懂的哲學時，再來查閱就好。

　　這些優點，的確適合一個哲學初學者，也不容易因為看不懂的挫折而產生對哲學的排斥。甚至對於已經接觸過哲學，但涉獵不夠廣泛的人也很有幫助，因為它幾乎包含了所有哲學的主要層面。雖然大多沒有深入探討，但若想要先藉由簡略接觸來尋找有興趣的哲思，將會提供很有用的參考。

　　這對繼續擴散哲學思想，將會扮演另一個推手的角色。那麼，哲學繼續這樣普及下去，學生愈來愈不把老師當神拜，還能挽回中國傳統的

哲學就是概念的創造。

1925～1995
德勒茲

師生關係嗎？（當然，關鍵問題是「挽回真的比較好嗎？」）

**回到最初的問題。東方與西方，哪一種師生關係的傳統比較好？**

古代中國，學生要學的，重點在於技藝、以及許多必須透過內心修行而體會的東西，像是仁心、良知、真道之類的。當我們學習這些東西時，必須先假設「老師說的都是對的」，然後依法實踐，久而久之，就能自然體會而證悟。即使到了現代，如果拜師修法悟道、或是學習工藝技術，需要的態度都是一樣的。懷疑老師的引導，只會妨礙學習的成果。所以，傳統中國的尊師觀，不懷疑老師所言，適用於那個時代。也就是說，**在古代，由於追求的知識型態不同，東、西方各有其適合的師生關係，兩者沒有好壞之別。**

然而，在現今階段的臺灣校園裡，究竟應該找回中國傳統尊師重道的精神，相信老師永遠是對的，還是推行西方「吾愛吾師，吾更愛真理」，事事反思懷疑的哲學觀呢？要回答這個問題，關鍵就在於，現在學校在教的是什麼類型的知識？

**現代臺灣校園的傳授科目已經不再是傳統中國那些需要透過內心修行才能獲得的知識，而是改以需要思考的學科為主。**當學習的東西不同時，自然就需要改變不同的學習方式。這種時候，已經不適合再用把老師當神的教育方式，而**更適合以西方哲學「尋找最合理解答」為教育目標**。沒有人是絕對正確的，老師跟學生在教學的對話中，一同探尋真理。學生對老師的尊重與崇拜，不再仰賴老師的身分，而是能夠說出「更合理觀點」的說服力。

這個轉變，將會締造新的師生關係，或許已經是現代社會無可避免的趨勢。而哲學的普及，更助長此一時代來臨。**一個哲學化的社會，已經在前方醞釀著，而這一個前進的方向，或許正是人類新文明的發展軌道，就讓我們拭目以待吧！**

我知道什麼？

1533~1592
蒙田

【推薦】

# 為什麼你是獨一無二的？

——范疇（《與習近平聊聊臺灣和中國》、
《與中國無關——三十年後的三種臺灣》作者）

**哲學是個追問 WHY（為什麼）和 WHY NOT（為什麼不）的腦部活動。**換句話說，每當你問自己 **「為什麼XX是這樣」**，或者**「為什麼XX不是那樣」**的時候，你就處在哲學狀態。而從小到大天天在問自己「為什麼這樣」、「為什麼不那樣」的那種人，就是「哲學家」；別人看他／她像神經病，好像不管吃飽還是吃不飽都沒其他事幹，只會問「為什麼」和「為什麼不」。

千萬不要小看了這種能力，人和貓狗、大猩猩的最大不同，就是人有能力問「為什麼」和「為什麼不」。倘若有一天你遇到一個像外星人的東西，要測試它究竟是比人強還是比人差，最快的辦法就是看它是不是比人更會問「為什麼」和「為什麼不」；如果它比你還差，那它一定是低等的外星人，它坐來的飛碟，一定是另外一種高等生物提供給它的。同樣的道理下，如果一個「富二代」比你還不懂得追問「為什麼」、「為什麼不」，那他將來做為一個人的成就一定比你差；只有當他的追問能力比你強的時候，你才需要擔心他與生俱來的財富（XD）。

**自古希臘以來，一群哲學家不斷追問為什麼這樣和為什麼不那樣，人類的知識和自我理解就這樣的累積了；**每當某一類領域沉澱了足夠的成果之後，這個領域就脫離「哲學」，自立門戶。今天你看到的所有知識領域，最早都來自哲學活動：對人體的知識夠了，「醫學」就出現了；對無生命的自然現象的知識夠了，就出現「物理學」；對星星的觀

人是會思考
的蘆葦。

1623～1662
巴斯卡

察夠了，就出現「天文學」；對群體生活的理解夠了，出現「社會學」；而對人的情緒、行為的探索，後來就成了「心理學」。一開始追問「為什麼 1＋1＝2」、「為什麼等邊三角形的三邊長度一樣」，後來發展出了數學；而追問「為什麼他說的有道理」，成就了邏輯學。你用的iPhone、電腦，也是這許許多多「為什麼」活動的成果之一。

　　哲學很可憐，幾千年來一直被剝衣服，一項一項的學問離它而去，自立門戶。但是幾千年來，有一個問題一直還留在哲學身上，別的知識領域拿不走，那就是「我，為什麼是我」？換成通俗語言，就是：**「我是誰？我從哪裡來？我在哪裡？我可以往哪裡去？」**

　　看到沒有？「我」。你即使和最親密的女朋友／男朋友坐在同一張桌子邊，你還是你，她／他還是他；你再了解他，也不可能跳進他的自我意識。用一個最極端的例子來說明這道理，假設有一天人類的技術可以做到「腦袋互換」，就是把你的腦袋移植到別人的身體上，別人的腦袋移植到你的身體上，你的「我意識」還是你的，你不可能進入那個「別人」的「我意識」當中。

　　你，或者說你的自我意識，是獨一無二的，不管你姓什麼、什麼人種、活在美國、中國、日本還是臺灣；爸媽進入不了你的自我意識，妻子丈夫也進入不了，更不用說同學同事了。是不是很奇妙？它是不是你最應該珍惜的資產？天下最惡毒的事，就是用方法迫使別人喪失或脫離

自我　設定一切。

1762~1814
費希特

自我意識，這些方法中，最輕微的叫做洗腦，最嚴重的叫做殺人。

**自我意識，就是人能夠追問「為什麼」、「為什麼不」的能力來源。** 在自我意識薄弱的情況下，一切所謂的高等成就都難以出現，如思想、藝術、科學、數學等等。我們現在天天掛在嘴邊的辭藻，如自由、民主、真愛、求真，都會變成沒有靈魂的高調，因為一個人若停止追問「為什麼這樣」、「為什麼不那樣」，什麼理念遲早都要變成殭屍。

　　這本《哲學超圖解》，是一本可以「風吹哪頁看哪頁」的好書，但是不要把它當作一本「知識性」的書來看待；若要談「哲學知識」，大概得需要一百本這樣厚度的書才夠。圖解中涵蓋了多數的西方哲學家，以及他們所提出的兩百多個核心概念。記住，這每一個千錘百鍊的概念，都是哲學家不斷追問「為什麼」、「為什麼不」之後才提煉、凝聚而成的，你不一定對每一個概念都有興趣，但只要其中有幾個對你的「我意識」造成衝擊，就值得了。

　　有點小遺憾，此書只涵蓋西方哲學史的內容，而沒介紹東方的思想成果，如印度的佛家、中國的道家，甚至沒有日本的禪家。不過，此書的另一特色，就是把許多還活著的當代思想家納入，和你我現在所看到的世界現況聯繫起來，彌補了那個小遺憾。

　　**你的自我意識是獨一無二的，** 希望你看這本圖解時的感受，能夠撞擊到你的自我意識。

此網站提供許多免費的哲學課程　（但你的英文得夠好）：
http://www.openculture.com/philosophy_free_courses

回歸
事物本身！

1859～1938
胡塞爾

【推薦】

# 一即一切，一切即一

——莊德仁（建國中學歷史教師、臺灣師大歷史博士）

　　為何推薦《哲學超圖解》一書？最主要的原因，本書無論是內容與編排設計，都太神奇了！實在需要對中小學都無哲學課的臺灣讀者，推薦這本好書。

　　**首先，哲學是門抽象的學問，如何具象地呈現，就是件神奇的事。**哲學流派有其師承，各有其特色，能夠清楚地釐清同異，實透顯出作者非凡且神奇的哲學素養。哲學家的一生，長達數十年，身心經歷亦非常人所想像，**如何找出一句話，來做為一生蓋棺論定之代表，作者的洞見，當然是另一件神奇。**哲學家的論述，往往長篇累牘，如何幾句話，能道出其原委又能直窺其堂奧，如此地直搗黃龍且又一語中的，讓讀者只好拍案叫絕，狂呼神奇！

　　作者努力費心地用簡單幾句話、幾張圖，想要讓讀者能從這簡單的圖文中，認識哲學家的深奧思想，此除了須仰賴作者對哲學家思想的融會貫通外，更展現作者深入淺出的闡述轉化功力，如此精心設計，無非希望讀者能有「一即一切」的閱讀享受。然這應該是臺灣讀者認識哲學的開始，若希望能跟歷代哲學家們對話，更精準地體認作者含英咀華的功力，讀者們實需還要有更完整的哲學素養。**當讀者透過本書的導讀，進而拜讀哲學家的原典後，再回來看本書時，若有「一切即一」的感動時，這自然又是件神奇的閱讀快感。**

　　《哲學超圖解》一書，有著超乎一般書籍的內容與編排設計，唯介紹的哲學家，多是以西方為主，若臺灣的讀者在讀完本書後，也能出版一本《東亞哲學超圖解》或《中國哲學超圖解》等類書籍，此又是出版界的神奇大事吧！

xi

寧做不滿的人類，不做滿足的豬玀。

1806～1873
彌爾

【推薦】

# 隨著超連結跨越古今哲學

——朱家安（《哲學哲學雞蛋糕》作者）

　　身為推廣哲學的人，我不停嘗試各種介紹哲學的方式，圖像當然也是其中之一。我喜歡畫畫，在我的文章和哲學演講裡，也不時會出現輔助理解的視覺形象。然而，身為習慣使用圖像來介紹哲學的人，我卻從來沒想過，有人可以像田中正人這樣用如此一致又可愛的風格畫完這麼多哲學概念，他安排視覺的手法純熟，在人像、具體物件和抽象形狀之間收放自如，**即便是自認為對哲學沒有特別興趣的人，看到這些可愛的插畫和對話，也不會介意順著稍微讀一下裡面透露的哲學點子吧！**

　　寫哲學普及書，一般來說有兩種進路，一種以「有系統的分類」讓讀者隨時了解自己閱讀的內容在整個哲學地圖裡是占據哪個位置、又承先起後於哪些概念；另外一種則將內容切成許多「細碎的小品」，擺脫背景和脈絡，讓讀者隨喜閱讀。系統的寫法和細碎的寫法各有擅場和遺憾，系統能增加理解的完整，但隨著脈絡和背景知識層層疊高的閱讀門檻，也可能讓讀者卻步；細碎帶來輕鬆的閱讀，但背景和脈絡的缺乏，也可能讓讀者無法體會哲學概念之間的關連，使得理解流於表面。系統和細碎的抉擇，我相信不限於哲學，是大部分學術普及寫作者面對的艱難抉擇。

　　在大分類下，本書看起來像是選了細碎的進路，把「介紹兩百一十個互相獨立的哲學概念」做為目標，讓讀者就算不從頭看，也可以很快進入狀況。然而，作者田中正人也致力於把這些**概念之間的關連**在書裡顯示出來，讓認真的讀者有跡可循。因此，你在書裡可以發現許多「超

連結」，**它們標示相關概念的頁碼，使讀者穿越書頁，找到概念和概念之間跨越古今的關係。**而作者為每個年代的哲學家們安排的午表，也很容易讓人判斷哪些學者可能曾經在同一個舞臺上對話。藉由這些規畫，田中正人讓這本書在一定程度上避開了細碎進路帶來的副作用，讓讀者在理解個別概念時，也容易比較和思索。

　　身為哲學入門書，我們當然不能期待本書對哲學思想提供多麼深入的說明，並且，就像其他大部分哲學書一樣，對於我們該如何解讀哲學家們的看法，不同的學者可能會跟田中正人有不一樣的看法。但我想，只要你善加利用作者安排好的說明和「超連結」，**從這本書裡找到一兩則感興趣的討論，並佐以其他書籍資料繼續研讀，那這本可愛的入門書，也算是完成它的任務了。**

人是萬物的尺度。

BC490?～420?
普羅塔哥拉斯

【推薦】

# 超圖解，讓大腦得以
# 更犀利而直接的理解哲學呢！

——汪栢年（蘭陽女中歷史教師）

　　一般人認為圖像是簡單且簡化的象徵，無法如文字般描述深刻的哲學真理，也無法如演說一般深刻地打動人心。但是，就演化的進程而言，成長於自然界的**我們都是運用圖像來理解世間事物的。**人類進入文字的世界只不過才五千年的歷史。曾幾何時，我們已經演變成唯有倚賴文字、語言的轉述才能夠理解哲理。我相信，人腦內仍有一大片待開發的部分，保留給我們很少知覺到的圖像解析力。這種圖像理解力能夠讓我們更犀利、更直接地了解哲理。《哲學超圖解》就是一本試圖用圖像理解力來解釋哲學思潮的書籍。

　　藉由文字來理解哲理時，我們必須透過頭腦的轉化，將字面意義圖像化、邏輯化，方可切入哲理之中。因此，我們在閱讀一般哲學書籍時，往往要透過許多的舉例，才能夠正確地了解。相同地，語言的轉述也必須靠聽講者發揮很大的想像力，或回家之後對筆記進行加工整理，方可真正了解演講者所講的內容。

　　**《哲學超圖解》的圖像很接近所見的自然事物，其利用圖像的闡述過程可以讓頭腦很神奇地直接看到事物的流轉。**圖像與文字相輔相成，補足了文字無法表達的具體形象，也發揮了文字的簡潔表達力。另外，**它利用超連結的概念，將頁碼標註在重要概念之後，讓讀者可以直接前往欲了解的章節頁面，可以使大腦、圖像、文字、哲學概念之間形成連結網絡。**因此，以往對某一哲理的認識或許是模糊不清的，但是在新的

存在者存在，
不存在者
不存在。

BC515?~450?
巴門尼德斯

認識網絡形成之後，大腦將會重新產生不同的概念與看法，對事物也會
產生新的認知。

　　普羅塔哥拉斯的名言：「人是萬物的尺度」，常會被誤解成：「人
是萬物的標準」，但利用書中所舉的兩個例子，則會發現普羅塔哥拉斯
的實際意義比較接近：**「人類常以自己的觀念為尺度衡量萬物」**，這就
是**「以文字解釋哲理」**與**「以圖像解釋哲理」**之間的**差異**所在。因此，
社會上常出現許多容易產生爭議的概念，造成許多不必要的紛爭。在排
除不同的文化價值觀之後，有時候並不是哲理本身的問題，有可能是**方
法論**的問題。若是我們能利用圖像分析對問題的本身進行更犀利的分析
與了解，不僅可以增長本身的智慧，也可帶來寬容的精神，避免因誤解
而產生衝突與戰爭。

# 漫畫圖解，讓中學生一看
# 就懂哲學家腦海裡的邏輯

——王偲宇（壽山高中歷史教師）

哲學是「人類以自己理性的自然光輝探究萬物之最後根源或最高原理之學。」亞里斯多德曾云：「人是理性的動物。」西方哲學非常重視人的理性，認為人之所以為人，乃因人有理性。而哲學的思考方式就從「**邏輯**」開始，它在**形上學**中研究宇宙的根源及存有物的最高原則、在**認識論**中尋找認知的最高原則、在**倫理學**中探討人類道德的最高原則、在**價值論**中確立價值的最高原則、在專門論題中奠定各門學科的研究基礎。以上這些都屬於哲學的範疇，而在西方世界裡，大概除了神學外，沒有其他學科比哲學還要廣闊無邊、寓意深遠了。

從古希臘到當代，出現了許多不同時期的哲學派別，這些學派必須「能成一家之言而自立門戶者，自有其獨特之見解，必有精細的論證、有完整的系統，其範疇必須涵蓋人生與宇宙的幾個重要問題」。當然，哲學範疇內的許多問題一直是眾說紛紜，同一問題各持一角度，而有許多不同的解釋，學哲學則需由其不同之角度而一一去理解，自能有較嚴密而周延的思考，例如希臘化時代的斯多噶學派與伊比鳩魯學派，就有其論理觀點的差異性。

也因此，哲學之於一般普羅大眾或中學學生而言，是較艱深難解的。不管是哲學家本身的思維概念或是不同哲學派別的主義論證，即便透過淺顯而完整的文字敘述，總無法讓中學生輕易弄懂與理解。因為，對於哲學家而言，他們在推理論證的過程中，腦海裡會出現一幅圖像來

所謂的流亡者，是知識分子的流亡者，是知識分子的典範。

1935～2003
薩依德

描繪其邏輯理念的。然而一般大眾與學生較無法直接將哲學家的論理文字轉化成一幅幅的圖像，這也增添了中學生理解各個哲學家及其學派的困難，這確實是個讓人困擾的問題。如果能將這些哲學理念的文字變成清楚易懂的圖像，相信即便沒有師長引導，也能自學理解。為此，野人文化近期出版的《哲學超圖解》一書，便是為解決以上問題應運而生。

　　《哲學超圖解》一書，它列舉了西洋哲學史上著名的七十二位哲學家，以及相對應的兩百一十則重要的哲學概念，並藉由超過五百幅小插圖的呈現方式，來說明與釐清各個哲學家的思想理路與重要的哲學概念。而**這樣透過漫畫圖解的表現方式，可以讓中學生對於複雜難懂的西方哲學不再懼怕**，尤其書中所提到的泰利斯、蘇格拉底、柏拉圖、亞里斯多德、芝諾、伊比鳩魯、聖奧古斯丁、培根、笛卡兒、馬克思、尼采、佛洛伊德、沙特、傅柯、西蒙·波娃、薩依德等人，都是**高中歷史課堂上在介紹西洋歷史當中會提及的重要哲學家，確實對於中學生西洋哲學的學習有非常大的助益。**而且該書還具備工具書與辭典的功能，舉凡哲學家的簡歷、名言與重要思想以及哲學概念的解說、語源、出處、影響、文獻、具體實例及對立詞等，都在書中按照時序脈絡地完整呈現。它確實是一本淺顯有趣且能輕鬆了解西方哲學概念的重要入門書籍，不但能夠當做**中學教師備課補充之用書**，也非常值得推薦給**一般普羅大眾與中學學生閱讀的課外讀物。**

不可能有毫無負荷的自我。

1953～
桑德爾

【推薦】

# 適合年輕人的圖解學習模式，
# 帶來更多思考與閱讀的樂趣

——陳正宜（南湖高中歷史教師）

第一次看到哲學超圖解的樣書時，稍微花了一些時間，才體會到編著者的用心。猶記得以前讀大學時很喜歡柯靈烏《歷史的理念》一書，書中他分析了何謂歷史哲學？並對自古希臘到中古基督教世界，一直到近代的重要歷史哲學家如笛卡兒、康德、黑格爾等人的哲學，做出析論，他的分析與論證，雖然鞭辟入裡又才華洋溢，但以現在的時空環境來看，要對十幾歲的學生談康德、黑格爾，要學生讀一些哲學經典，這真的是談何容易……

很高興看到野人文化出版的《哲學超圖解》一書，以專有名詞及概念圖解來切入，縱橫古今的介紹了七十二位哲學家，**猶如哲學辭典般詳實**，先以圖畫方式解說深奧難懂的哲學概念，引起同學興趣，如對書中所說的概念有共鳴、有體會，就可以進一步的往下探究，參閱相關頁面或再找書來看，**這樣的編排，很適合時下年輕人的學習模式，也更能引領青年學子進入哲學的世界。**

期待透過這本有創意的哲學入門書，能帶給青年學子們正確的哲學、歷史相關知識，也帶給廣大讀者們更多閱讀與思考的樂趣。

# CONTENTS

# 中世紀

# 近代（前期）

# 近代 (後期)

# 現代

# 本書使用說明

若從頭開始閱讀，可以得知始於泰利斯的西洋哲學史是如何變化至今的，可看出西洋哲學的粗略趨勢。若把本書當成哲學概念辭典使用，卷末的索引很方便。查閱哲學概念時，除了哲學概念本身那一頁外，若一併參閱相關頁面，將可加深理解。

**人物**
主要哲學家七十二人的插畫。

**主要活躍地點或國家**
與哲學家關係深遠的國家國旗。

**名言**
象徵哲學家的名言及其解說。

**物件**
與哲學家關係深遠的事件及其解說。

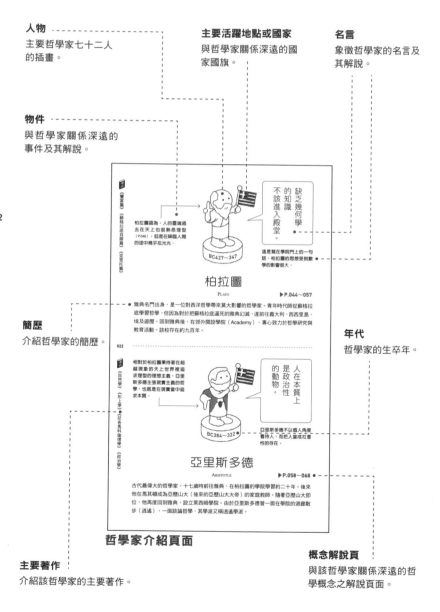

**簡歷**
介紹哲學家的簡歷。

**年代**
哲學家的生卒年。

**哲學家介紹頁面**

**主要著作**
介紹該哲學家的主要著作。

**概念解說頁**
與該哲學家關係深遠的哲學概念之解說頁面。

**哲學概念標題** ········

介紹兩百一十個主要哲學概念。

**相關哲學家簡介頁碼** ········

介紹相關哲學家的頁碼標示。

**相關哲學家**

與標題概念關係深遠的Q版哲學家插畫。

**資料**

列出有助於理解哲學概念的資訊。視概念的不同，另設以下項目。

[意義]

以一句話簡單解說概念意義。

[語源]

解說用語是從什麼樣的字誕生出來的。

[具體實例]

舉出屬於某種類別或群體的具體實例或代表人物。

[對立詞]

介紹在概念或想法上與此處概念對立的概念。

[初出處]

舉出第一次出現此一概念的文獻。

[出處]

針對引用的概念，明確列出引用自哪裡。

[影響]

與此概念相關、造成影響的關係。

[文獻]

舉出以此概念為中心展開討論的文獻。

[相關概念]

列舉書中相關的概念標題。

[備註]

解說有助於進一步理解此概念的有用知識。

**013**

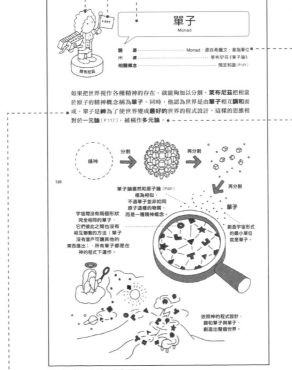

# 單子
Monad

語　源 ············ Monad，源自希臘文，意指單位。
出　處 ············ 萊布尼茲《單子論》
相關概念 ············ 預定和諧 (P.121)

如果把世界視作各種精神的存在，就能夠加以分割。**萊布尼茲**把相當於原子的精神概念稱為**單子**。同時，他認為世界是由**單子**相互**調和**而成。單子是**神**為了使世界變成**最好的**世界的程式設計。這樣的思維相對於**一元論** (P.117)，被稱作**多元論**。

120

精神　分割　　　再分割

再分割

單子論雖然和原子論 (P.031)極為相似，不過單子並非如同原子這樣的物質，而是一種精神概念。

宇宙間沒有兩個形狀完全相同的單子，它們彼此之間沒有相互聯繫的方法（單子沒有門可讓其他的東西進出）。所有單子都是在神的程式下運作。

單子

創造宇宙形式的最小單位就是單子。

依照神的程式設計，調和單子與單子，創造出整個世界。

**哲學概念解說頁面**

**解說**

解說標題概念。

**其他重要用語**

不同於標題概念的其他哲學概念，重要度與標題概念相同。

古代

## 古代哲學家

自然哲學

**泰利斯** P.018

[哲學概念] P.024～028

**德謨克利特** P.021

[哲學概念] P.031

**阿那克西曼德**

[哲學概念] P.027

愛奧尼亞學派
（赫拉克利特以外為米利都學派）

**阿那克西美尼**

[哲學概念] P.027

**巴門尼德斯** P.019

[哲學概念] P.030

伊利亞學派

**赫拉克利特** P.019

[哲學概念] P.029

**畢達哥拉斯** P.018

[哲學概念] P.028

畢達哥拉斯教團

**普羅塔哥拉斯** P.020

[哲學概念] P.032

詭辯家

**高爾吉亞** P.020

[哲學概念] P.034

**蘇格拉底** P.021

[哲學概念] P.036～043

| B.C.600 | B.C.550 | B.C.500 | B.C.450 |

巴比倫之囚(B.C.586)*1

雅典展開民主政治 (B.C.594)

波希戰爭(B.C.500) *2

希臘化時期哲學

**伊比鳩魯** P.023

[哲學概念] P.072 --- 伊比鳩魯學派

**芝諾** P.023

[哲學概念] P.070 ─斯多噶學派

**柏拉圖** P.022

[哲學概念] P.044～057

**亞里斯多德** P.022

[哲學概念] P.058～068

B.C.400　　　B.C.350　　　B.C.300　　　B.C.250

伯羅奔尼撒戰爭(B.C.431)*3

亞歷山大大帝東征(B.C.334)*4

*1 巴比倫圍困攻陷耶路撒冷，並將猶太人俘虜至巴比倫。
*2 西元前 500 年波斯征服小亞細亞後，繼續向西擴張，
　 於西元前 492 ～ 449 年間，三次入侵希臘城邦，最後
　 以失敗告終。
*3 歷時 27 年（西元前 431 ～ 404 年），以雅典為首的
　 提洛同盟與以斯巴達為首的伯羅奔尼撒聯盟幾度開戰、
　 停戰，最後雅典戰敗，結束了希臘的民主時代。
*4 自西元前 334 年開始展開 10 年東征，征服波斯帝國，
　 疆域從愛奧尼亞海至印度河流域，最後死於回國途中
　 的巴比倫。

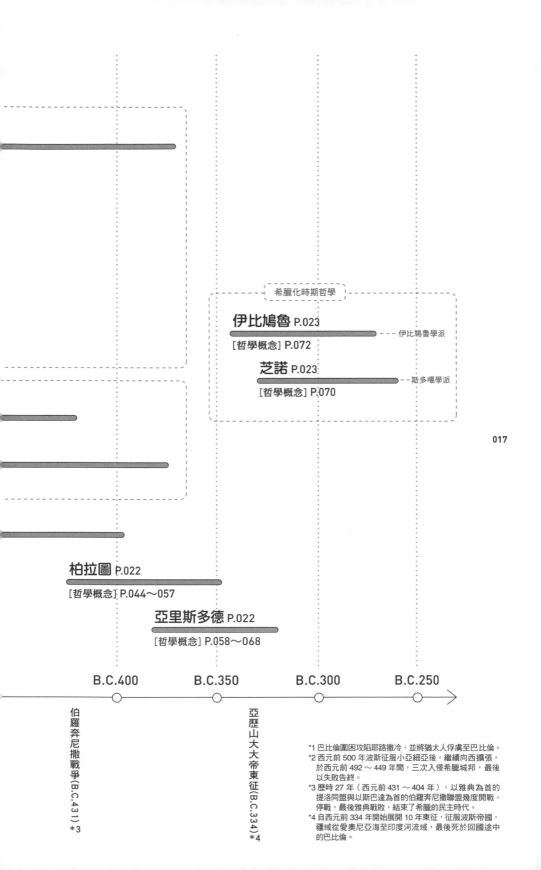

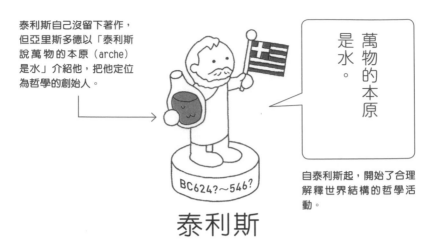

泰利斯自己沒留下著作，但亞里斯多德以「泰利斯說萬物的本原（arche）是水」介紹他，把他定位為哲學的創始人。

萬物的本原是水。

自泰利斯起，開始了合理解釋世界結構的哲學活動。

BC624?～546?

# 泰利斯

THALES OF MILETUS

▶ P024～028

生於希臘殖民地米利都的自然哲學家。他是希臘七賢人之一，亞里斯多德稱他為「哲學之父」。他活躍於諸多領域，諸如政治、氣象、治水工程、航海術、幾何學等。據說他曾預測隔年會有好收成，而在收成不好的當年，買下榨橄欖油的全部機器，隔年再高價出租，大賺特賺。此外，他也通天文學，據說曾預知了西元前五三八年的日蝕。

畢達哥拉斯因畢氏定理及三角形內角和為 180 度、音階理論而聞名。他也對柏拉圖造成莫大的影響。

大家知道的各種事物裡都有數字。

畢達哥拉斯自己沒留下隻字片語，這句話是他的弟子菲洛勞斯講的。

BC582～496

# 畢達哥拉斯

PYTHAGORAS

▶ P028

出生於薩摩斯島的哲學家、數學家。在故國的政治改革挫敗後，移居南義，創辦了融合宗教、政治、哲學的宗教團體。相信靈魂不死與輪迴，與弟子們一起過著禁欲的生活。他推展了讓數字帶有思辯意義的哲學，像是 1 是理性，2 是女性，3 是男性，諸如此類。他主張數字才是萬物的本原。

據他認為，一旦有一定量的火燃燒起來，就會有相同量的火消失。他認為這種永遠生生滅滅的火，是宇宙的本原。

人無法踏進同一條河兩次。

他認為「萬物會流轉」，主張「變化」是世界的本質。

# 赫拉克利特

HERACLITUS ▶P029

出生於愛奧尼亞地方以弗所（Ephesus）的自然哲學家。據說是王室家族，但細節不明。據說為人不親切，不擅與人往來，過著孤高的人生。由於他的毒舌與用詞的晦澀，而有「晦澀人」、「謎一般的人」之稱。他認為衝突與變化才是這個世界的真實樣貌，並發現在對立事物的平衡之上，有某種支配萬物的理性法則（logos，邏各斯）發揮著功能。

巴門尼德斯以希臘敘事詩的形式談論自己的思想。在殘留片段的《論自然》中，採取的是由女神談論真理的形式。

存在者存在，不存在者不存在。

摒除單憑感覺的討論，貫徹理性思考，探討「有」與「無」的關係。

# 巴門尼德斯

PARMENIDES ▶P030

南義伊利亞名門世家出身。他熱愛祖國，為了祖國而制訂法律。據柏拉圖的說法，巴門尼德斯曾到過雅典，與年輕的蘇格拉底碰面。他和赫拉克利特相反，主張「本原」是永遠不會變化的「不動的一」。此外，以「阿基里斯與烏龜的悖論」聞名的「伊利亞的芝諾」，是巴門尼德斯的弟子。

普羅塔哥拉斯的授課費較貴，有人說甚至貴到足夠買兩艘軍艦。

人是萬物的尺度。

BC490?～420?

普羅塔哥拉斯認為，真理是相對的，因此他和追求絕對真理的蘇格拉底彼此對立。

# 普羅塔哥拉斯
## PROTAGORAS
▶P032

生於色雷斯的阿布德拉，是一位在雅典活動的詭辯家。他與雅典大政治家伯里克利交好，是當時知名度最高的哲學家，大家甚至說「無人能與普羅塔哥拉斯相提並論」。持相對主義立場，亦即對事情的判斷或標準因人而異，主張對於任何問題都存在正反兩種看法。

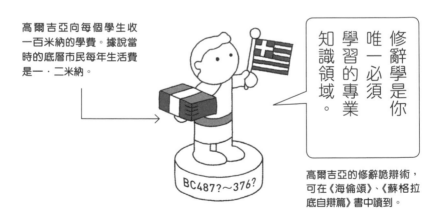

高爾吉亞向每個學生收一百米納的學費。據說當時的底層市民每年生活費是一·二米納。

修辭學是你唯一必須學習的專業知識領域。

BC487?～376?

高爾吉亞的修辭詭辯術，可在《海倫頌》、《蘇格拉底自辯篇》書中讀到。

# 高爾吉亞
## GORGIAS
▶P034

出生於西西里島的希臘殖民城市雷翁帝尼。西元前四二七年，代表遭敘拉古壓迫的祖國擔任外交使節出訪雅典，以巧妙的辯才博得名聲。是一位與普羅塔哥拉斯齊名的知名詭辯家，針對觀眾的提問臨場提供機敏回答，尤其受到歡迎。在柏拉圖的對話錄《高爾吉亞篇》中，以嘲諷的口吻描繪了他賣弄學識的模樣。

遭判死刑的蘇格拉底，以「惡法亦法」為由拒絕逃獄，並將毒參汁一飲而盡後死去。

無知之知。

蘇格拉底認為，哲學最大的課題在於知道自己是誰。

BC469?～399

# 蘇格拉底

SOCRATES

▶P036～043

生於雅典，父親是雕刻家，母親是助產士。外界認為，他的太太贊西佩是「世界三大惡妻」之一。他曾三度以戰士身分參加伯羅奔尼撒戰爭。他的容貌醜陋，據說有時會不知不覺陷入沉思狀態。他批判詭辯家，並認為透過問答的方式可找到普遍的真理，也因而被告發，說他是危險人物，並在民眾審判下，遭處死刑。

他主張原子論，認為萬物的本原來自原子，原子在虛空中運動，以各種形式結合，創造出世界。

這個世界只存在著原子與虛空。

德謨克利特確立了以原子說明萬物的原子唯物論。

BC460?～370?

# 德謨克利特

DEMOCRITUS

▶P031

出生於色雷斯，據說常到遠東各地旅行。除哲學外，他也熟悉倫理學、天文學、數學、音樂、生物學等多種學問。由於他的個性開朗，又有「笑哲人」的綽號。不只物體，他認為人的靈魂也是由原子構成的；人生的理想在於得到原子井然有序的平穩狀態。

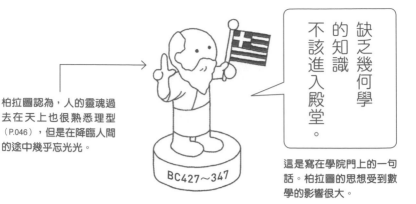

柏拉圖認為，人的靈魂過去在天上也很熟悉理型（P.046），但是在降臨人間的途中幾乎忘光光。

缺乏幾何學的知識不該進入殿堂。

這是寫在學院門上的一句話。柏拉圖的思想受到數學的影響很大。

# 柏拉圖

PLATO ▶P.044～057

雅典名門出身，是一位對西洋哲學帶來莫大影響的哲學家。青年時代師從蘇格拉底學習哲學，但因為對於把蘇格拉底逼死的雅典幻滅，遂前往義大利、西西里島、埃及遊歷。回到雅典後，在郊外開設學院（Academy），專心致力於哲學研究與教育活動。該校存在約九百年。

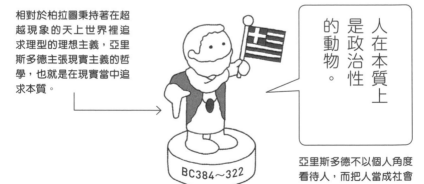

相對於柏拉圖秉持著在超越現象的天上世界裡追求理型的理想主義，亞里斯多德主張現實主義的哲學，也就是在現實當中追求本質。

人在本質上是政治性的動物。

亞里斯多德不以個人角度看待人，而把人當成社會性的存在。

# 亞里斯多德

ARISTOTLE ▶P.058～068

古代最偉大的哲學家。十七歲時前往雅典，在柏拉圖的學院學習約二十年。後來他在馬其頓成為亞歷山大（後來的亞歷山大大帝）的家庭教師。隨著亞歷山大即位，他再度回到雅典，設立萊西姆學院。由於亞里斯多德曾一面在學院的迴廊散步（逍遙），一面談論哲學，其學派又稱逍遙學派。

由芝諾創始的斯多噶學派主張，不受情感干擾而活的禁欲主義，才是順從自然的生活之道。

順從自然而生活。

斯多噶學派帶有世界主義的特性，認為所有人在邏各斯（logos）這種自然法則下，都是平等的。

BC335～263

# 芝諾
ZENO OF CITIUM

▶P.070

出生於賽普勒斯島季蒂昂的商人家庭。青年時期以貿易商身分離開，因船隻失事而來到雅典。他在雅典的書店讀到色諾芬所著的《回憶蘇格拉底》（*Memorabilia*）一書，深受感動，開始學習哲學。由於他後來在雅典的斯多噶壁畫柱廊（Stoa Poikile）開設學院，以他為始的學派就稱為斯多噶學派。

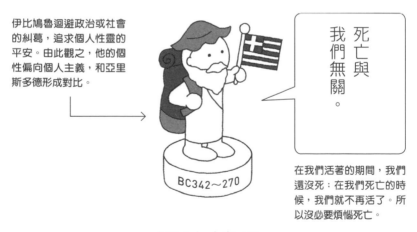

伊比鳩魯迴避政治或社會的糾葛，追求個人性靈的平安。由此觀之，他的個性偏向個人主義，和亞里斯多德形成對比。

死亡與我們無關。

在我們活著的期間，我們還沒死；在我們死亡的時候，我們就不再活了。所以沒必要煩惱死亡。

BC342～270

# 伊比鳩魯
EPICURUS

▶P.072

出生於薩摩斯島，在雅典郊外開設附有庭園的學院，建立伊比鳩魯學派。受到德謨克利特原子論思維的影響，認為死亡就是構成靈魂的原子變得凌亂，所以不是壞事也不必害怕。外界把他的哲學當成享樂主義，但他所說的快樂指的是靈魂的平和，以及從對死亡的恐懼中解放。

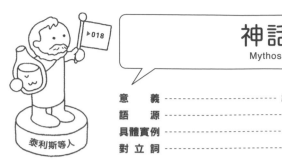

▶018

# 神話
Mythos

泰利斯等人

| | |
|---|---|
| 意　　義 | ---------------------------- 神話、虛構的故事（希臘語） |
| 語　　源 | ---------------------------- 「傳述下來的東西」之意 |
| 具體實例 | ---------------------------- 希臘神話、伊索寓言 |
| 對 立 詞 | ---------------------------- 邏各斯（P.025） |

很久以前，人們都是用**神話（mythos）**的角度來理解自然（世界）。
例如，過去大家認為，自然災害是神在生氣使然。

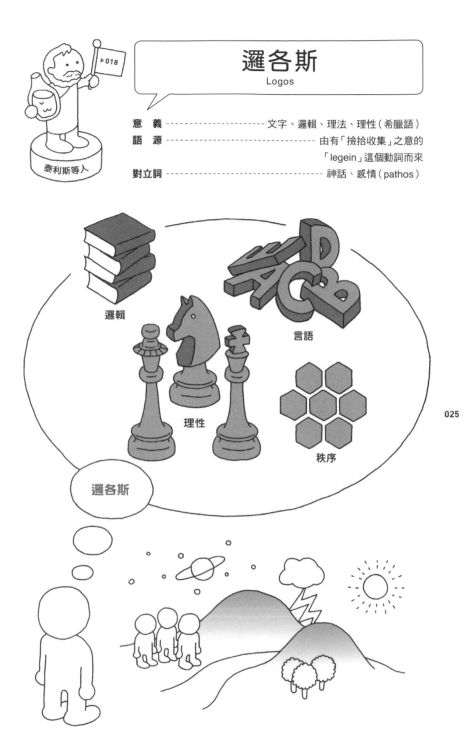

## 邏各斯
Logos

**意 義** ────────── 文字、邏輯、理法、理性（希臘語）
**語 源** ────────── 由有「撿拾收集」之意的「legein」這個動詞而來
**對立詞** ────────── 神話、感情（pathos）

▶018

泰利斯等人

邏輯

言語

理性

秩序

邏各斯

025

希臘的哲學家不是以神話理解自然，而是希望以**合理的邏輯**（邏各斯 **logos**）理解它。

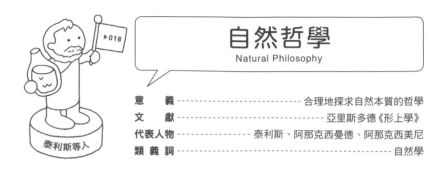

# 自然哲學
## Natural Philosophy

| | |
|---|---|
| 意　　義 | 合理地探求自然本質的哲學 |
| 文　　獻 | 亞里斯多德《形上學》 |
| 代表人物 | 泰利斯、阿那克西曼德、阿那克西美尼 |
| 類義詞 | 自然學 |

▶018

泰利斯等人

從前從前，大家相信，自然（世界）是由神所創造的。人們是從**神話**中學習世界的起源與構成。

不久，各種技術進步後，人們得以過著豐渥的生活。人口增加了，開始和不同地域的人有了交流。

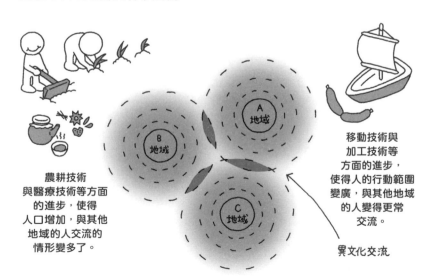

農耕技術與醫療技術等方面的進步，使得人口增加，與其他地域的人交流的情形變多了。

移動技術與加工技術等方面的進步，使得人的行動範圍變廣，與其他地域的人變得更常交流。

異文化交流

這麼一來，大家就會察覺到，不同地域談論自然起源與構成的神話都不一樣。

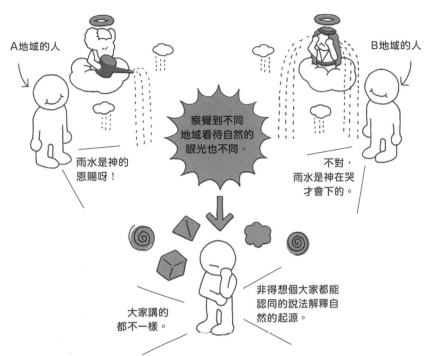

A地域的人

雨水是神的恩賜呀！

察覺到不同地域看待自然的眼光也不同。

B地域的人

不對，雨水是神在哭才會下的。

大家講的都不一樣。

非得想個大家都能認同的說法解釋自然的起源。

於是，就變成有必要設想一個任何人都能認同的說法，來解釋萬物的本原。**泰利斯**認為萬物的本原是**水**，**阿那克西美尼**認為是**空氣**。本原是水還是空氣並不重要，不要以神話說明萬物的本原，而是用自己的大腦思考，在自然當中找出本原來──這在當時是新的思維，也是**自然哲學**的起點。

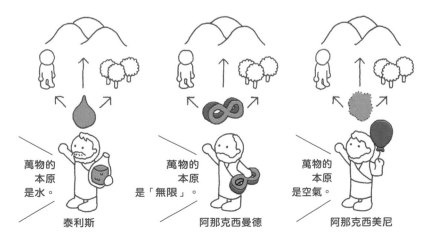

萬物的本原是水。

泰利斯

萬物的本原是「無限」。

阿那克西曼德

萬物的本原是空氣。

阿那克西美尼

# 本原
## Arche

| | |
|---|---|
| 意　　義 | 起始、本原、原理（希臘語） |
| 初 出 處 | 據信是阿那克西曼德最早使用 |
| 具體實例 | 泰利斯的水、德謨克利特的原子 |
| 對 立 詞 | 完成、目的（telos） |

**自然哲學**（P.026）的哲學家，是以邏輯的思考探求**萬物的本原**（arche），而非透過神話或傳說。

萬物的本原是水。

泰利斯認為本原是水。

萬物的本原是空氣。

阿那克西美尼認為本原是空氣。

萬物的本原是原子。

德謨克利特認為本原是原子。

萬物的本原是數字。

畢達哥拉斯認為本原是數字。

# 萬物會流轉
Panta Rei

意　義 ———————————————————— 各種事物都會變化
文　獻 ——————————— 赫拉克利特自己並沒有說「萬物會流轉」，
　　　　　　　　　　　　　　　而是透過柏拉圖著作流傳
備　註 ——————————— 黑格爾稱赫拉克利特為「辯證法始祖」

**赫拉克利特**說「人無法踏進同一條河兩次」。這句話是什麼意思呢？

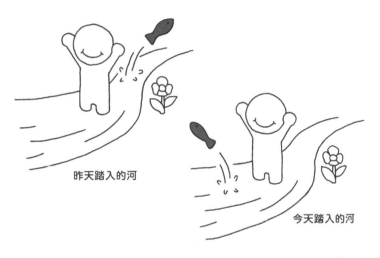

昨天踏入的河

今天踏入的河

不光是河，人、物體與自然，都不斷在**變化**。**赫拉克利特**不僅思考萬物的本原（P.028），更進一步發現**萬物會流轉**（panta rei）的機制。

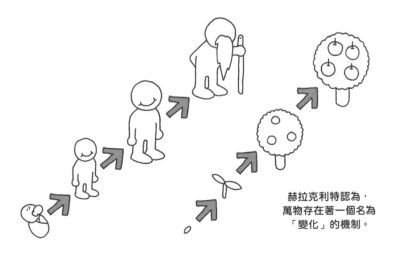

赫拉克利特認為，
萬物存在著一個名為
「變化」的機制。

巴門尼德斯

## 存在者存在，
## 不存在者不存在
Estin einai, ouk estin me einai.
（英文 Beings is, non-beings is not.）

| | |
|---|---|
| 意 義 | 不會無中生有 |
| 文 獻 | 巴門尼德斯〈殘篇 6〉 |
| 影 響 | 畢達哥拉斯的科學思考 |

**巴門尼德斯**和**赫拉克利特**（萬物會流轉 P.029）相反，他認為世界不會**變化**。巴門尼德斯主張，所謂**變化**就是「物質從**有**到**無**或是從**無**到**有**」，但這種事情在邏輯上是不**可能**的。**巴門尼德斯**不是用眼睛，而是從**理性**的角度看待存在之有無，因此被認為是**理性主義**的始祖。

030

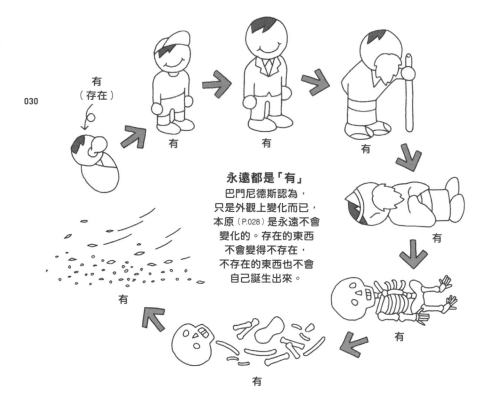

有
（存在）

有

有

有

**永遠都是「有」**
巴門尼德斯認為，
只是外觀上變化而已，
本原（P.028）是永遠不會
變化的。存在的東西
不會變得不存在，
不存在的東西也不會
自己誕生出來。

有

有

有

有

他以「**存在者存在，不存在者不存在**」描述存在的樣貌。他的想法催生出討論存在的**本體論**（P.256），也就是**存在**這件事對人類來說代表何種意義。

# 原子論
## Atomistic

德謨克利特

意　義 ------------------------------ 認為「宇宙可以用原子的
離合聚散加以說明」的思維
文　獻 ------------------------------ 德謨克利特〈殘篇125〉
相關概念 ------------------------------ atomon（「不可切割的東西」之意）

假如把物品拿來不斷切細，到頭來會變成無法切得更細的**粒子**。**德謨克利特**稱這種無法再切割的東西為**原子（atom）**，認為萬物都是**原子**構成的。這就是**原子論**。

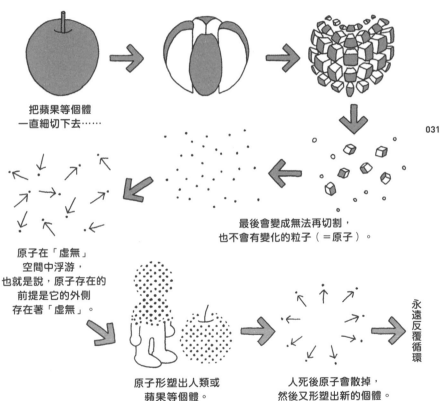

把蘋果等個體
一直細切下去……

最後會變成無法再切割，
也不會有變化的粒子（＝原子）。

原子在「虛無」
空間中浮游，
也就是說，原子存在的
前提是它的外側
存在著「虛無」。

原子形塑出人類或
蘋果等個體。

人死後原子會散掉，
然後又形塑出新的個體。

永遠反覆循環

031

從**德謨克利特**的**原子論**，可以解讀出**唯物主義**（P.205）般的思維。同時，為了讓原子存在，前提是存在著讓它浮游、一無所有的空間，也就是**虛無**。**德謨克利特**的想法不同於**巴門尼德斯**（不存在者不存在P.030），他認為**「不存在者，也存在」**。

# 人是萬物的尺度
## Homo-Mensura-Satz

> ▶020

▶020

| | |
|---|---|
| 意　　義 | 並無普遍的判斷標準 |
| 文　　獻 | 普羅塔哥拉斯〈殘篇1〉 |
| 影　　響 | 相對主義 |
| 相關概念 | 詭辯家（P.34） |

對於來自比東京還冷的國家的居民來說，日本很熱；對於來自酷熱國家的人來說，日本很冷。

這種狀況下的「人類」，指的是相對於「動物」的「人類」的意思，要注意！

雙方講的都是事實。人類是萬物的尺度！

日本好熱！

日本好冷！

印度人（熱帶國家的人）

普羅塔哥拉斯

俄國人（寒帶國家的人）

032

每個人的價值觀都不同，身為**詭辯家**（P.034）的**普羅塔哥拉斯**認為，世上並不存在什麼大家都通用的真理。於是也留下了**人是萬物的尺度**這句話。這樣的想法，稱為**相對主義**。相對主義在現代是很普遍的想法。近代在以西歐為中心的主義下，把統治殖民地一事給正當化了。出於對此事的反省，現代就誕生了「文化之間並無優劣之分」的**文化相對主義**。

再舉另一個例子吧。

就個人來說，A先生與B先生講的都是事實。

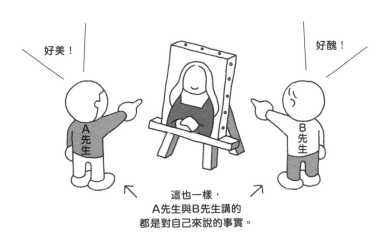

這也一樣，
A先生與B先生講的
都是對自己來說的事實。

像這樣，眾人之間並不存在著通用的真理（價值）。絕不獨斷的**相對主義**思維帶來了寬容的精神。但與此同時，也因為什麼是善、什麼是美都因人而異，「只要不造成別人困擾，做什麼都行」這樣的想法於是擴散開來。

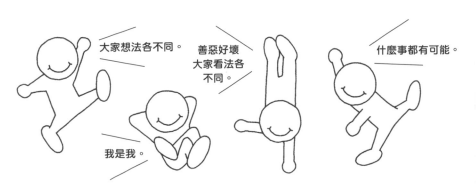

高爾吉亞等人

## 詭辯家
### Sophist

意　義 -------- 原本指「博學者」，後指職業教師。在柏拉圖的
　　　　　　　著作中，把這種人描寫為賣弄詭辯的人，有瞧不起的意味
代表人物 ----------------------------- 普羅塔哥拉斯、高爾吉亞
相關概念 ----------------------------- 人類是萬物的尺度（P.032）

當時的雅典，任何市民都能參與政治，因此市民關注的焦點就從**自然**
（physis）轉移至**法律與規則**（nomos）。青年們都願意支付高額費
用，希望跟哲學家學習成為政治家所需要的辯論術。教他們辯論術的
哲學家，就叫**詭辯家**。

**詭辯家的工作技巧**

未來，成為政治家後，
要向市民收取高額稅金
時，該怎麼說才好？

青年

詭辯家
真好賺吶。

你就說：
「稅金比一頭牛
便宜多了！」

詭辯家

青年們從詭辯家那裡
學到相對主義的思維，逐步鍛鍊
自己的辯論術。

青年們從**詭辯家**那裡學到**相對主義**（P.032）的思維。他們也學到，在演
説中如何不讓民眾察覺要推行的政策是為了私利私欲。

代表性的**詭辯家高爾吉亞**告訴青年們，**「正確的東西並不存在，就算存在，人類也無法得知」**。

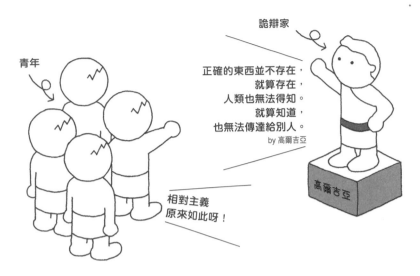

從**詭辯家**的角度來看，並不存在著任何人都通用的真理與正義。例如，雅典的**法律與規則**並非原本就存在於自然當中，而是只針對雅典市民來說的正義。因此，只要前往其他**城邦（共同體，polis）**，那裡就會有不同於雅典的法律與規則。

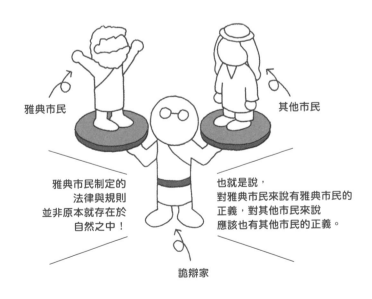

這麼一來，固然可戒除獨善其身的意見，但也會使得「擅花言巧語的哄騙者才是贏家」的氛圍不斷蔓延。這時，**蘇格拉底**（P.021）出現了。

# 無知之知
## Know Yourself （認識自己）

意　　義 ------------------------------------------- 知道自己的無知
文　　獻 ------------------------------------- 柏拉圖《蘇格拉底自辯篇》
相關概念 ----------------------------------------------- 自知無知
備　　註 ----------------------------------- 蘇格拉底哲學的出發點

某一天，德爾菲阿波羅神殿的女祭司說：「在這個世界上，**蘇格拉底**最有頭腦。」

阿波羅神殿柱子上刻著「Know Yourself」這句話。蘇格拉底把這句話解釋為「要承認自己什麼也不知道」。

蘇格拉底最有頭腦。

德爾菲的女祭司

我明明不知道正義、善與美的意義，為什麼是我？

蘇格拉底

聽到這番話，**蘇格拉底**覺得很不可思議，自己什麼都不懂，為何女祭司要說他頭腦好？

正義這東西你懂嗎？

蘇格拉底向許多賢者請教過，善與正義的意義，但大家只是覺得自己知道而已，其實並不是真的知道。

當然知道啊！雖然回答不出來……

賢者？

**蘇格拉底**最後得到的想法是，與其當個「明明不知道卻以為自己知道」的人，不如像自己一樣，當個「知道自己不知道」的人，還比較聰明。這就叫**無知之知**。

▶021

# 德性
Arete

蘇格拉底

| | |
|---|---|
| 意　　義 | 靈魂具備出色的性質 |
| 語　　源 | 某種東西原本的能力、卓越性 |
| 文　　獻 | 柏拉圖《高爾吉亞篇》、《曼諾篇》等 |
| 相關概念 | 知德合一（P.042） |

東西都有它們固有的**性質**，像是「鞋子」固然有各種性質，但供人穿在腳上的性質最為重要，此一最為重要的性質稱為**德性**（arete）。也就是說，鞋子的**德性**是**穿在腳上**。

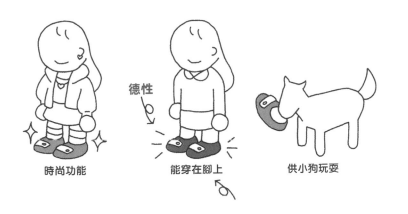

時尚功能　　　　　能穿在腳上　　　　　供小狗玩耍

鞋子固然有各種性質，但若無法讓人穿在腳上，就不是鞋。
這個「穿在腳上」的性質最為重要。
也就是鞋子的德性是「穿在腳上」。

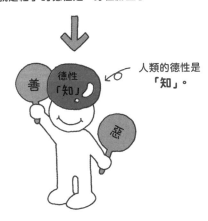

人類的德性是
「知」。

**蘇格拉底**認為，人類的**德性**是能夠理性判斷善惡的「**知**」。

蘇格拉底

▶021

# 對話法
## Socrates Dialogue

意　義 ----------------- 透過對話，讓對方自覺自己無知的方法
文　獻 ----------------- 柏拉圖《克里托篇》《高爾吉亞篇》等
備　註 -------- 蘇格拉底以裝作無知的問題，讓對方自覺無知，
　　　　　　　　此方法稱為「諷刺法」（eironeia；irony）

政治家從**詭辯家**（P.034）那裡學習**相對主義**（P.032）的辯論術，一直反覆
地利用詭辯將自己的利益正當化。於是**蘇格拉底**試著透過**對話**的方式
推動改革。

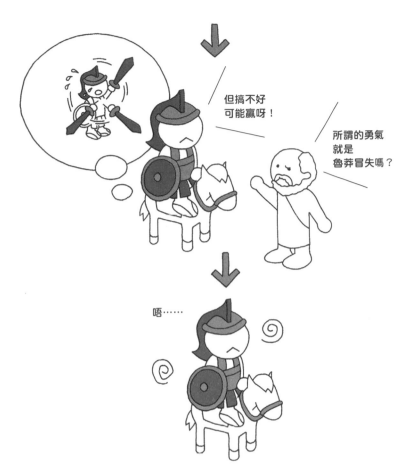

透過與**蘇格拉底**的對話，政治家察覺到，他們只是以為自己知道正義與勇氣的意義，其實卻一無所知。於是他們會產生「那就來學學正確知識吧」的心情。

像這樣一面問答一面讓對手察覺到自己的無知，進而想要探尋真正的知識，就叫**對話法**。此外，由於這是在協助對手產生「知」，也稱**產婆術**。

# 關照靈魂
## Psyche（靈魂）

蘇格拉底

▶021

| 意 義 | 為了幸福，必須擁有出色的靈魂（精神） |
|---|---|
| 文 獻 | 柏拉圖《蘇格拉底自辯篇》 |
| 備 註 | 對蘇格拉底來說等同於「活得正當」 |

徒有**財富**、**健康**、**名譽**，無法獲得內心的平和、寧靜。

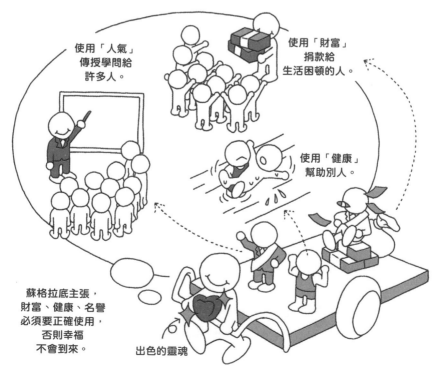

財富

健康

名譽

**光有這些不行**

040

**蘇格拉底**認為，唯有在出色的靈魂下正確使用上述那些東西，才能帶來幸福。

使用「人氣」
傳授學問給
許多人。

使用「財富」
捐款給
生活困頓的人。

使用「健康」
幫助別人。

蘇格拉底主張，
財富、健康、名譽
必須要正確使用，
否則幸福
不會到來。

出色的靈魂

**當時的雅典人**

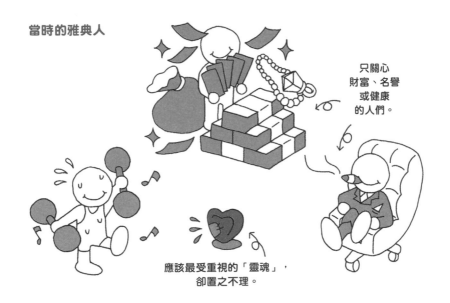

只關心
財富、名譽
或健康
的人們。

應該最受重視的「靈魂」，
卻置之不理。

然而，當時的雅典人，對於最應該重視的靈魂毫不關心，只在乎財富、名譽與健康。**蘇格拉底**稱此為「**關照靈魂不足**」。

**唯智論**

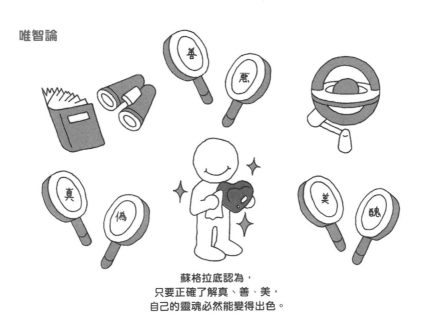

蘇格拉底認為，
只要正確了解真、善、美，
自己的靈魂必然能變得出色。

**蘇格拉底**説，只要能夠正確地**知道**什麼是善什麼是惡，什麼是美什麼是醜，就能琢磨自己的靈魂。把「**知**」當成最重要之事的這種思維，稱為**唯智論**。

蘇格拉底

▶021

# 知德合一
## Virtue is knowledge.

意　　義 ----- 只要知道什麼是德性，就能根據這知識而活得正當
文　　獻 ------------------------------ 柏拉圖《蘇格拉底自辯篇》等
相關概念 ------------------------------------ 德性（arete，P.037）

**蘇格拉底**主張，人只要抱持著**德性**（P.037）過活，就能保持內心的平和寧靜。

人原本就是道德性的生物。
在做出合乎道德的行為時，
最幸福（福德一致）。

在做出不道德的行為時，
內心其實是受傷的。
這對本人來說是不幸。

蘇格拉底認為，假如內心無法平和、寧靜，原因就在於不知道什麼是**德性**。

蘇格拉底相信，學習什麼是**善**什麼是**惡**，學會**德性**的正確知識，再付諸實踐的話，就能幸福。對他來說，**知（智慧）**和德是一樣的東西，這稱為**知德合一**。

蘇格拉底

▶021

# 不只是活著，要活得正當

The most important thing is not life, but the good life.

意　義-----不是只跟隨欲望活著，重要的是知道德性、活得正當
來　源------------------------------- 柏拉圖《克里托篇》

基於「不認同國家的神，蠱惑人心」的理由，**蘇格拉底**被送上法庭，但他沒有乞求饒命，還是堅持自己的主張，令陪審員不滿，判他死刑。

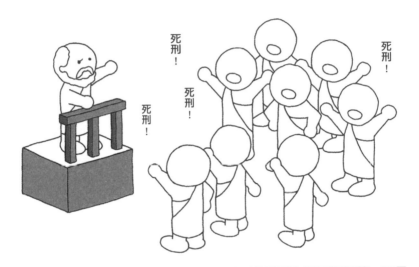

弟子們都勸蘇格拉底逃亡到國外，但他說**「重要的不只是活著，而是要活得正當」**，接受了死刑。因為他認為，就算判決不公，自己也不能做出逃獄這樣的不當行為。也就是對**蘇格拉底**來說，**正當**是一種**普遍性**的理念。他留下**「惡法亦法」**這句話後，就喝下了毒參汁。

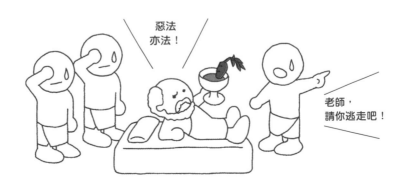

# 022

# 意見
Doxa

| | |
|---|---|
| 意　義 | 自己認為……、臆斷 |
| 文　獻 | 柏拉圖《理想國》等 |
| 對立詞 | 真知（episteme，以柏拉圖來說） |
| 備　註 | 意見與真知的區別，也見於巴門尼德斯 |

柏拉圖

從感官（五官）取得的資訊，**不假思索**就接收所形成的**獨斷想法**，柏拉圖稱之為**意見**。

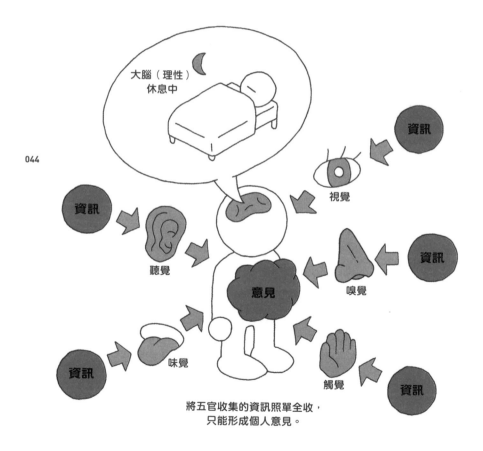

將五官收集的資訊照單全收，
只能形成個人意見。

相對的，根據理性判斷資訊後所形成的客觀知識（任誰都能認同的知識），就叫**真知**（P.045）。

# 真知
## Episteme

| | | |
|---|---|---|
| 意　義 | ------------------------------------- | 客觀的知識，有學問的知識 |
| 文　獻 | ------------------------------------- | 柏拉圖《理想國》等 |
| 對立詞 | ------------------------------------- | 意見（以柏拉圖來說） |

相對於「**意見**」（P.044），透過理性得到的知識，稱為**真知**。

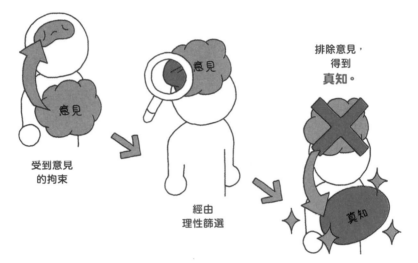

受到意見
的拘束

經由
理性篩選

排除意見，
得到
**真知**。

為了活得正當，應該排除**意見（自以為是的想法）**，經由理性取得**真知（正確的知識）**。這是**柏拉圖**的想法。

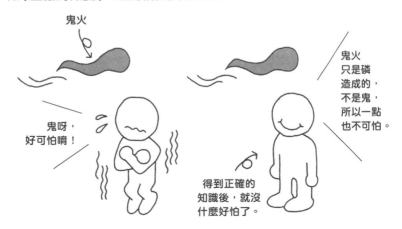

鬼火

鬼呀，
好可怕唷！

鬼火
只是磷
造成的，
不是鬼，
所以一點
也不可怕。

得到正確的
知識後，就沒
什麼好怕了。

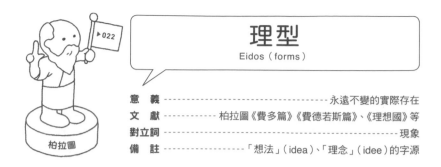

▶022

# 理型
Eidos（forms）

意　義 ------------------------------------------------- 永遠不變的實際存在
文　獻 ------------ 柏拉圖《費多篇》《費德若斯篇》、《理想國》等
對立詞 ------------------------------------------------------------ 現象
備　註 ---------------「想法」（idea）、「理念」（idee）的字源

柏拉圖

我們沒辦法做出、畫出**完美的三角形**，也從來沒看過它。

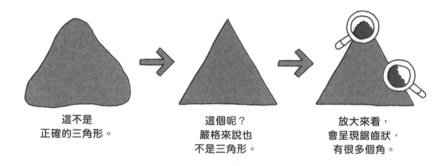

這不是
正確的三角形。

這個呢？
嚴格來說也
不是三角形。

放大來看，
會呈現鋸齒狀，
有很多個角。

雖然如此，我們卻能夠理解什麼是完美的三角形。只存在於我們腦中的這種完美的三角形，稱為三角形的**理型**。**柏拉圖**認為花有花的**理型**，樹有樹的**理型**。

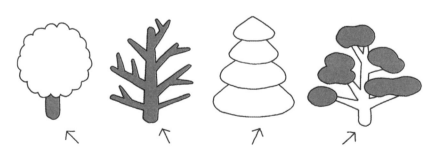

明明這四個形狀截然不同，為何我們知道它們都是樹？

例如，以上四張全都是樹的圖。它們四者**形狀**各不相同，我們為何能夠判斷它們都是樹呢？

那是因為，所有的樹都存在著共通的**形狀（樹的理型）**使然。柏拉圖認為，這種**形狀（樹的理型）**雖然肉眼無法看到，卻可以用我們的理性之眼看到。

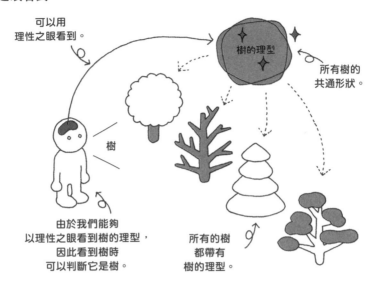

除此之外，還可以舉很多例子。

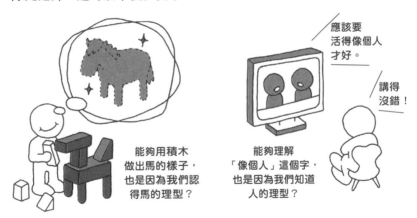

此外，**柏拉圖**認為，正義或美也都有它們的理型。他也認為，在這當中，**善的理型**是最高等的**理型**。

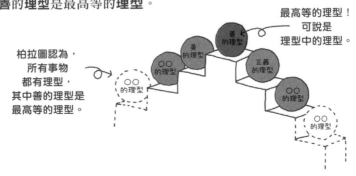

# 理型界｜現象界
## World of Ideas｜World of Phenomenon

| | |
|---|---|
| 文　獻 | 柏拉圖《理想國》 |
| 相關概念 | 回憶說（P.050）、洞喻（P.052） |
| 備　註 | 柏拉圖認為，藝術作品是在模仿理型，更是在模仿自然 |

**柏拉圖**認為，**理型**（P.046）不僅存在於人的腦中，也真正存在。他把存在**理型**的世界稱為**理型界**，把我們所住的這個世界稱為**現象界**，至於存在於**現象界**的事物，就稱為**現象**。

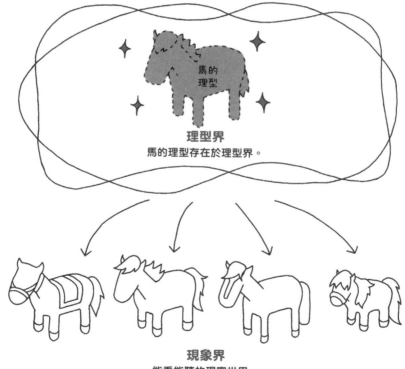

**理型界**
馬的理型存在於理型界。

**現象界**
能看能聽的現實世界。
所有現象界的馬，都具有馬的理型。

**現象界**（我們居住的世界）的馬有著各種不同的形態。但**柏拉圖**認為，這世上所有的馬，都具有**馬的理型**。所以我們才能把馬和其他動物區分開來。

至於**現象界**的馬，自出生以來，就變化為各種形態，最後慢慢消失。

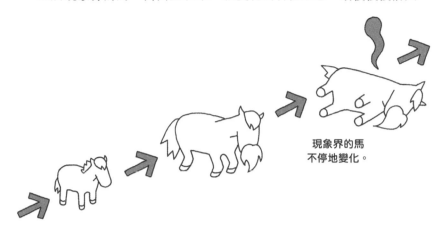

現象界的馬
不停地變化。

但**理型界**的馬是不會變化的。**柏拉圖**認為，不變化的絕對姿態，才是
真正的樣貌。經常在變化的**現象界**的馬，不過是馬的**理型**的**仿製品**
（mimesis）而已。

不變化的馬的理型
才是真正樣貌。

會變化的現象界的馬是
仿製品。

同樣的，**柏拉圖**認為，**現象界**的善、美與正義，都是**理型界**相同事物
的**仿製品**。也就是說，他覺得若想知道真正的善、美與正義，就非得
探究其理型不可。

水的
理型

正義的
理型

善的
理型

人類的
理型

美的
理型

鳥的
理型

柏拉圖認為，
真正的知識就是
要發揮理性，
探究理型。

理型是絕對的，
不會因為
時代與環境的
不同而改變。

# 回憶說
## Anamnesis

意　　義 -------------- 認為人類會想起靈魂以前在天上的理型界
　　　　　　　　　　　看到的理型，因而認識真理的一種思維
文　　獻 ------------ 柏拉圖《曼諾篇》、《斐多篇》、《斐德若篇》
相關概念 -------------------------------------理型界／現象界（P.048）

**柏拉圖**認為，之所以有「正確的圓形」、「完美」這樣的概念，之所能夠理解什麼是「愛」，什麼是「正義」，都是因為我們的靈魂在出生前看過它們的**理型**（P.046），現在只是回憶起來而已。這稱之為**回憶說**。

### 回憶說

不夠完美！

人類在出生前已看過「完美」的樣子，所以可以回憶起它來。

只要讓我吃，哪個都行。

狗沒有「完美」、「不完美」的概念。

**回憶說**後來發展為笛卡兒的**天賦觀念**（P.112），也就是人類一出生就擁有理性。

050

# 愛樂實
Eros

文　　獻 ----------------------------------- 柏拉圖《斐德若篇》
相關概念 ----------------------------------- 回憶說（P.050）
備　　註 -------------------- 柏拉圖式的愛（精神之愛）的語源
就是來自柏拉圖的愛樂實論

**柏拉圖**認為，我們的靈魂在出生到這個世界前，固然曾看過理型（P.046），但在我們出生時，幾乎已經忘光。他說，當我們看到或聽到美的事物時會覺得感動，就是因為靈魂回憶起之前曾經看過的**理型**的樣子。

好美……
啊！
以前好像
看過……

我們
看到美麗的風景
會覺得感動，
是因為靈魂
記得理型。

**柏拉圖**主張，我們會喜歡完美、會追求良善，是因為我們的靈魂總是在嚮往著理型。靈魂純粹地嚮往理型稱之為**愛樂實**，由此觀之，**愛樂實**代表著**純愛**。

希臘語
中譯為「愛」的
有三個字，
愛樂實是其中之一。

**eros愛樂實**
純愛

**philia**
友愛（P.067）

**agape**
聖愛（P.080）

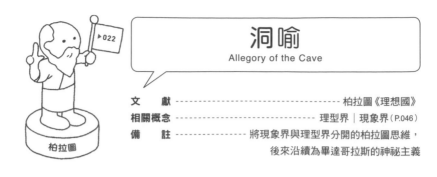

# 洞喻
## Allegory of the Cave

柏拉圖

文　獻 ------------------------------------------------ 柏拉圖《理想國》
相關概念 ------------------------------------------ 理型界｜現象界（P.046）
備　註 ------------------------ 將現象界與理型界分開的柏拉圖思維，
　　　　　　　　　　　　　後來沿續為畢達哥拉斯的神祕主義

**柏拉圖**主張，來自感官（五官）的資訊，不能不假思索照單全收。對他來說，探究事物的**理型**（P.046），比什麼都來得重要。**柏拉圖**把對於**理型**毫不關心的人，比喻為在洞穴裡手腳遭人綁起的囚犯，只看得到火把照出來的影子。這稱之為洞喻。

**洞喻**

明明囚犯
看到的是影子，
他們卻以為看到本尊。

必須讓這些在洞穴裡，誤以為影子是本尊的人，看到洞穴外的世界不可。這個外部世界，就是比喻**理型**的世界。

我來讓你看看真正的世界。

等於是要讓光憑感覺看事情的人，學習透過理性看**理型**。對**柏拉圖**來說，這件事唯有**哲學家**能夠做到。他認為統治者應該由哲學家來擔任（哲人政治 P.056）。

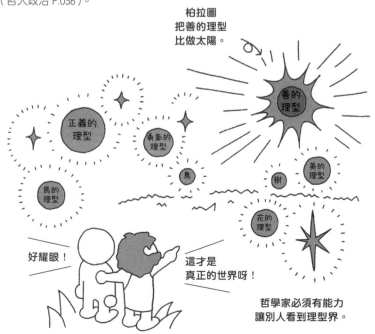

柏拉圖把善的理型比做太陽。

善的理型

正義的理型

勇氣的理型

鳥

樹

美的理型

馬的理型

花的理型

好耀眼！

這才是真正的世界呀！

哲學家必須有能力讓別人看到理型界。

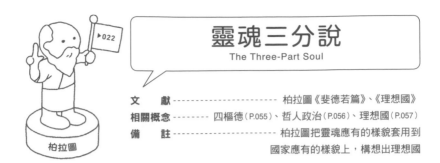

靈魂三分說
The Three-Part Soul

柏拉圖

| 文　　獻 | 柏拉圖《斐德若篇》、《理想國》 |
|---|---|
| 相關概念 | 四樞德（P.055）、哲人政治（P.056）、理想國（P.057） |
| 備　　註 | 柏拉圖把靈魂應有的樣貌套用到<br>國家應有的樣貌上，構想出理想國 |

對**柏拉圖**來說，人類的靈魂是由**理性、意志、欲望**構成的，稱之為**靈魂三分說**。他認為這三者分別存在於**頭部、胸部與腹部**。

### 靈魂三分說

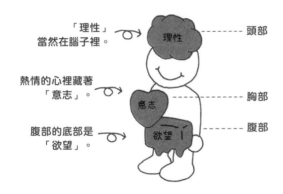

「理性」
當然在腦子裡。　→　理性　——— 頭部

熱情的心裡藏著
「意志」。　→　意志　——— 胸部

腹部的底部是　→　欲望　——— 腹部
「欲望」。

054

他主張**理性**要扮演馬車夫的角色、激勵**意志**的白馬，控制**欲望**的黑馬，讓它們往前進。

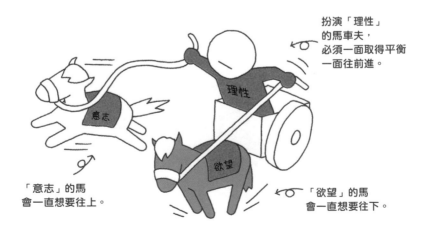

扮演「理性」
的馬車夫，
必須一面取得平衡
一面往前進。

「意志」的馬
會一直想要往上。

「欲望」的馬
會一直想要往下。

## 四樞德
### Cardinal Virtues

柏拉圖

| | |
|---|---|
| 文 獻 | 柏拉圖《理想國》 |
| 相關概念 | 靈魂三分說（P.054） |
| 備 註 | 中世基督教在四樞德外又加上「信」、「望」、「愛」，變成七樞德 |

**靈魂**是由**理性、意志與欲望**三者構成（靈魂三分說 P.054）。它們運作得宜下，會各自成為**智慧、勇氣與節制**等**德性**。只要這三者和諧，**柏拉圖**認為可以產生**正義**這項**德性**。

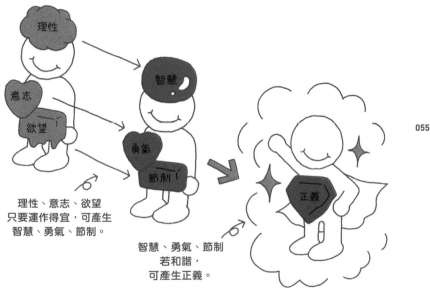

理性、意志、欲望
只要運作得宜，可產生
智慧、勇氣、節制。

智慧、勇氣、節制
若和諧，
可產生正義。

**智慧、勇氣、節制**再加上**正義**，這**四種德性**稱為希臘的**四樞德**。

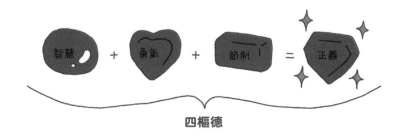

四樞德

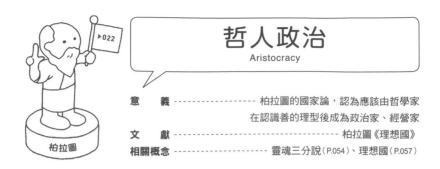

# 哲人政治
## Aristocracy

意　　義 ------------------- 柏拉圖的國家論，認為應該由哲學家
　　　　　　　　　　　　　　在認識善的理型後成為政治家、經營家
文　　獻 ---------------------------------- 柏拉圖《理想國》
相關概念 -------------------- 靈魂三分說（P.054）、理想國（P.057）

**人**的**靈魂**是由**理性、意志、欲望**三者構成（靈魂三分說 P.054）。其中**理性**的比例最高的人，也就是哲學家，最適合擔任統治者，這是**柏拉圖**的想法，稱之為**哲人政治**。

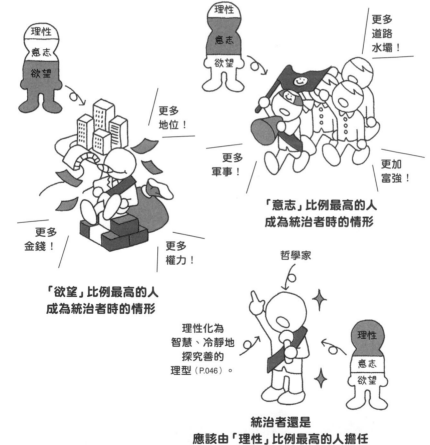

理性
意志
欲望

更多地位！

更多金錢！

更多權力！

**「欲望」比例最高的人
成為統治者時的情形**

理性
意志
欲望

更多
道路
水壩！

更多
軍事！

更加
富強！

**「意志」比例最高的人
成為統治者時的情形**

哲學家

理性化為
智慧、冷靜地
探究善的
理型（P.046）。

理性
意志
欲望

**統治者還是
應該由「理性」比例最高的人擔任**

**柏拉圖**甚至說，「不是由哲學家來擔任國家的統治者，或是統治者不能成為哲學家的話，就絕對不可能實現理想國。」

# 理想國
Politeia，英文 Republic

文　　獻 ------------------------------------------ 柏拉圖《理想國》
相關概念 ---------------------- 靈魂三分說（P.054）、哲人政治（P.056）
備　　註 ------------------------------------ 柏拉圖所構想的理想國，
　　　　　　　　　　　　　　　　不分類在民主制裡，而屬於貴族制

**正義＝理想國**

「理性」
生成的德性 → 智慧

「意志」
生成的德性 → 勇氣

「欲望」
生成的德性 → 節制

**統治者階級**　　　**防衛者階級**　　　**生產者階級**

統治者階級的「智慧」與防衛者階級的「勇氣」，
以及生產者階級的「節制」一旦齊備，
就能形成「正義」，誕生「理想國」！

**柏拉圖**認為，國家就好像是把人的**四樞德**（P.055）放大一樣。它是由**統
治者階級、防衛者階級、生產者階級**構成，當他們擁有的**理性、意志、
欲望**，成為**智慧、勇氣、節制**時，**正義**就出現，並催生出**理想國**。

# 形相 | 質料

Eidos | Hylē

| | |
|---|---|
| 意 義 | 形相＝事物的本質｜質料＝各別事物的素材 |
| 文 獻 | 亞里斯多德《形上學》 |
| 相關概念 | 潛在性｜實現性（P.060） |
| 備 註 | 希臘語「eidos」也有「種子」之意 |

亞里斯多德的雕像
亞里斯多德

**亞里斯多德**在研究野生動物的過程中，對於**柏拉圖的理型**（P.046）**論**抱持著疑問。

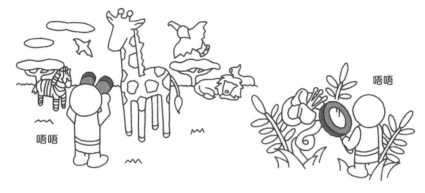

唔唔

唔唔

**柏拉圖**認為，現象界裡的東西，全是理型的**仿製品**（mimesis，P.049）；但**亞里斯多德**卻覺得，現實中的馬、花、鳥等等，怎麼也不會讓人覺得是仿製品。

你不是什麼仿製品唷，
你活生生在這裡！

嘶嘶～

**亞里斯多德**認為，物品或生物的**本質**，不是什麼眼睛看不到的理型，而是存在於**個體**中。

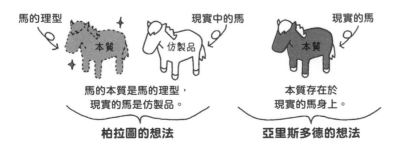

馬的理型

本質

現實中的馬

仿製品

現實的馬

本質

馬的本質是馬的理型，
現實的馬是仿製品。

本質存在於
現實的馬身上。

**柏拉圖的想法**

**亞里斯多德的想法**

那麼，物品與生物的本質，又是什麼呢？他想到用**形相（eidos）**稱呼它。

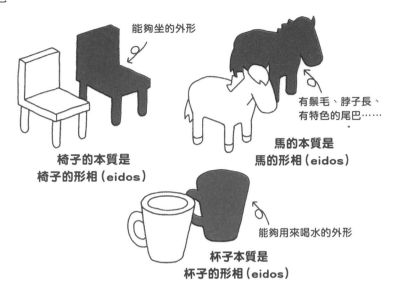

能夠坐的外形

**椅子的本質是
椅子的形相（eidos）**

有鬃毛、脖子長、
有特色的尾巴……

**馬的本質是
馬的形相（eidos）**

能夠用來喝水的外形

**杯子本質是
杯子的形相（eidos）**

再來，個別物品的組成**材料**，稱為**質料（hylē）**。

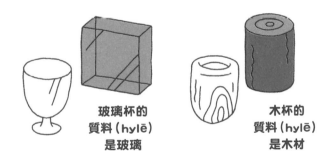

**玻璃杯的
質料（hylē）
是玻璃**

**木杯的
質料（hylē）
是木材**

**亞里斯多德**認為，各種物品或生物都是由**形相**與**質料**兩者構成的。

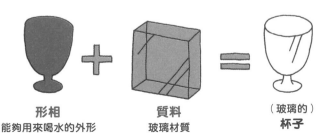

**形相**
能夠用來喝水的外形

**質料**
玻璃材質

（玻璃的）
**杯子**

可以說**亞里斯多德**採用的不是像**柏拉圖**的**理型論**那麼獨斷而抽象的想法，而是採行現實主義的思維。

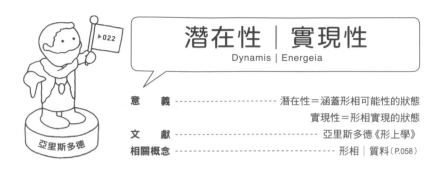

# 潛在性 | 實現性

Dynamis | Energeia

意　義 ------------------------ 潛在性＝涵蓋形相可能性的狀態
　　　　　　　　　　　　　　　　實現性＝形相實現的狀態
文　獻 ---------------------------- 亞里斯多德《形上學》
相關概念 ---------------------------- 形相 | 質料（P.058）

**亞里斯多德**以潛在性（dynamis）與實現性（energeia）兩個字來說明**質料**（P.059）與**形相**（P.059）的關係。

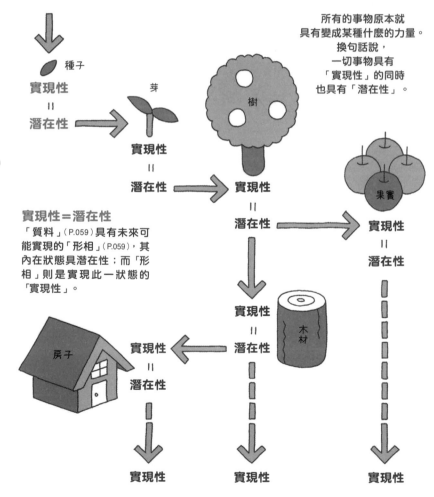

所有的事物原本就
具有變成某種什麼的力量。
換句話說，
一切事物具有
「實現性」的同時
也具有「潛在性」。

種子

**實現性**
＝
**潛在性**

芽

**實現性**
＝
**潛在性**

樹

**實現性**
＝
**潛在性**

果實

**實現性**
＝
**潛在性**

**實現性＝潛在性**
「質料」（P.059）具有未來可能實現的「形相」（P.059），其內在狀態具潛在性；而「形相」則是實現此一狀態的「實現性」。

木材

**實現性**
＝
**潛在性**

房子

**實現性**
＝
**潛在性**

**實現性**　　　**實現性**　　　**實現性**

**亞里斯多德**仔細觀察現實世界後，構思出這樣的原理。

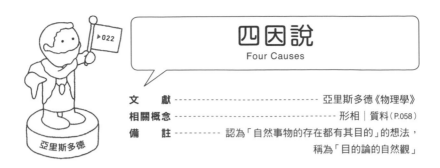

# 四因說
Four Causes

文　獻 ------------------------------------ 亞里斯多德《物理學》

相關概念 ---------------------------------- 形相｜質料（P.058）

備　註 --------- 認為「自然事物的存在都有其目的」的想法，
稱為「目的論的自然觀」

亞里斯多德

**亞里斯多德**認為世界上的任何事，都是由**四個因素**（❶**形相因**、❷**質料因**、❸**目的因**、❹**動力因**）構成的，稱之為四因說。

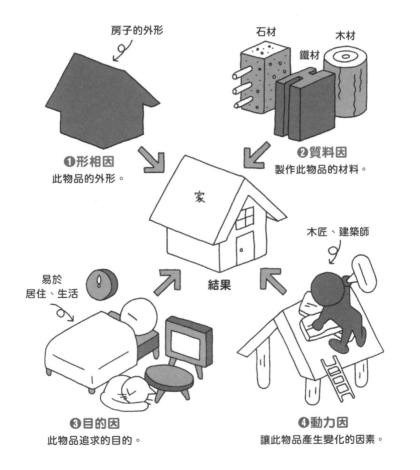

房子的外形

石材　鐵材　木材

**❶形相因**
此物品的外形。

**❷質料因**
製作此物品的材料。

家

結果

易於
居住、生活

木匠、建築師

**❸目的因**
此物品追求的目的。

**❹動力因**
讓此物品產生變化的因素。

對**亞里斯多德**來說，要想認識這個世界，唯有靠了解世界的結構。要了解世界的結構，就得了解構成各種事物的**四因素**。

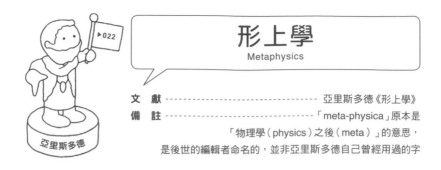

# 形上學
## Metaphysics

文　獻 ----------------------------------- 亞里斯多德《形上學》
備　註 ----------------------------------- 「meta-physica」原本是
「物理學（physics）之後（meta）」的意思，
是後世的編輯者命名的，並非亞里斯多德自己曾經用過的字

亞里斯多德把形上學（Metaphysics）定位為比自然學更重要的學問。例如，假如研究「鹿的角有什麼用處？」或「角是什麼做的？」是自然學，那麼形上學就是一門思考「角是什麼？」或「為何會存在著帶角的東西？」的學問。

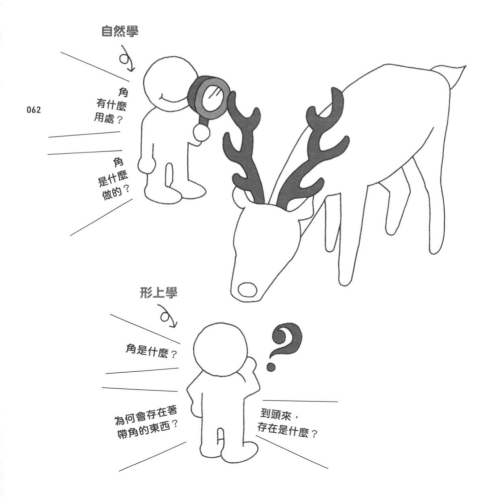

自然學

角
有什麼
用處？

角
是什麼
做的？

形上學

角是什麼？

為何會存在著
帶角的東西？

到頭來，
存在是什麼？

對**亞里斯多德**來說，思考「角是什麼」，是在探究角的**實體**（P.132）。對**柏拉圖**來說，**理型**（P.046）才是**實體**，但亞里斯多德認為，具體的**個體**才是**實體**。例如，**亞里斯多德**認為，眼前看到的角才是實體。他的想法是，這種具體的**個體**，是由**形相**（P.059）與**質料**（P.059）所共同構成。

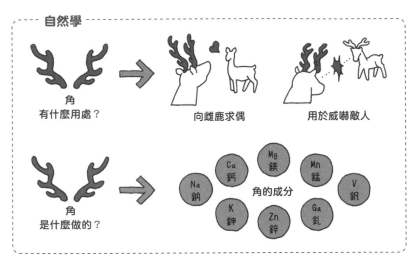

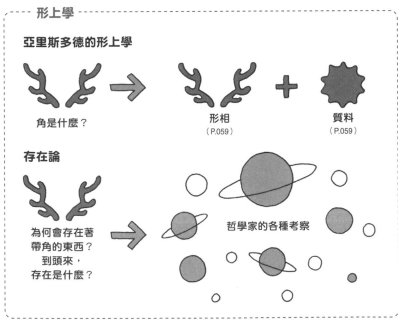

由於**形上學**探求人類的五感無法實際看到或聽到的東西，因此常被當成是「哲學」的同義字。

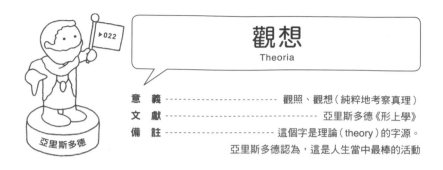

# 觀想
## Theoria

意 義 ----------------------------- 觀照、觀想（純粹地考察真理）
文 獻 ----------------------------- 亞里斯多德《形上學》
備 註 ----------------------------- 這個字是理論（theory）的字源。
亞里斯多德認為，這是人生當中最棒的活動

**亞里斯多德**認為，一件事物最幸福的狀態，在於它充分發揮固有功能的時候。

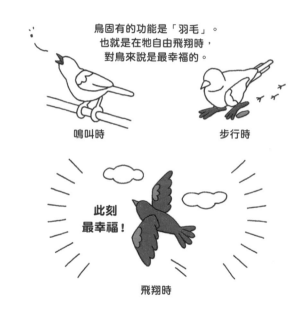

鳥固有的功能是「羽毛」。
也就是在牠自由飛翔時，
對鳥來說是最幸福的。

鳴叫時　　　　　　步行時

此刻
最幸福！

飛翔時

他認為人類固有的功能是**理性**，因此他說，人類最幸福的狀態，就是發揮理性、探究事情的時候，**亞里斯多德**稱此狀態為**觀想**。

人類固有的
功能是
理性。

因此，使用理性探究
東西時，最幸福！
但該探究的
不是「理型」（P.046），
而是現實中的
「四因素」（P.061）！

▶022

# 理智的德性 | 倫理的德性
arete dianoetike | arete ethike

亞里斯多德

意　　義 ------------------- 理智的德性＝透過教育得到的德性
　　　　　　　　　　　　倫理的德性＝透過習慣養成的德性
文　　獻 ------------------- 亞里斯多德《尼各馬科倫理學》
相關概念 ------------------- 中庸（P.066）、友愛（P.067）

**亞里斯多德**認為，人類要想幸福，就應該擁有**德性**。他把**德性**分為**理智的德性**與**倫理的德性**，理智的德性就是理解事物的**智慧**（sophia）、判斷事情的**思慮**（phronesis），以及創造的**技術**（techné）。至於**倫理的德性**，則指的是**勇氣**與**節制**。

智慧
（sophia）

思慮
（phronesis）

技術
（techné）

**理智的德性**

社長，
你做錯了！

NO!

這樣
差不多夠了

勇氣

節制

**倫理的德性**

065

還有，**亞里斯多德**認為，要養成倫理的德性，就要養成經常選擇**中庸**（P.066）的**習慣**。

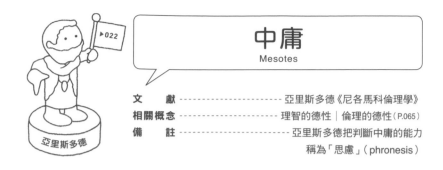

# 中庸
## Mesotes

文　　獻 ------------------ 亞里斯多德《尼各馬科倫理學》
相關概念 ------------------ 理智的德性│倫理的德性（P.065）
備　　註 ------------------ 亞里斯多德把判斷中庸的能力
　　　　　　　　　　　　　　稱為「思慮」（phronesis）

亞里斯多德
▶022

**亞里斯多德**説，人要想幸福過活，養成**倫理的德性**（P.065）是很重要的。為此，光是擁有正確的知識與高度的技術依然不充分，他主張應養成經常選擇**中庸**路線的**習慣**（ethos）。

### 為了幸福，中庸精神很重要

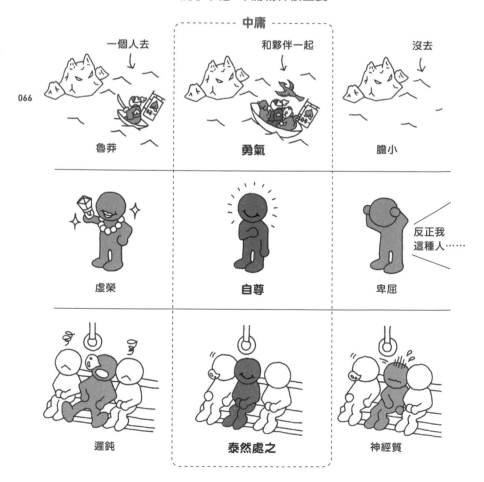

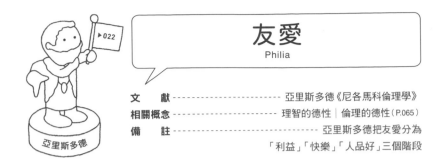

友愛
Philia

文　　獻 - - - - - - - - - - - - - - - - - - - - - - - - 亞里斯多德《尼各馬科倫理學》
相關概念 - - - - - - - - - - - - - - - - - - - - 理智的德性｜倫理的德性（P.065）
備　　註 - - - - - - - - - - - - - - - - - - - - - - - - - 亞里斯多德把友愛分為
「利益」「快樂」「人品好」三個階段

亞里斯多德認為，為維持城邦存在，除了要有正義，**友愛（philia）**很重要。亞里斯多德是這麼敘述友愛的：「**要是人人都友愛，那麼完全不需要正義；但相反的，假如人人都正義，那就更需要友愛了。**」

友愛就是
對對手抱持
善意。

友愛就是
希望對方
幸福。

友愛就是
希望對方變得更好，
不像柏拉圖的愛樂實
是單向的。

在哲學中用於表達**愛**的字詞有三，柏拉圖的**愛樂實**（P.051）是單方面的愛，算是一種為了自己的行為。**亞里斯多德**的**友愛**，是彼此希望對方幸福的愛。

希臘語中
譯為「愛」的有
三個字，友愛是
其中之一。

philia
友愛

eros愛樂實
純愛（P.051）

agape
聖愛（P.080）

亞里斯多德

# 正義
### Dikaiosune（Justice）

| | |
|---|---|
| 文　　獻 | 亞里斯多德《尼各馬科倫理學》 |
| 相關概念 | 友愛（P.067） |
| 備　　註 | 亞里斯多德認為，正義也是讓城邦（共同體）成立的德性 |

**亞里斯多德**說，「人是共同體的（城邦的）生物。」為了共同體，必須要維持**正義**（公正）才行。他也想過什麼才算是共同體的正義。首先，他把正義粗分為普遍正義與特殊正義。接著再把**特殊正義**分為**分配正義與矯正正義**分別考察。

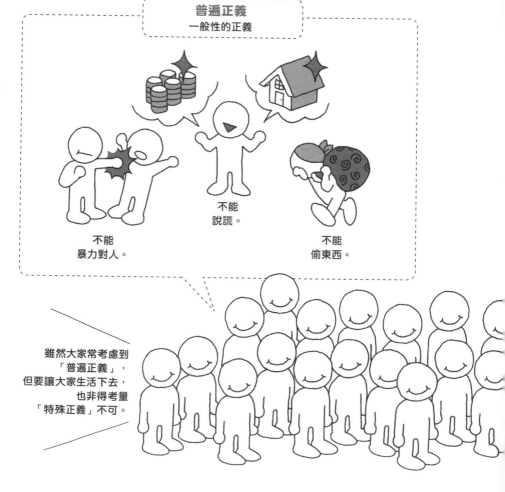

普遍正義
一般性的正義

不能
暴力對人。

不能
說謊。

不能
偷東西。

雖然大家常考慮到
「普遍正義」，
但要讓大家生活下去，
也非得考量
「特殊正義」不可。

## 特殊正義
共同體中的既定事項

### 分配正義
依照能力與勞動量給予報酬，
對亞里斯多德來說是一種正義。

由於提出
好想法，
多給一點。

由於
工作量大，
多給一點。

由於蹺班，
少給一點。

### 矯正正義（矯治正義）
讓犯罪的人受罰、讓被害者得到補償，力求公正。
對亞里斯多德來說這些都是正義。

補償被害者。

讓犯罪的人受罰。

**亞里斯多德**主張，共同體必須要執行這種**分配正義**與**矯正正義**。

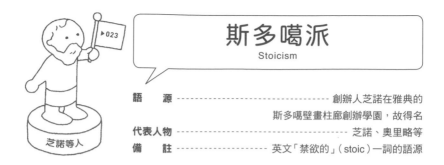

# 斯多噶派
## Stoicism

| | |
|---|---|
| 語　源 | 創辦人芝諾在雅典的斯多噶壁畫柱廊創辦學園，故得名 |
| 代表人物 | 芝諾、奧里略等 |
| 備　註 | 英文「禁欲的」（stoic）一詞的語源 |

芝諾等人

古希臘分為**雅典**與**斯巴達**等稱為城邦的小共同體。各城邦都是由自己決定自己的生活規範，所以希臘人對於自己所屬的城邦都十分自豪。

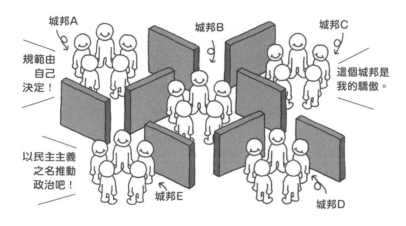

城邦A
城邦B
城邦C

規範由自己決定！

這個城邦是我的驕傲

以民主主義之名推動政治吧！

城邦E
城邦D

但是在**亞歷山大大帝**建立起帝國後，城邦就解體了。過去把城邦當成自己身分象徵的希臘人，心靈頓失所依。

希臘人以外的公民也加入。

我該往何處去？

我的城邦到哪去了？

牆壁都不見了。

隔開城邦與城邦的牆壁都撤除，變成一個帝國。

基於這樣的原因，在**希臘化時代**（亞歷山大大帝～羅馬帝國）的哲學，主題之一在於「如何去除內心的不安」。這時，**芝諾**提倡的**斯多噶派**誕生了。斯多噶派提倡的是不受**感情**（pathos）左右、追求**不動心**（**apatheia**）的生活方式。

想要
再多
一點錢！

**斯多噶派如何生活？**

想要
再輕鬆些！

想要
吃
更多美食！

人類固然有著
各式各樣的欲望……

用　感　不
事　情　能
……

只要以理性限制欲望，
用心過著禁欲式的生活（過著斯多噶式的生活），
就會變得與自然調和……

可以到達從欲望中解放的境地「恬淡寡欲」。
芝諾認為，
這才是毫無不安、最棒的幸福。

# 伊比鳩魯派
## Epicurean

代表人物 ----------------------------------------- 伊比鳩魯、盧克萊修等

備　　註 --------- 相較於斯多噶派成為羅馬帝國公認的道德觀，
伊比鳩魯派由於受到斯多噶派與基督教的誹謗，
在羅馬帝國時代式微

> 伊比鳩魯等人

▶023

時間上略為晚於**斯多噶派**（P.070），**伊比鳩魯派**登場了。伊比鳩魯派保持平常心的方法，與**斯多噶派**那種禁欲的方式不同，反倒是肯定**快樂**。只不過，他們的快樂不是貪圖快樂的那種，指的是**內心沒有不安的狀態**。

伊比鳩魯派的快樂不是這種。

對伊比鳩魯派來說，讓心靈達到**平靜境界**（ataraxia）的條件有三：
❶去除對死亡的恐懼；❷只滿足最低限度的欲望；❸重視友情。

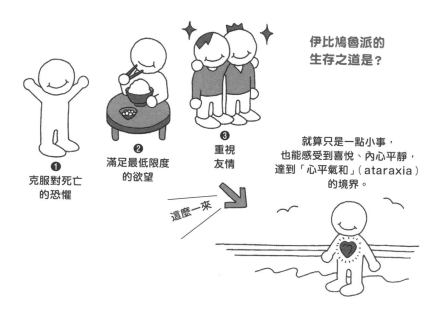

❶
克服對死亡的恐懼

❷
滿足最低限度的欲望

❸
重視友情

**伊比鳩魯派的生存之道是？**

就算只是一點小事，也能感受到喜悅、內心平靜，達到「心平氣和」（ataraxia）的境界。

這麼一來

072

**❶去除對死亡的恐懼。伊比鳩魯**說，死後自己已不存在，所以沒必要害怕死，可以從死亡的恐懼中解脫。

我們活著時，
死還不存在。

死了，
我們已不存在。

沒必要
害怕死。

**❷只滿足最低限度的欲望。伊比鳩魯**說，所謂最低限度的欲望是指**不餓、不渴、不冷**這三點。不執著於其他事物，只要滿足這幾點就行。

不餓

不渴

不冷

不要執著，
只要做到這三點，
就能活得幸福。

**❸重視友情。**不過，在這個多元誘惑的世界中，**伊比鳩魯**建議，應該從政治與社會的紛爭中抽身，在田園裡與好友們一面珍惜友情，一面平靜地生活。**伊比鳩魯**稱之為「**隱居度日**」。

隱居度日

伊比鳩魯的田園裡，
存在著與這個世界
不同的價值觀。

伊比鳩魯認為，
遺世獨立的生活方式
是很幸福的。

# 中世紀

## 中世紀哲學家

**耶穌・基督**
▬▬▬▬
[哲學概念] P.080

**聖保羅**
▬▬▬▬
[哲學概念] P.082

(教父哲學)
**聖奧古斯丁** P.078
▬▬▬▬▬
[哲學概念] P.082

| A.D.1 | 100 | 200 | 300 | 400 | 500 | 600 |
|---|---|---|---|---|---|---|

羅馬開始帝政制度(B.C.27)

羅馬承認基督教(313)

日耳曼人大遷徙(375)

羅馬帝國分裂為東西(395)

西羅馬帝國滅亡(476)

共相之爭

唯實論

**安瑟倫** P.078
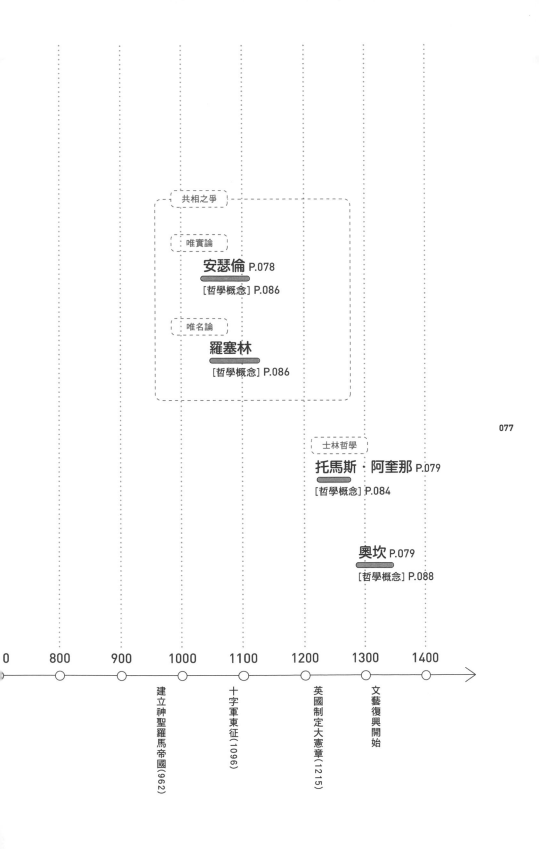
[哲學概念] P.086

唯名論

**羅塞林**

[哲學概念] P.086

士林哲學

**托馬斯・阿奎那** P.079

[哲學概念] P.084

**奧坎** P.079

[哲學概念] P.088

0　800　900　1000　1100　1200　1300　1400

建立神聖羅馬帝國(962)

十字軍東征(1096)

英國制定大憲章(1215)

文藝復興開始

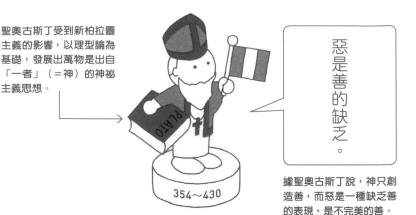

聖奧古斯丁受到新柏拉圖主義的影響，以理型論為基礎，發展出萬物是出自「一者」（＝神）的神祕主義思想。

惡是善的缺乏。

據聖奧古斯丁說，神只創造善，而惡是一種缺乏善的表現，是不完美的善。

# 聖奧古斯丁

AURELIUS AUGUSTINUS

▶P082

基督教最重要的教父。出生於羅馬帝國北非努米底亞省，青年時期沉迷於女人與戲劇。雖曾過著放任慾望的放縱生活，也曾著迷於摩尼教，但後來受到新柏拉圖主義的影響，重新信仰基督教。在與異端的論戰中，發表《上帝之城》、《懺悔錄》等多部著作，扮演了為基督教教會確立教義的角色。

安瑟倫由於受到新柏拉圖主義的影響，提出「唯實論」這種認為「人類」這個共相概念確實存在的主張。

因為不理解，所以相信。

從相信出發，理性地探求信仰的正確度。

# 安瑟倫

ANSELM OF CANTERBURY

▶P086

士林哲學之父。出生於義大利，在法國的柏克隱修院學習，後成為院長。其後，捲入教士授職權之爭，但仍在一〇九三年就任為英國坎特伯雷大主教。即便與國王威廉二世或亨利一世相對立，仍堅拒王權介入教會。安瑟倫的上帝存在論證對近代哲學帶來了很大的影響。

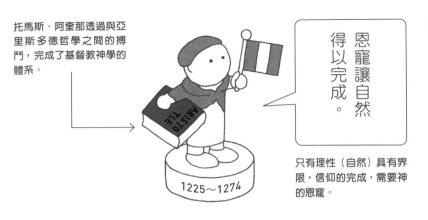

托馬斯・阿奎那透過與亞里斯多德哲學之間的搏鬥，完成了基督教神學的體系。

恩寵讓自然得以完成。

只有理性（自然）具有界限，信仰的完成，需要神的恩寵。

1225～1274

# 托馬斯・阿奎那

THOMAS AQUINAS　　　　▶P084

出生在義大利的貴族家庭。進入聖多明尼克修道院，在巴黎與義大利專事著述活動。十三世紀，他以神學的角度解釋因十字軍東征的影響，由伊斯蘭世界傳入的亞里斯多德哲學，力求神學與哲學間能產生有機的協調。由於他完成了士林哲學，有「士林哲學之王」、「天使般的博士」之稱，帶給後世很大的影響。

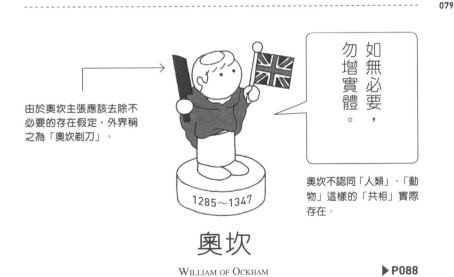

由於奧坎主張應該去除不必要的存在假定，外界稱之為「奧坎剃刀」。

如無必要，勿增實體。

奧坎不認同「人類」、「動物」這樣的「共相」實際存在。

1285～1347

# 奧坎

WILLIAM OF OCKHAM　　　　▶P088

義大利的士林哲學家。隸屬於方濟會，專注於研究。由於論證能力出色，同時代的哲學家稱他為「無敵博士」。除了宣告理性與信仰分離外，也提倡「共相並不存在」的唯名論，教會視他為異端。由於他的思想重視透過經驗體認，外界視他為後來義大利經驗主義的先驅。拍成電影的小說《玫瑰的名字》（*The Name of the Rose*）主角便是以他為原型。

## 聖愛
### Agape

意　義 ---------------------------------- 基督教裡的「神的愛」
文　獻 ---------------------------------- 《新約聖經》
備　註 ---------- 在中世紀的神學當中，「明明有來自神的愛，
　　　　　　　　　為何這世上還有惡存在」這個問題，成為一大熱門議題

耶穌基督

**耶穌**認為，神不分善人惡人，甚至於連背棄神（自己）的人，都同樣一視同仁地給予救贖。神帶給人類的毫不計較的**無私的愛**，稱為**聖愛**（ **agape** ）。

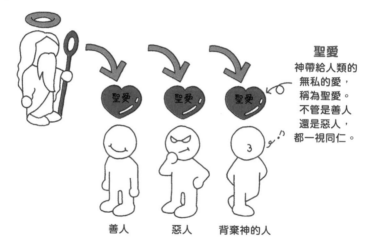

**聖愛**
神帶給人類的
無私的愛，
稱為聖愛。
不管是善人
還是惡人，
都一視同仁。

善人　　惡人　　背棄神的人

080

於是耶穌主張，我們人類之間的愛，也應該是無私的愛。就像**「如果有人打你右臉，就把左臉也轉過來讓他打」**這句話講的，他提倡的不是**「以牙還牙，以眼還眼」**這種報復主義的道德。

被打的話

就打
回去

這麼做
原本是
理所當然……

就算被打

也要愛
仇敵

耶穌主張，
「要愛仇敵，
即使犧牲自己，
也該善待別人。」

譯為「**愛**」的字眼，另外還有柏拉圖的**愛樂實**（P.051）、亞里斯多德的**友愛**（P.067），但**聖愛**和這兩者有什麼不同呢？或許答案就在耶穌的話當中。

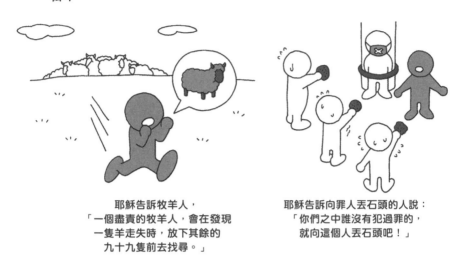

耶穌告訴牧羊人，
「一個盡責的牧羊人，會在發現
一隻羊走失時，放下其餘的
九十九隻前去找尋。」

耶穌告訴向罪人丟石頭的人說：
「你們之中誰沒有犯過罪的，
就向這個人丟石頭吧！」

**耶穌**原本是猶太教教徒，但他不時會違反猶太教的規定，因為他認為**聖愛**應該優於規定。他身體力行實施**聖愛**。

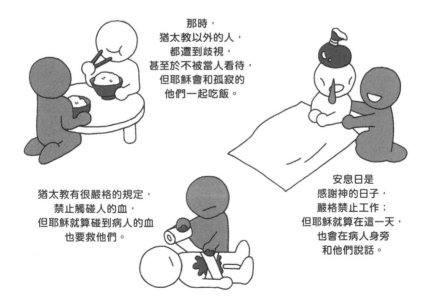

那時，
猶太教以外的人，
都遭到歧視，
甚至於不被當人看待，
但耶穌會和孤寂的
他們一起吃飯。

猶太教有很嚴格的規定，
禁止觸碰人的血，
但耶穌就算碰到病人的血
也要救他們。

安息日是
感謝神的日子，
嚴格禁止工作；
但耶穌就算在這一天，
也會在病人身旁
和他們說話。

後來，猶太教視**耶穌**為異端而把他釘在十字架上。但他提倡「**聖愛**」的主張，仍經由使徒**聖保羅**（約 5-15 年間～ 65 年？）等人逐步擴散到羅馬帝國境內。

聖奧古斯丁

# 教父哲學
Patristic Philosophy

文 獻 ------------------------------ 聖奧古斯丁《上帝之城》等
備 註 ---------- 所謂的教父，在一至八世紀的初期基督教中，
指的是一群外界公認傳承了正統的信仰、
過著模範生涯的人們

**耶穌**死後經過三百多年後，在**聖保羅**等人踏實的傳道活動下，基督教成了羅馬帝國的國教。經羅馬教會認可，負責確立基督教正統教義的指導者們，稱為**教父**。

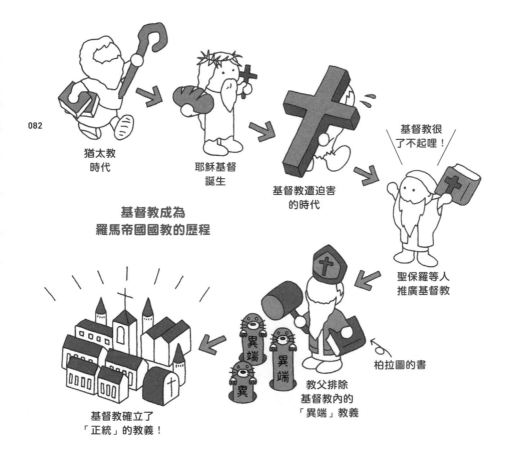

082

猶太教
時代

耶穌基督
誕生

基督教遭迫害
的時代

基督教很
了不起哩！

**基督教成為
羅馬帝國國教的歷程**

聖保羅等人
推廣基督教

柏拉圖的書

教父排除
基督教內的
「異端」教義

基督教確立了
「正統」的教義！

**教父**所説的教義，稱為**教父哲學**。其中外界視為最大的教父的**聖奧古斯丁**，有以下兩項有名的教義。

**第一項**與**神的恩寵**以及教會的角色有關。若無**神的恩寵**，人類的原罪將無從得到救贖。他主張居間穿針引線的就是教會。

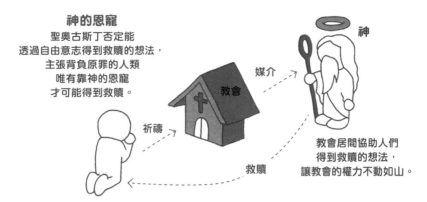

**神的恩寵**
聖奧古斯丁否定能
透過自由意志得到救贖的想法，
主張背負原罪的人類
唯有靠神的恩寵
才可能得到救贖。

媒介

教會

神

祈禱

救贖

教會居間協助人們
得到救贖的想法，
讓教會的權力不動如山。

**第二項**是**三超德優越說**。主張基督教的**三超德**之價值高過**柏拉圖的四樞德**（P.055）。

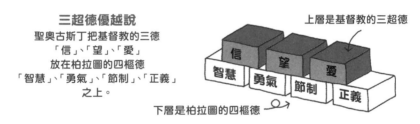

**三超德優越說**
聖奧古斯丁把基督教的三德
「信」、「望」、「愛」
放在柏拉圖的四樞德
「智慧」、「勇氣」、「節制」、「正義」
之上。

上層是基督教的三超德

信　望　愛

智慧　勇氣　節制　正義

下層是柏拉圖的四樞德

083

**耶穌**本人雖無從事傳教活動的打算，但基督教之所以拓展開來，背景就在於這些教義的存在。此外，**聖奧古斯丁**也明確定義了「神、**耶穌**與聖靈為一體」的**三位一體說**，確立了基督教的教義。

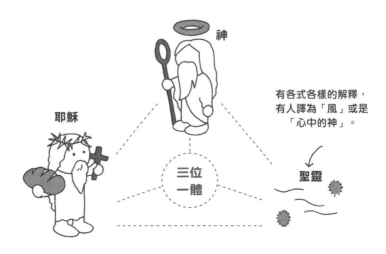

神

耶穌

三位
一體

聖靈

有各式各樣的解釋，
有人譯為「風」或是
「心中的神」。

# 士林哲學
### Scholasticism

意　義 ---------------------------- 中世紀有如學問般的神學
文　獻 ---------------------------- 托馬斯・阿奎那《神學大全》等
備　註 --- 「士林」schola（一譯「經院」）的字源來自有「閒暇」
之意的「schole」。過去用於討論的時間都是閒暇時間

托馬斯・阿奎那

中世紀初期，**亞里斯多德**的哲學在歐洲遭到遺忘，但是在伊斯蘭世界卻被接受。然而，到中世紀中期，由於十字軍的緣故，重新發現了這套東西，經過翻譯後又傳回歐洲。

哇～
裡面有很了不起的思想耶。

竟然還論證了「最後的審判並不存在」這樣的議題。

要如何讓理性與信仰同時成立呢……

假如在邏輯上無法證明基督教的信仰可就麻煩了。

亞里斯多德

由於**亞里斯多德**的哲學揭發了理性與信仰間的矛盾，教會十分慌張。為對抗**亞里斯多德**的哲學，**托馬斯・阿奎那**反過來利用**亞里斯多德**哲學，證明理性與信仰可以同時成立。像這樣使神學得以成立的哲學，稱之為**士林哲學**。**證明神存在**就是其一。

### 托馬斯・阿奎那證明神的存在

亞里斯多德說過，
事物是由原因與結果所構成的。
那麼最初的原因
究竟是誰創造的？
除了神，沒有別人。
因此，假如神不存在，
這個世界就無法存在。

最初的原因

神 → 原因 --> 結果 原因 結果 原因 結果 （（（ 原因

因此**托馬斯‧阿奎那**想到，「死後的世界」或「宇宙外圍」之類的問題，光靠亞里斯多德的哲學，是無法探討的。像這種無法靠理性探求的問題，**托馬斯‧阿奎那**稱之為**真理**。他主張要由**神學**來追求真理。

## 托馬斯‧阿奎那設想的神學與哲學的關係

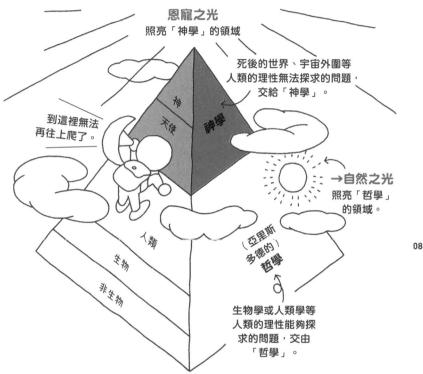

**恩寵之光**
照亮「神學」的領域

死後的世界、宇宙外圍等人類的理性無法探求的問題，交給「神學」。

到這裡無法再往上爬了。

神
天使　**神學**

→**自然之光**
照亮「哲學」的領域。

人類

（亞里斯多德的）
**哲學**

生物

非生物

生物學或人類學等人類的理性能夠探求的問題，交由「哲學」。

就這樣，**托馬斯‧阿奎那**明確建立了神學與哲學的上下關係。在中世紀的**士林哲學**中，是用「**哲學乃神學的婢女**」（Philosophia ancilla Theologiae）來形容這樣的上下關係。

※婢女＝下人

你是我的婢女！

和哲學間的戰鬥，神學贏了！

亞里斯多德

安瑟倫等人

▶078

# 共相之爭
the Controversy on the Universal

| | |
|---|---|
| 意　　義 | 中世紀神學針對共相是否存在之爭論 |
| 相關用語 | 士林哲學（P.084） |
| 備　　註 | 此一爭論，雖然有托馬斯‧阿奎那調停，但後來奧坎主張唯名論，再次點燃爭論 |

羊、雞、牛……總稱為「家畜」這樣的類別，是我們人類所發明的**字詞**。那麼「動物」這個類別又如何呢？一般「動物」這樣的**共相**，一開始就存在這個世界上嗎？或者它不過是一個我們出於自己的需要才創建出來的字而已呢？

## 「動物」這樣的共相存在嗎？

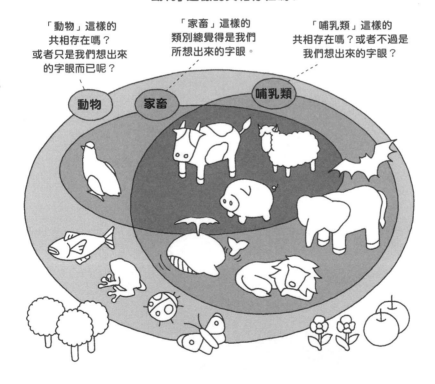

「動物」這樣的共相存在嗎？或者只是我們想出來的字眼而已呢？

「家畜」這樣的類別總覺得是我們所想出來的字眼。

「哺乳類」這樣的共相存在嗎？或者不過是我們想出來的字眼？

動物　家畜　哺乳類

再來，「人類」這樣的共相存在嗎？這種**「共相是否存在」**的爭論（共相之爭），在中世紀長時間反覆發生著。認為共相存在的思維稱為**唯實論**，認為共相不存在的思維稱為**唯名論**。

共相
唯實論

「人類」這樣的共相是存在的，
是因為個別的人都是「人類」才成立的。

唯名論

安　太郎　約翰　花子

只有太郎、花子等
個人存在而已，
「人類」這個類別只不過是我們
想出來的字眼，
因此「一般人類」之類的共相
並不存在。

根據基督教的教義，同為人類的我們，也都背負著最初的人類亞當所犯的罪，也就是「原罪」。但假如「人類」這樣的共相不存在的話，我們就沒必要背罪，也不再需要把我們從「原罪」中救贖出來的教會了。

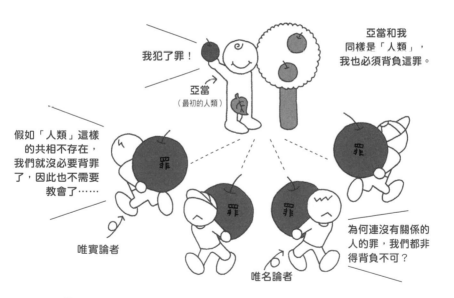

我犯了罪！

亞當
（最初的人類）

亞當和我
同樣是「人類」，
我也必須背負這罪。

假如「人類」這樣
的共相不存在，
我們就沒必要背罪
了，因此也不需要
教會了……

唯實論者

為何連沒有關係的
人的罪，我們都非
得背負不可？

唯名論者

基於上述理由，共相是否存在，就成了教會極其重要的問題。

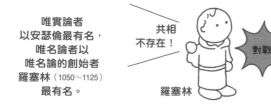

唯實論者
以安瑟倫最有名，
唯名論者以
唯名論的創始者
羅塞林（1050～1125）
最有名。

共相
不存在！

羅塞林

對戰

共相
存在！

安瑟倫

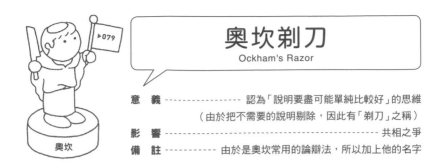

▶079

# 奧坎剃刀
## Ockham's Razor

意　　義 ---------------- 認為「說明要盡可能單純比較好」的思維
　　　　　　　　　　　　（由於把不需要的說明剔除，因此有「剃刀」之稱）
影　　響 ------------------------------------------------- 共相之爭
備　　註 ----------- 由於是奧坎常用的論辯法，所以加上他的名字

奧坎

中世紀後期的**奧坎**認為**共相**（共相之爭 P.086）不存在。他認為像太郎或花子這樣的個別個體才存在，但他並不認同把這些個體加在一起、總稱為「人類」這樣的共相存在。

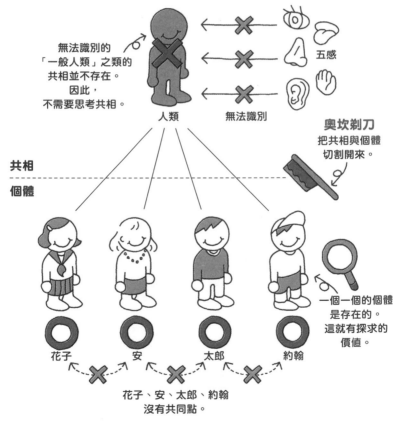

無法識別的
「一般人類」之類的
共相並不存在。
因此，
不需要思考共相。

人類　　　無法識別

五感

**奧坎剃刀**
把共相與個體
切割開來。

共相
- - - - - - - - - - - - - - - -
個體

一個一個的個體
是存在的。
這就有探求的
價值。

花子　　　安　　　太郎　　　約翰

花子、安、太郎、約翰
沒有共同點。

088

針對一個一個的個體逐步探求固然重要，但人類日後設想出來的「動物」、以及「人類」等**字詞**原本並不存在於自然界，因此他認為沒有必要對此展開思考。因為他這樣的想法就好像用剃刀把不必要的言詞都給剃掉，所以有**奧坎剃刀**之稱。

很長一段期間，哲學都被擺在神學之下，有「哲學乃神學的婢女」
（P.085）之稱。但主張要用剃刀把共相剃掉的奧坎提出，理應常保理
性的哲學應該與主張「人類」這樣的共相存在的神學切割開來。

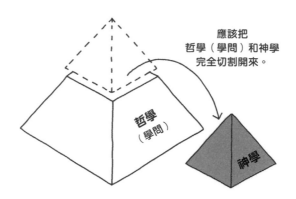

應該把
哲學（學問）和神學
完全切割開來。

哲學
（學問）

神學

「**奧坎剃刀**」這樣的思維，慢慢的變成理性探討事情（而非從神祕角
度切入）的契機。

我應該
只探究自己
能夠辨別的事情。

於是，以思考本身為主體的近代哲學，就揭開序幕了。

文藝復興

我思故我在

近代
（前期）

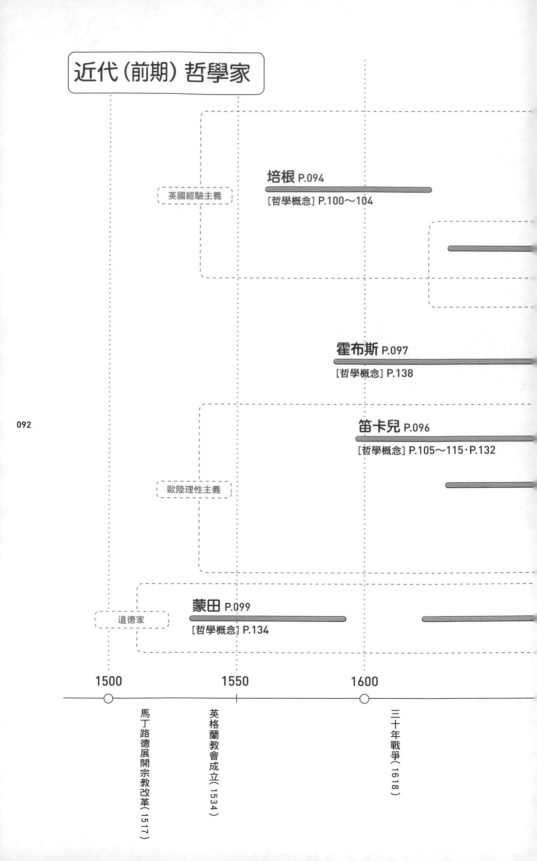

近代（前期）哲學家

英國經驗主義

**培根** P.094

[哲學概念] P.100～104

**霍布斯** P.097

[哲學概念] P.138

**笛卡兒** P.096

[哲學概念] P.105～115·P.132

歐陸理性主義

道德家

**蒙田** P.099

[哲學概念] P.134

1500　　　　　1550　　　　　1600

馬丁路德展開宗教改革（1517）

英格蘭教會成立（1534）

三十年戰爭（1618）

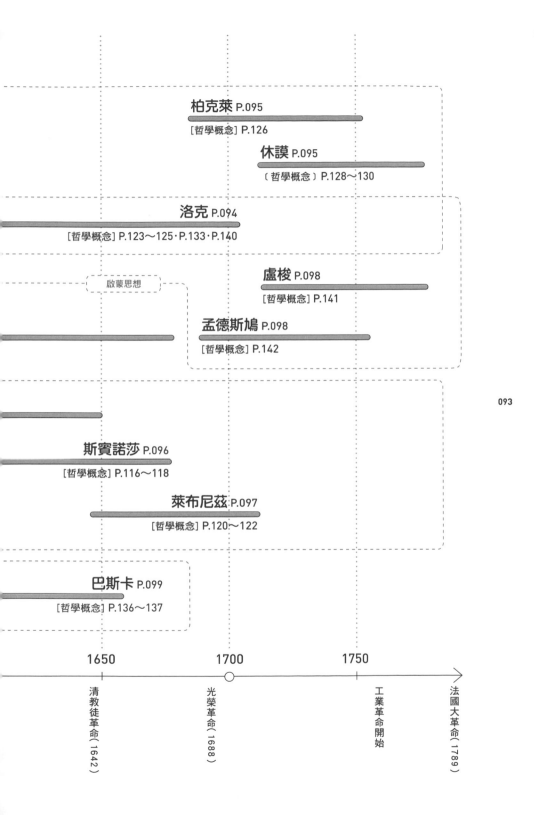

柏克萊 P.095

[哲學概念] P.126

休謨 P.095

〔哲學概念〕P.128～130

洛克 P.094

[哲學概念] P.123～125·P.133·P.140

盧梭 P.098

[哲學概念] P.141

啟蒙思想

孟德斯鳩 P.098

[哲學概念] P.142

斯賓諾莎 P.096

[哲學概念] P.116～118

萊布尼茲 P.097

[哲學概念] P.120～122

巴斯卡 P.099

[哲學概念] P.136～137

1650　　　　1700　　　　1750

清教徒革命（1642）　　　光榮革命（1688）　　　工業革命開始　　　法國大革命（1789）

《新工具》《學問的進步》

培根在檢驗「雪可以保存雞肉」的說法時，因肺炎而死亡。到死前都還貫徹「實驗是科學的基礎」之主張。

知識就是力量。

培根主張，科學的知識應該要能提升人類的生活。

# 培根

FRANCIS BACON　▶P100～104

英國哲學家、政治家。生長於英國高級官員之家，十二歲進入劍橋大學就讀，後學習法律，取得律師資格，二十三歲成為國會議員。四十五歲時與十七歲少女再婚，後成為大法官，但因為被問以貪汙罪而入獄。他對於思辨式的士林哲學提出批判，重視實驗與觀察，因此被譽為英國經驗主義的始祖。

《人類理解論》《政府論二篇》

他認為人類原本是一張什麼也沒寫的「白紙」，確立了「知識是藉由後天的經驗獲得」的經驗主義哲學。

市民有革命的自由。

提倡人民對於政府不當行使權力有抵抗權（革命權）。

# 洛克

JOHN LOCKE　▶P123～125・P133・P140

英國經驗主義的代表性哲學家、政治家。生長於清教徒家庭，在牛津大學攻讀哲學與醫學。逃亡至荷蘭後，因光榮革命而得以歸國。除了在《人類理解論》一書中談經驗主義外，也在《政府論二篇》一書中倡導社會契約說。此契約說除了成為光榮革命的理論基礎外，也對法國大革命與美國獨立帶來了莫大的影響。

在空無一人的森林裡，樹倒下時，會發出聲音嗎？以知覺為存在根據的柏克萊所給的答案是否定的。

存在即是被感知。

人類未曾感知的事物之所以存在，是因為神感知一切事物。

# 柏克萊

GEORGE BERKELEY

▶P126

英國哲學家、牧師。出生於愛爾蘭，小時候就有神童之稱，在都柏林的三一學院求學，年紀輕輕就成為老師。代表作《視覺新論》與《人類知識原理》二書都是他二十多歲時寫的。身為牧師，他為了在百慕達群島興建大學而赴美，但在資金方面受挫。加州的柏克萊市就是由柏克萊的名字而來的。

「因碰到熱而覺得熱」這樣的因果關係，不過是因為累積了多次經驗、養成習慣的結果所創造出來的信念。

所謂的人類，不過是感覺的集合而已。

對休謨來說，人類的心，也不過是從經驗中得到的感覺之集合。

# 休謨

DAVID HUME

▶P128～130

英國哲學家、歷史學家。出生於蘇格蘭，在愛丁堡大學學習法律，畢業後逗留法國，這段時期，他專心著述，出版《人性論》。雖然到大學謀職，但因為他的懷疑論惹禍上身而未能實現。他在愛丁堡大學擔任圖書館管理員時寫成的《英國史》為他搏得名聲，他也在駐法大使祕書及副國務卿等職位上十分活躍。

《方法導論》《沉思錄》《心靈的激情》

否定自亞里斯多德以來的「目的論式的自然觀」，提倡「機械論式的自然觀」，認為自然界的事物全都只是物質，全都依照數學法則而動。

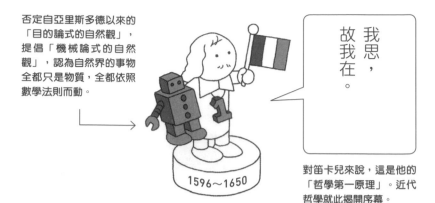

我思，故我在。

對笛卡兒來說，這是他的「哲學第一原理」。近代哲學就此揭開序幕。

# 笛卡兒

RENÉ DESCARTES ▶P105〜115・P132

法國哲學家、自然科學家。有「近代哲學之父」的稱號，到拉弗萊什的學校接受士林教育後，志願從軍。一六一九年十一月十日，他在冬季的德國營地「發現了令人震驚的諸學之基礎」。退伍後，他在歐洲各地旅行，定居荷蘭。晚年他應瑞典女王之邀前往該國，隔年病故。他的頭蓋骨現展示於巴黎人類史博物館。

《倫理學》《神學政治論》

磨鏡片在當時還是最尖端的技術。斯賓諾莎磨鏡片不只是為了生計，也是為了研究光學。

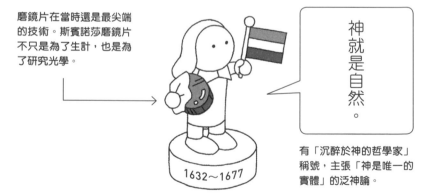

神就是自然。

有「沉醉於神的哲學家」稱號，主張「神是唯一的實體」的泛神論。

# 斯賓諾莎

BARUCH DE SPINOZA ▶P116〜118

荷蘭哲學家。生長於一個自葡萄牙亡命到荷蘭的猶太商人家庭。在隸屬於猶太教團的學校受教育，但是被西歐思想所吸引。一六五六年，由於傾向無神論，遭猶太教團逐出，其後一面以教書和磨鏡片維持生計，一面繼續寫東西。四十四歲因長年的肺病去世，結束了他身為自由思想家、埋首於哲學的孤獨人生。

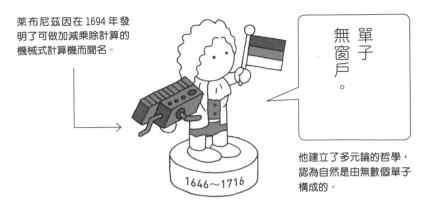

▶P120～122

萊布尼茲因在 1694 年發明了可做加減乘除計算的機械式計算機而聞名。

單子無窗戶。

他建立了多元論的哲學，認為自然是由無數個單子構成的。

# 萊布尼茲

Gottfried Wilhelm Leibniz

德國哲學家、數學家。少年時期自學拉丁語，廣泛閱讀各種哲學書，之後在萊比錫大學、耶拿大學修習哲學、法學、數學。以數學家身分發現微積分，又以政治家、外交官的身分活躍各界，是個有多種才能的天才。他也頻繁從事知識交流活動，一生和逾千人通信。

▶P138

霍布斯說，在一個缺乏公權力的社會裡，「人對人就像是狼對狼」。然而人與人之間在先天上的肉體強弱差異，比動物之間來得小，這正是萬人會陷入戰爭狀態的原因。

萬人對萬人的戰爭。

霍布斯認為人類的自然狀態就是眾人為了追求財富或權力而你爭我奪的戰爭狀態。

# 霍布斯

Thomas Hobbes

英國哲學家、政治學家。生於一個英國國教會的牧師家庭，就讀牛津大學，畢業後一面擔任貴族的家庭老師，一面繼續做研究。到法國、義大利旅行，與培根、笛卡兒、伽利略都有所交流。由於國內動亂，一度亡命法國。主要著作《利維坦》遭批判為無神論，差點被勒令禁止出版。

將「三權分立說」具體化
成為《美國憲法》與法國
《人權宣言》的基本原理。

專
制
政
體
的
國
家
需
要
「
恐
懼
」
。

孟德斯鳩以英國議會政治
為理想，批判法國的絕對
王權。

# 孟德斯鳩

CHARLES-LOUIS DE MONTESQUIEU ▶P142

法國的啟蒙思想家、政治學家。法官貴族出身，學法律後在波爾多高等法院擔任
要職。在任時寫出諷刺小說《波斯人信札》，因批判法國政治與社會而受矚目。
其後遊學歐洲各國，在英國受到洛克思維的影響，發表《法意》。而他所主張的
三權分立說，也成為近代民主憲法的基礎。

盧梭的民主政治論，固然
對法國大革命帶來莫大影
響，也成了逐行恐怖政治
的雅各賓（Jacobins）派
人士羅伯斯比爾的革命思
想之主要立論。

回
歸
自
然
。

盧梭認為自然狀態最理
性，感性應優先於理性，
成為浪漫主義先驅。

# 盧梭

JEAN-JACQUES ROUSSEAU ▶P141

在法國大革命前夕時期，激進的啟蒙思想家。出生於日內瓦共和國，學徒生涯後
去流浪，靠自學充實自己。三十歲時前往巴黎，與狄德羅（Denis Diderot）往來，
負責撰寫《百科全書》中音樂的條目。一七五〇年，《論科學與藝術》獲得第戎
學院論文獎，一躍成為眾所矚目的對象。晚年在苦惱當中寫出《懺悔錄》、《對
話錄》等自傳式作品。

身處宗教戰爭漩渦中寫出的《隨筆集》，特色在於寬容、中庸，以及理性主義。他的人生哲學對後代的知識分子也帶來莫大的影響。

我知道什麼？

蒙田座右銘：以懷疑主義為武器，探究人生意義。

著作 《隨筆集》

# 蒙田

MICHEL DE MONTAIGNE ▶P134

法國道德家，新興貴族出身，修習法律，在波爾多高等法院服務，法國宗教戰爭末期還當過波爾多市長。三十八歲時辭去法官職務，餘生大多用於讀書、思索，寫出《隨筆集》。持懷疑主義立場，主張應該排除專斷與偏見，接納中庸與寬容。他那敏銳卻又溫暖的人類觀察紀錄，被視為是道德家文學的頂尖傑作。

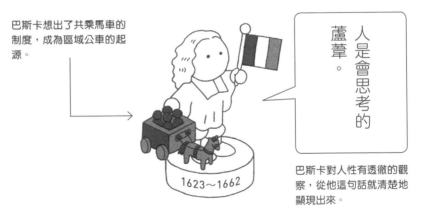

巴斯卡想出了共乘馬車的制度，成為區域公車的起源。

人是會思考的蘆葦。

巴斯卡對人性有透徹的觀察，從他這句話就清楚地顯現出來。

著作 《沉思錄》

# 巴斯卡

BLAISE PASCAL ▶P136～137

法國科學家、思想家。是一位早熟的天才，十六歲時就發表圓錐曲線論，讓笛卡兒也驚訝。除發現與流體力學有關的「巴斯卡原理」外，在機率論、積分論等方面也有成果。三十一歲時體驗到宗教式的省悟，自此之後就以修道院準成員的身分開始了宗教生活。三十九歲時病死，遺稿《沉思錄》是存在主義的先驅。

培根

# 知識就是力量
## Knowledge is Power

出　　處 --------------------------------------------《新工具》
相關用語　　英國經驗主義（P.101）、歸納法（P.104）、偶像（P.102）
備　　註 ----------- 培根主張，做學問應該是要找出自然法則，
　　　　　　　　　再藉著該法則擁有支配自然的力量

**培根**認為，無法藉由**士林哲學**（P.084）建立鞏固的學問知識基礎。他明確劃分出**自然哲學**與**士林哲學**的不同角色。

中世…

只要相信神，
就能變得幸福。

這對學問
會有
幫助嗎？

培根認為中世的士林哲學（P.084）無助於生活。

近代！

知識就是
力量！

了解自然的
機制可促成
幸福！

培根認為，士林哲學無法讓人幸福，
透過經驗與實驗得來的知識與學問，才能讓人幸福。

**培根**的想法是，生活的提升不光來自教義，也來自於透過經驗與實驗理解自然機制（征服自然）。此即所謂的「**知識就是力量**」。這種重視經驗的思維，與中世紀那套「先有真理，再試圖說明世界」的哲學與神學，是完全相反的方法。

100

培根等人

## 英國經驗主義
### British Empirieism

代表人物 ----------------------------- 培根、洛克、柏克萊、休謨
對 立 詞 ----------------------------- 歐陸理性主義（P.106）
備 註 ----------------------------- 在法國，受到洛克影響的孔狄亞克
（Étienne Bonnot de Condillac）也發展出經驗主義哲學

在英國出現一種思維：知識或觀念全是透過五感（聽覺、視覺、觸覺、味覺、嗅覺）而得到的**經驗**帶來的，天賦知識並不存在，稱之為**英國經驗主義**。**英國經驗主義**成員們認為，主要是透過**歸納法**（P.104）學習到正確的知識。

阿姆阿姆

人並不具備
天賦
知識或理性。

**英國經驗主義
的思維**

透過
五感得到
經驗（實驗）後，
就以歸納法分析吧！

我所知道的
所有事，
全是透過經驗
得來的。

101

學到了正確的知識。

這樣的思維，與**歐陸理性主義**（P.106）是相對立的，他們認為人與生俱來就有知識和理性。

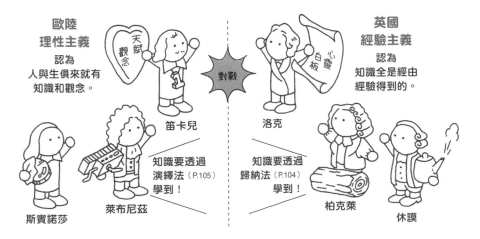

**歐陸
理性主義**
認為
人與生俱來就有
知識和觀念。

天賦
觀念

對戰

心白靈板

**英國
經驗主義**
認為
知識全是經由
經驗得到的。

笛卡兒

洛克

知識要透過
演繹法（P.105）
學到！

知識要透過
歸納法（P.104）
學到！

斯賓諾莎

萊布尼茲

柏克萊

休謨

偶像
Idola

| | | |
|---|---|---|
| 意　　義 | ------------------------------- | 拉丁文「偶像」的意思 |
| 文　　獻 | ------------------------------- | 培根《新工具》 |
| 相關概念 | 知識就是力量（P.100）、英國經驗主義（P.101）、歸納法（P.104） | |
| 備　　註 | ------------------------------- | 英文「偶像」（idol）的字源 |

培根主張，知識全是經由經驗得到的。但他說，自以為是的想法與偏見，會妨害我們學到正確的知識。像這樣自以為是的想法或偏見，培根稱為**偶像（idola）**，並區分為四大類進行研究：❶**種族偶像** ❷**洞穴偶像** ❸**市場偶像** ❹**劇場偶像**。

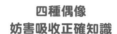

四種偶像
妨害吸收正確知識

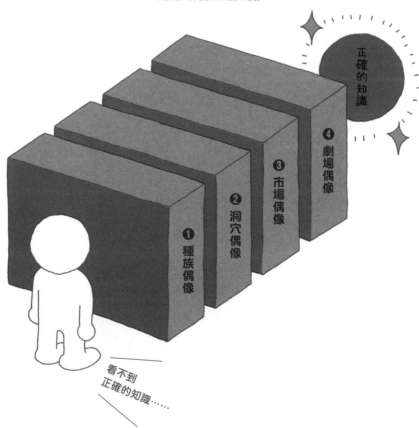

## ❶ 種族偶像

人類這個種族共同具備的感覺
所造成的偏見。

天空好像會動的感覺　　　眼睛的錯覺　　　擬人論

---

## ❷ 洞穴偶像

因為成長的環境產生狹隘想法而導致偏見。

我之前被貓抓過，
好可怕！

家庭環境或際遇　　　個人的體驗　　　讀過的書之影響

---

## ❸ 市場偶像

在人群聚集的地方誤聽或是因為流言
傳布等錯誤傳言而造成的偏見。

網路資訊　　　流言　　　聽錯

---

## ❹ 劇場偶像

因為相信了名人或偉人的話
而造成的偏見。

熱門節目的資訊　　　偉人的話

培根等人

# 歸納法
## Induction

| | |
|---|---|
| 意　　　義 | 根據個別的事實或經驗，推導出一般法則的方法 |
| 文　　　獻 | 培根《新工具》 |
| 對 立 詞 | 演繹法（P.105） |
| 相 關 概 念 | 英國經驗主義（P.101） |

**培根**等**英國經驗主義**（P.101）的哲學家們認為，**歸納法**是用於獲得正確知識的有效方法。所謂的**歸納法**就是，根據**經驗**（實驗）盡可能收集眾多樣本，再推導出一般理論的方法。透過**歸納法**得到的知識，不是獨斷式的，而是有經驗或實驗佐證的。不過，假如一開始收集的樣本太少，或是有誤，推導出來的結論也可能有誤。

**歸納法**

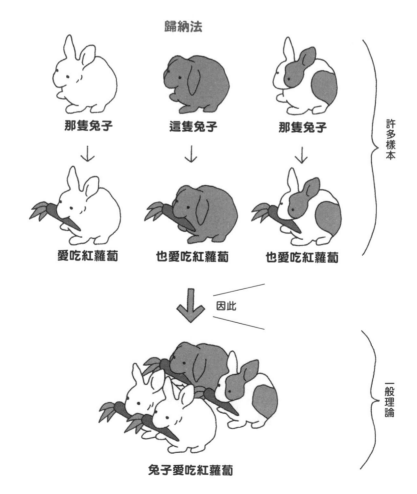

那隻兔子　　　這隻兔子　　　那隻兔子

↓　　　　　　↓　　　　　　↓

愛吃紅蘿蔔　　也愛吃紅蘿蔔　　也愛吃紅蘿蔔

許多樣本

因此

兔子愛吃紅蘿蔔

一般理論

▶096

笛卡兒等人

# 演繹法
## Deduction

意　　義 --------- 將一般性的法則或原理，套用到個別的事實上
文　　獻 ------------------------------- 笛卡兒《方法導論》
對 立 詞 ------------------------------- 歸納法（P.104）
相關概念 ------------------------------- 歐陸理性主義（P.106）

**笛卡兒**等**歐陸理性主義**（P.106）的哲學家們，希望透過**演繹法**推導出正確的知識。所謂**演繹法**就是，從一般性的原理，根據理性的推理，為個別的人事物找出真理的方法。在**演繹法**下，只要前提是真理，結論也會是真理。不過，假如一開始的前提就是錯的，那麼它得到的結論也無法成為真理。

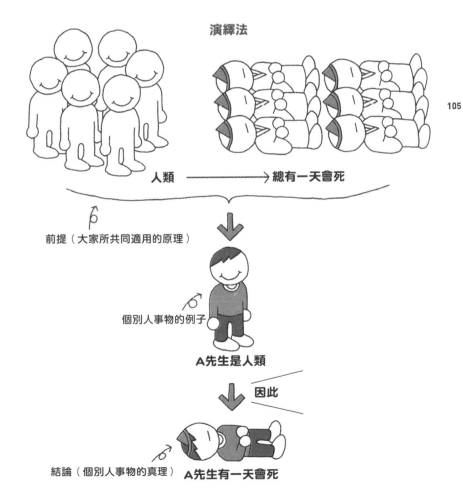

演繹法

人類　————→　總有一天會死

前提（大家所共同適用的原理）

個別人事物的例子

**A先生是人類**

**因此**

結論（個別人事物的真理）　**A先生有一天會死**

# 歐陸理性主義
## Rationalism

| | |
|---|---|
| 代表人物 | 笛卡兒、斯賓諾莎、萊布尼茲 |
| 對立詞 | 英國經驗主義（P.101） |
| 相關概念 | 演繹法（P.105） |
| 備　註 | 康德是歐陸理性主義與英國經驗主義的綜合體 |

**笛卡兒、斯賓諾莎、萊布尼茲**等歐陸的哲學家們，抱持著與英國發展出來的**英國經驗主義**（P.101）不同的看法。

人有時候會看錯，或是搞錯實驗結果。五感（聽覺、視覺、觸覺、味覺、嗅覺）得到的經驗（體驗）是無法成為標準的。

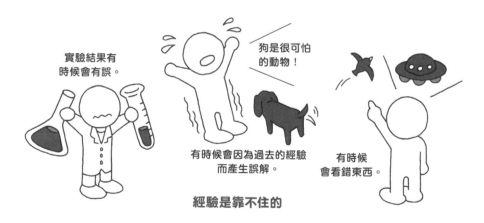

**經驗是靠不住的**

笛卡兒認為，懷疑一切後，不能否認人與生俱來就有「神」、「善惡」等觀念，因此認同**「天賦觀念」**（P.112）的存在。這又可以連結到，柏拉圖提出的**人生而就懂得理型**（P.046）的這個想法。他認為，應該要根據這天賦觀念，透過**演繹法**（P.105），學到正確的知識。

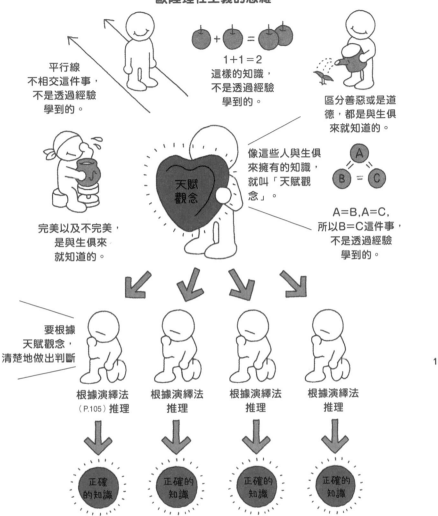

## 歐陸理性主義的思維

平行線
不相交這件事，
不是透過經驗
學到的。

1+1＝2
這樣的知識，
不是透過經驗
學到的。

區分善惡或是道
德，都是與生俱
來就知道的。

天賦
觀念

像這些人與生俱
來擁有的知識，
就叫「天賦觀
念」。

完美以及不完美，
是與生俱來
就知道的。

A=B,A=C,
所以B=C這件事，
不是透過經驗
學到的。

要根據
天賦觀念，
清楚地做出判斷

根據演繹法
（P.105）推理

根據演繹法
推理

根據演繹法
推理

根據演繹法
推理

正確
的知識

正確的
知識

正確的
知識

正確的
知識

107

這樣的思維，由於主要在歐洲大陸發展，所以叫**歐陸理性主義**。**歐陸理性主義**與認為「**天賦觀念不存在**」的**英國經驗主義**，是相對立的。

天賦觀念是
存在的。

**歐陸理性主義**

**英國經驗主義**

天賦觀念
不存在。

對戰

萊布尼茲　　斯賓諾莎　　笛卡兒　　　洛克　　　柏克萊　　　休謨

# 我思，故我在
Cogito, ergo sum.
英文：I think therefore I am.

| 出　　處 | 笛卡兒《方法導論》 |
|---|---|
| 相關概念 | 神的存在之證明 |
| 備　　註 | 近代哲學，自這句話揭開序幕 |

假設有個極了不起的真理被發現了。但要是有人冒出一句「就算是這樣，搞不好這世界的一切原本就只是場夢啊」，那就無法反駁了。就算是為了避免出現這樣的情形，**笛卡兒**很想找到一個**「唯有它絕對真確」**的**原理**。

搞不好這世界的一切原本就只是一場夢啊！但如果不證明這樣的說法是錯的，未來，不管再有人發現什麼樣的真理，都會變得沒有意義。

於是，笛卡兒決定，要試著刻意地用「搞不好這世界只是場夢」這句話來懷疑看看（**方法懷疑論**）。結果，這會使得眼前看到的風景、書上寫的東西、數學，甚至於連自己的肉體，都變得令人懷疑。不過，仍有唯一一件無法懷疑的事還存留下來。那就是，懷疑「搞不好只是夢」的自我**意識**是存在的。就算進一步懷疑「正在懷疑搞不好只是夢的自己」，到頭來，自己的意識還是存在的。

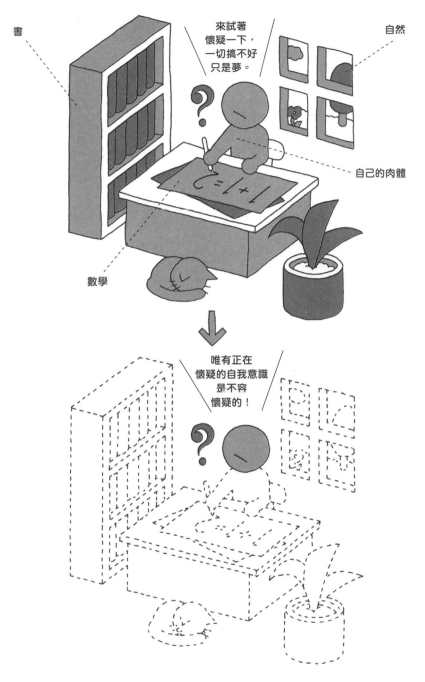

書

來試著
懷疑一下，
一切搞不好
只是夢。

自然

自己的肉體

數學

唯有正在
懷疑的自我意識
是不容
懷疑的！

就這樣，**笛卡兒**發現，自己的意識之存在，是沒有辦法懷疑的。他就以「**我思，故我在**」（Cogito, ergo sum）來表現。由於確定「我」的存在，相當於確定在數學中 1+1=2 這樣的定理，因此稱之為**笛卡兒哲學**的第一定理。

▶096

# 證明神的存在

文　　獻 ------------------------ 笛卡兒《方法導論》、《沉思錄》
相關概念 -------- 歐陸理性主義（P.106）、「我思，故我在」（P.108）、
　　　　　　　　　　　　　　　　　　　天賦觀念（P.112）
備　　註 ----------- 在中世紀的神學中固然也會證明神的存在，
　　　　　　　　　　　　但並不是為了確保自己的認知是正確的

**笛卡兒**藉由**方法懷疑論**（P.108）證明自己（的意識）確實存在。接著，他要如何證明周遭的世界存在？為此，他認為自己得先**證明神的存在**。

110

**證明神的存在**

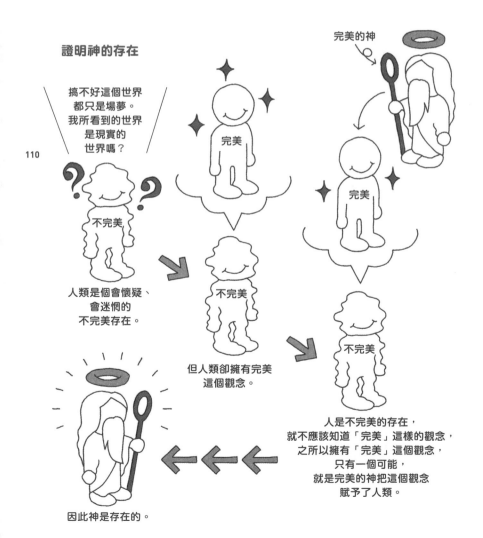

搞不好這個世界都只是場夢。我所看到的世界是現實的世界嗎？

不完美

人類是個會懷疑、會迷惘的不完美存在。

完美

不完美

但人類卻擁有完美這個觀念。

完美的神

完美

不完美

人是不完美的存在，就不應該知道「完美」這樣的觀念，之所以擁有「完美」這個觀念，只有一個可能，就是完美的神把這個觀念賦予了人類。

因此神是存在的。

人類是不完美的存在。就理論上來說，不完美的存在，不該會知道「**完美**」這個觀念。但人類卻具有「完美」這樣的觀念（意識中的東西）。笛卡兒主張，這個完美的觀念，只可能是由完美的神賦予人類的。

現在給你
天賦觀念（P.112），
請你運用它
做出正確的判斷！

天賦
觀念

假如神確實存在，神給予人類的認知能力，就應該是正確的。因為，神不會欺騙人（**神的誠實**）。**笛卡兒**的結論是，只要能正確地運用神所給予的理性，就能認識真理。

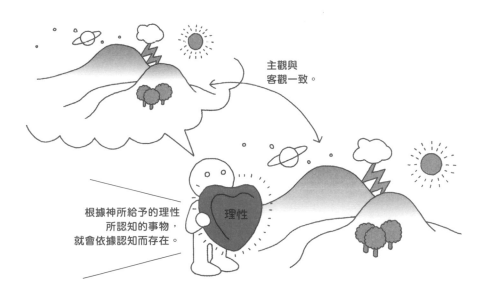

主觀與
客觀一致。

根據神所給予的理性
所認知的事物，
就會依據認知而存在。

理性

當神出現時，笛卡兒的說法讓人感覺可疑到不行。
然而，這個世界不是夢，
而是實際存在這件事（主觀與客觀一致），在理論上極難證明。
其後有很多哲學家試圖跳過神的部分證明這件事，但都不順利。

# 天賦觀念
## Innate ideas

| | |
|---|---|
| 意　　義 | 與生俱來就擁有的觀念 |
| 文　　獻 | 笛卡兒《方法導論》、《沉思錄》 |
| 相關概念 | 歐陸理性主義(P.106)、證明神的存在(P.110) |
| 對 立 詞 | 學來的觀念 |

笛卡兒

**笛卡兒**認為，人類與生俱來就具備基本的**觀念**。像是辨別善惡、完美的概念、平行線不相交等等無法從經驗中學到的東西。這種人類特有的、與生俱來的先天觀念，稱為**天賦觀念**。(※觀念＝自己意識到的事或物)

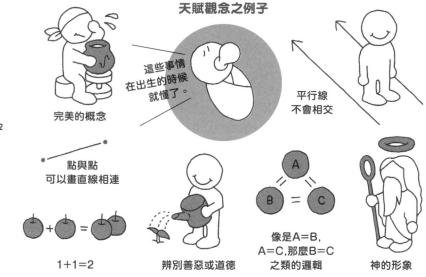

**天賦觀念之例子**

完美的概念

這些事情在出生的時候就懂了。

平行線不會相交

112

點與點可以畫直線相連

1+1=2

辨別善惡或道德

像是A＝B,A＝C,那麼B＝C之類的邏輯

神的形象

一旦認同**天賦觀念**存在，只要是人，應該就擁有同樣的認知能力。但相對的，每個人的認知能力看起來卻又不相同。因此，認為「**天賦觀念**」存在的**歐陸理性主義**(P.106)，與認為此觀念不存在的**英國經驗主義**(P.101)，就產生了對立。

天賦觀念存在。　　**歐陸理性主義**　　　　**英國經驗主義**　　天賦觀念不存在。

萊布尼茲　　斯賓諾莎　　笛卡兒　　對戰　　洛克　　柏克萊　　休謨

笛卡兒

# 主觀｜客觀
## Subject｜Object

相關概念 ------------------------------ 二元論(P.114)、展延(P.115)
備　　註 ----------------- 英文中各以 subject 與 object 稱之，
和「主體」、「客觀」的英文相同，
歐美語言中並未把主體與主觀、客體與客觀區分使用

**笛卡兒**發現，人的**意識**是存在的(我思，故我在，P.108)。自那之後，**笛卡兒**就把世界分成**認知的主體**與**被認知的客體**思考。前者的意識稱為**主觀**，後者稱為**客觀**。**笛卡兒**為認為「**自我**意識是主體」的近代哲學揭開了序幕。

**笛卡兒發現
「意識」前**

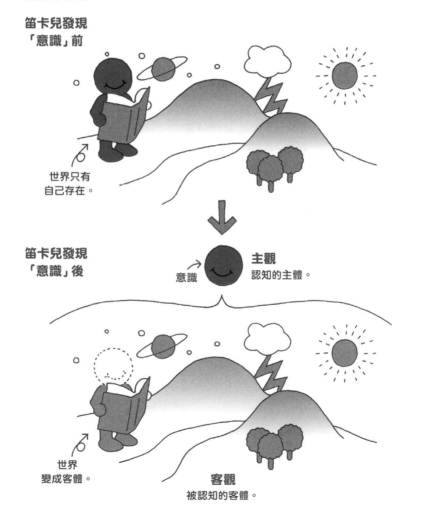

世界只有
自己存在。

**笛卡兒發現
「意識」後**

意識　　主觀
認知的主體。

世界
變成客體。

**客觀**
被認知的客體。

▶096

笛卡兒

# 二元論
Dualism

文　　獻 ----------------------------------- 笛卡兒《心靈的激情》
相關概念 ----------------------------------- 主觀│客觀（P.113）、展延（P.115）
備　　註 ----------------------------------- 笛卡兒認為，大腦的松果體
是身體與精神產生交互作用的地點

**笛卡兒**認為，**精神與物體**是不同的存在（我思，故我在，P.108），而身體等同於物體，都是機械般的東西。這稱之為**心物二元論**（mind-body dualism）。

## 心物二元論

身體

物體
（機械般的東西）

精神

意識

KEEP OUT

他把這解釋再擴大，就產生了將世界一分為二的**二元論**。

## 二元論

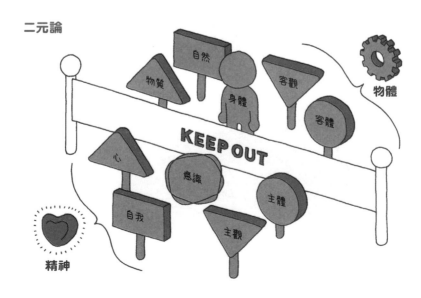

自然

物質

身體

客觀

物體

客體

心

意識

主體

自我

KEEP OUT

主觀

精神

# 展延
Extension

| 文　獻 | ---------------------------------- | 笛卡兒《沉思錄》 |
| 相關概念 | ---------------------------------- | 二元論（P.114） |
| 備　註 | ----- 在笛卡兒的哲學概念中，固然是把物體的屬性當成 | |
| | 「展延」，但就意義上來說，可以想成是物體的「本質」 | |

所謂的**展延**，就是物質在空間中延伸。延伸的範圍，可以在**物理**上測得其高度、寬度、厚度。

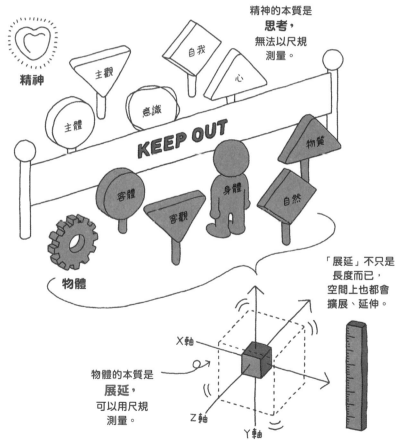

精神的本質是**思考，**無法以尺規測量。

精神

自我

心

主觀

意識

主體

KEEP OUT

物質

客體

身體

自然

客觀

物體

「展延」不只是長度而已，空間上也都會擴展、延伸。

X軸

Z軸

Y軸

物體的本質是**展延，**可以用尺規測量。

115

**笛卡兒**認為，世界是由**精神**與**物體**兩個**實體**（P.132）所構成的（二元論 P.114）。而他把**精神**的本質視為是**思考**，把**物體**的本質視為是**展延**。這代表著，感情與感覺，或是感覺所捕捉到的顏色或氣味，都不屬於精神或物體這種本質性的性質。

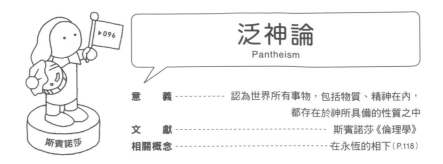

▶096

# 泛神論
Pantheism

意　　義 ---------- 認為世界所有事物，包括物質、精神在內，
　　　　　　　　　　都存在於神所具備的性質之中
文　　獻 ------------------------------ 斯賓諾莎《倫理學》
相關概念 ------------------------------ 在永恆的相下（P.118）

**笛卡兒**發現了**意識**（我思，故我在 P.108）後，**意識**及**身體（物體）**被視作個別的存在（二元論 P.114），但**斯賓諾莎**對這個論點抱持疑問。

如果意識和身體是個別存在的，就無法解釋為什麼當意識感到悲傷時，身體會流出眼淚的原因。

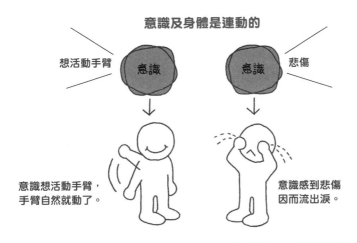

為了解釋這個問題，**斯賓諾莎**認為我們的意識、身體及自然都應統括於**唯一的神**。

按照**斯賓諾莎**的看法，我們屬於自然的一部分，而且自然並非由神創造，神就等於自然（**神即自然**）。也就是說，包括在自然之中的我們的精神及身體，都屬於神的一部分。依照這個想法，精神和身體是相連的，所以悲傷時流出眼淚就沒有任何矛盾。

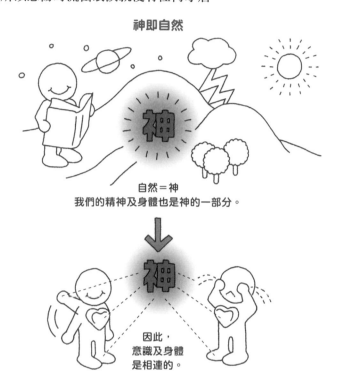

**神即自然**

自然＝神
我們的精神及身體也是神的一部分。

因此，
意識及身體
是相連的。

把神和世界視為同一概念，稱為**泛神論**。

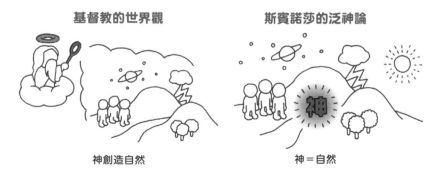

**基督教的世界觀**

**斯賓諾莎的泛神論**

神創造自然

神＝自然

相對於主張精神和物體應視作個別概念的**笛卡兒二元論**，**斯賓諾莎**則主張一切都存在於**唯一的神**的一元論。這種思維和把神視為人格存在的基督教並不相容，因而受到基督教抨擊。

# 在永恆的相下
sub specie aeternitatis

▶096

斯賓諾莎

意　義 —————————————————— 從神的觀點看世界
文　獻 —————————————————— 斯賓諾莎《倫理學》
備　註 ———————— 藉由認識神而感受到喜悅，就如同敬愛神一般，
　　　　　　　　　　　　　　　　　稱為「對神的理智愛」

**斯賓諾莎**認為人類並沒有自由意志。人是神的一部分（泛神論 P.116），
因此是在神的思考下行動，但我們並沒有覺察到這件事。

這些行為
並不是基於
自身的意志。

爬行

哭泣

喝牛奶

**在永恆的相下**
自身的行為
並非出於
自身的意志。

稍微長大後，
這些行為
又是怎麼樣呢？

刷牙

更衣

戀愛

至少這些行為
應該是出於
自身的意志吧？
不，實際上
只是遵從這些行為裡的
某個原因而已。

忙碌的上班族

無所事事的人

運動

這些狀況也不是基於自身的意志。
行為的原因很複雜，
連自己也很難理解。

118

認為自身的行動是憑藉自身的意志，這個想法在**斯賓諾莎**看來，就像是被人丟到空中的石塊，卻誤以為是憑自己的力量飛起來一樣。

其實是
被拋到空中，
卻誤以為自己在飛。

在你身上所發生的只是自然現象的一部分，只不過是永恆中的一個場景。不過，倘若你不在，這個場景就無法成立，**斯賓諾莎**把這個觀點稱為**在永恆的相下**。

斯賓諾莎觀念中的神，
為了你
而把你的空間空出來。

那麼，神把自然的一部分放在你身上，是為了要你做什麼呢？**斯賓諾莎**的主張是人的幸福。

神要我做什麼呢？
我的任務
是什麼呢？

大概是那個！
好，我就做看看！
從現在開始試試看！

神應該賦予你某個任務，而你能夠直覺到那個任務。

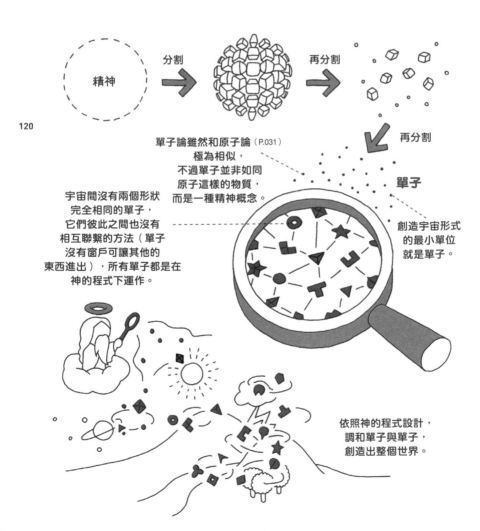

## 單子
### Monad

語　　源 ----------------------------------- Monad，源自希臘文，意指單位
出　　處 ----------------------------------- 萊布尼茲《單子論》
相關概念 ----------------------------------- 預定和諧（P.121）

如果把世界視作各種精神的存在，就能夠加以分割。**萊布尼茲**把相當於原子的精神概念稱為**單子**。同時，他認為世界是由**單子**相互**調和**而成。單子是**神**為了使世界變成**最好的**世界的程式設計。這樣的思維相對於**一元論**（P.117），被稱作**多元論**。

精神　　→ 分割 →　　　　　→ 再分割 →

120

再分割

單子論雖然和原子論（P.031）
極為相似，
不過單子並非如同
原子這樣的物質，
而是一種精神概念。

**單子**

宇宙間沒有兩個形狀
完全相同的單子，
它們彼此之間也沒有
相互聯繫的方法（單子
沒有窗戶可讓其他的
東西進出），所有單子都是在
神的程式下運作。

創造宇宙形式
的最小單位
就是單子。

依照神的程式設計，
調和單子與單子，
創造出整個世界。

▶097

# 預定和諧
## Pre-established Harmony

備　註 ---------- 萊布尼茲使用「時鐘的比喻」來說明預定和諧。
要讓兩個不同時鐘的時間分秒不差的方法，可採取相互連動、
排定在同一時間報時，或是一開始就製作精確報時的時鐘。
萊布尼茲的主張是第三種方法的立場

萊布尼茲

根據**萊布尼茲**的說法，**單子**（P.120）是神為了讓世界達到至善境界的程
式設計。而且，單子依照預先妥善安排好的**和諧**關係，創造出最好的
世界，這就是神的**預定和諧**。對**萊布尼茲**來說，這個世界並非偶然形
成。

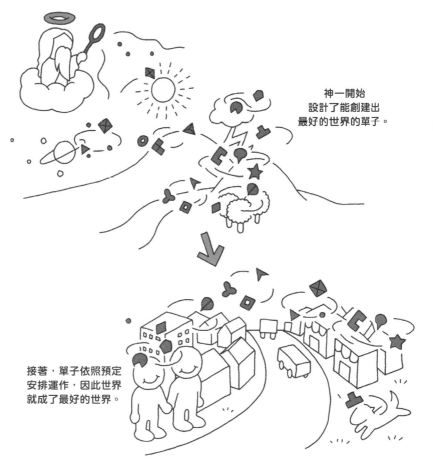

神一開始
設計了能創建出
最好的世界的單子。

接著，單子依照預定
安排運作，因此世界
就成了最好的世界。

如上所述，**萊布尼茲**以**樂觀**的觀點來定義世界。

▶097

萊布尼茲

# 充足理由律
## The Principle of Sufficient Reason

意　　義 ---------------- 任何事物都一定有其存在的充足理由
文　　獻 ------------------------------- 萊布尼茲《單子論》
相關概念 ------------------------------- 預定和諧（P.121）

現在的世界，是如同圖❶的模樣。

圖❶

為什麼不是像圖❷假想的樣子呢？

圖❷

**萊布尼茲**認為這是因為圖❶的狀態才是最好的。

對**萊布尼茲**而言，世界並不僅是「有」，而是因為神的製造所以才會「變成」最好的狀態。一切事物都不僅是「有」，而是因為某個原因才會「變成」它的樣子，這叫做**充足理由律**。

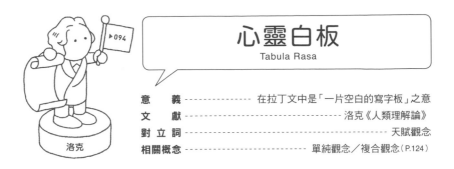

# 心靈白板
## Tabula Rasa

| | |
|---|---|
| 意　義 | 在拉丁文中是「一片空白的寫字板」之意 |
| 文　獻 | 洛克《人類理解論》 |
| 對立詞 | 天賦觀念 |
| 相關概念 | 單純觀念／複合觀念（P.124） |

**洛克**站在**英國經驗主義**（P.101）的立場，對**歐陸理性主義**（P.107）的**天賦觀念**（P.112）抱持疑問。他不認為人類一生下來就擁有觀念。（※觀念＝自己意識到的，與經驗無關的事或物）

不可能！
人類的心靈
在剛出生時
是一塊白板。

洛克

因為是醫師，
有機會
看到很多嬰兒。

剛出生
就擁有觀念。

123

**洛克**認為人類剛出生時，心靈就像一塊什麼都沒寫的**白板（心靈白板）**。他主張**經驗**過的事情寫在這塊白板上，才成為知識或觀念。

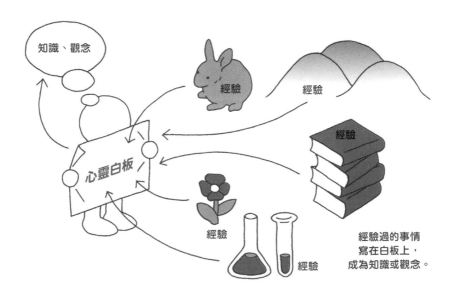

知識、觀念

經驗

經驗

經驗

心靈白板

經驗

經驗

經驗過的事情
寫在白板上，
成為知識或觀念。

# 單純觀念｜複合觀念
## Simpe Ideas｜Complex Ideas

文　獻 ----------------------------------- 洛克《人類理解論》
備　註 ----------------------- 洛克把經驗分為「感覺」與「內省」
人類經由感官獲得單純觀念，
然後藉由「內省」而形成「複合觀念」

否定**天賦觀念**（P.112）的**洛克**，認為人類並不具備天生的知識，一切都是基於經驗而來。據他的想法，人類是透過以往「紅的」、「硬的」、「酸的」等經驗而來的觀念，才了解對象物蘋果。「紅的」、「硬的」、「酸的」等經由感官得到的印象為**單純觀念**，組合成「蘋果」的知識，稱為**複合觀念**。（※觀念＝自己意識到的事或物）

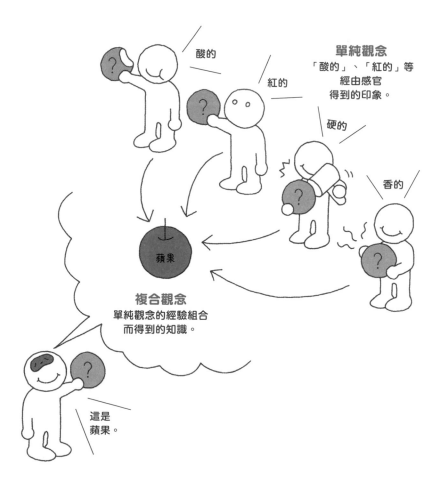

**單純觀念**
「酸的」、「紅的」等
經由感官
得到的印象。

酸的

紅的

硬的

香的

蘋果

**複合觀念**
單純觀念的經驗組合
而得到的知識。

這是
蘋果。

洛克

▶094

# 初性｜次性
## Primary Qualities | Secondary Qualities

意　義 ------------------------- 初性＝物體客觀（量的）性質
次性＝色澤、氣味等物體主觀的性質
文　獻 ------------------------- 洛克《人類理解論》
備　註 -------- 初性（一譯原始性質）類似笛卡兒「展延」的概念

**洛克**主張感官的性質可分為兩種。蘋果的氣味或味道等是直接透過人類感官得知的性質，並不是蘋果原本具有的性質，這就稱為**次性**。相對的，形狀、大小等和感官無關，而是蘋果原本具有的性質，則稱為**初性**。

125

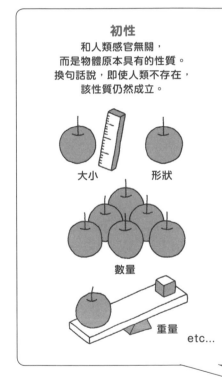

**初性**
和人類感官無關，
而是物體原本具有的性質。
換句話說，即使人類不存在，
該性質仍然成立。

大小　　　形狀

數量

重量　　　etc...

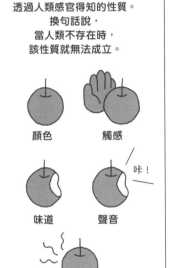

**次性**
透過人類感官得知的性質。
換句話說，
當人類不存在時，
該性質就無法成立。

顏色　　　觸感

咔！

味道　　　聲音

氣味　　　etc...

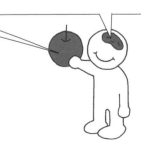

而後柏克萊（P.095）認為
初性也是基於人類的感官而來。
能夠認識到蘋果的存在，
是因為背景顏色（次性）的差異，
或觸感（次性）的差異。
換句話說，柏克萊認為若是人類不存在，
蘋果也就不存在。依柏克萊的看法，
世界皆存在於人類的腦海中。

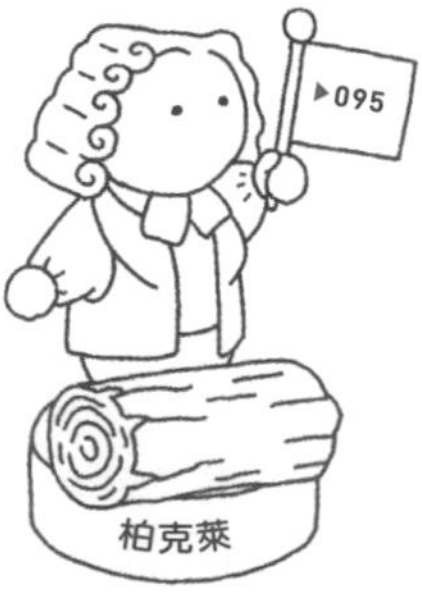


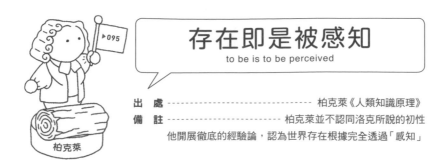

# 存在即是被感知

to be is to be perceived

**出　處** ---------- 柏克萊《人類知識原理》

**備　註** ---------- 柏克萊並不認同洛克所說的初性

他開展徹底的經驗論，認為世界存在根據完全透過「感知」

我們一般會認為因為蘋果存在，所以我們能夠摸得到、看得到（能**感知**）。但實際上，在某個人感知以前，我們無法確認蘋果的存在。蘋果存在以前必定先有我們的感知。**柏克萊**說，不是物體先存在，而是因為我們看得到物體，所以才確認它的存在。

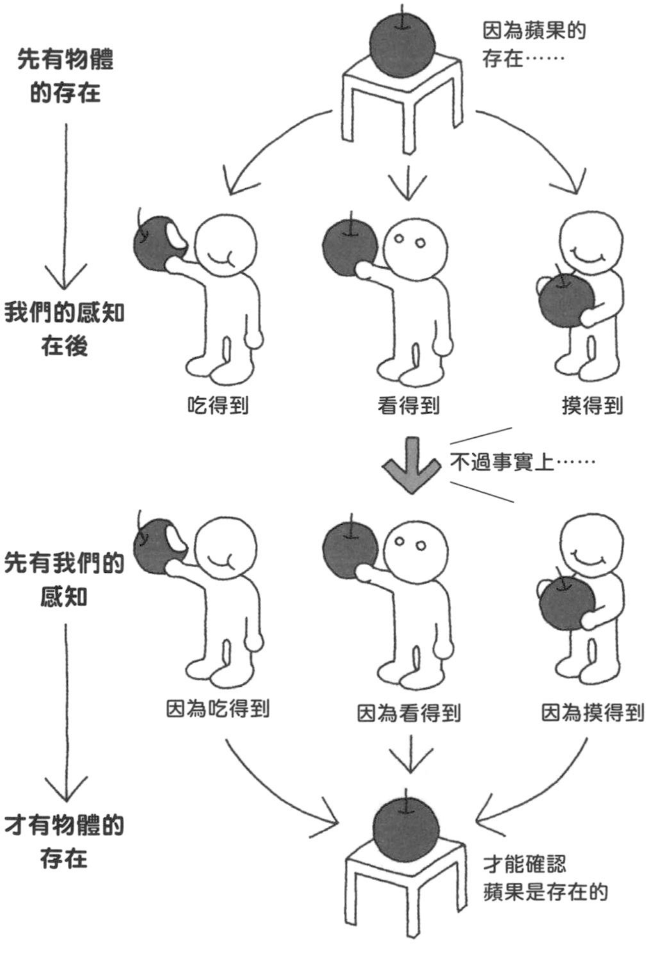

如果**柏克萊**的主張是正確的，那麼當能夠感知的我們不存在時，**物體也不存在**。**柏克萊**這個想法以「**存在即是被感知**」來說明。他認為世界並不存在著物質，一切都在我們的意識之中。

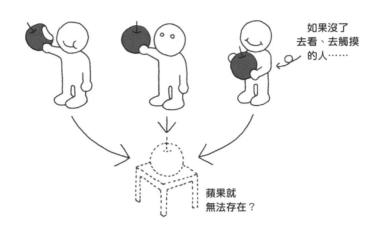

如果沒了
去看、去觸摸
的人……

蘋果就
無法存在？

依照**柏克萊**的觀點，當有人感知的時候，蘋果就在那個人的意識中。因此，若是任何人都不去看蘋果，蘋果不就不存在了嗎？不過，身為神職人員的**柏克萊**認為，即使沒有人看，但因為**神**看著，所以蘋果還是存在。

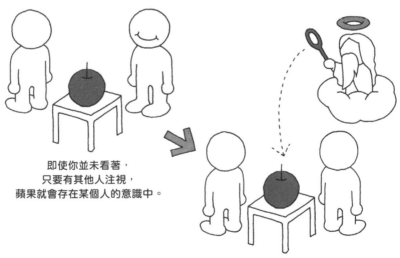

即使你並未看著，
只要有其他人注視，
蘋果就會存在某個人的意識中。

沒有任何人看著蘋果時，
由於神看著，所以蘋果依然存在。
柏克萊是神職人員，
因此有這樣的想法。

# 感覺的集合
collection of difference perceptions

| | |
|---|---|
| 文　　獻 | 休謨《人性論》 |
| 相關概念 | 因果關係（P.130） |
| 備　　註 | 休謨連神的存在也否定，<br>他認為所謂心智就是「印象」與「觀念」 |

休謨

**洛克**認為蘋果的色澤、味道及氣味並非真實存在（次性 P.125）；**柏克萊**則進一步連蘋果的客觀存在都加以否認（存在即是被感知 P.126）；不過，他們兩人都並未懷疑看著蘋果的我是否存在。**休謨**則連這個**我**也提出質疑。

128

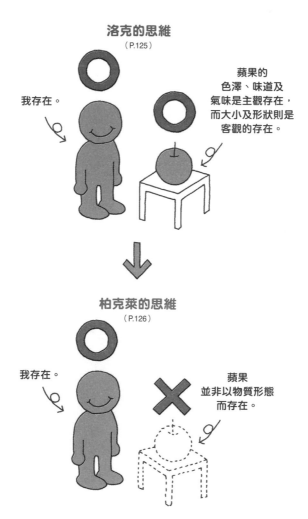

### 洛克的思維
（P.125）

我存在。

蘋果的色澤、味道及氣味是主觀存在，而大小及形狀則是客觀的存在。

### 柏克萊的思維
（P.126）

我存在。

蘋果並非以物質形態而存在。

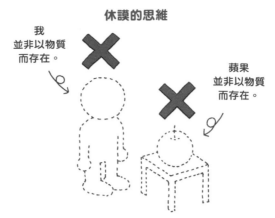

那麼，**休謨**所思考的**我**，究竟是什麼樣的概念呢？人類在當下的一瞬間，根據五種感官（聽覺、視覺、觸覺、味覺、嗅覺）而產生「冷」、「舒服」、「好吵」……等不同的**感覺（知覺）**，休謨認為所謂的「我」，就是當下瞬間這些感覺（知覺）的集合。他把這個概念以**「人即感覺的集合」**來表現。

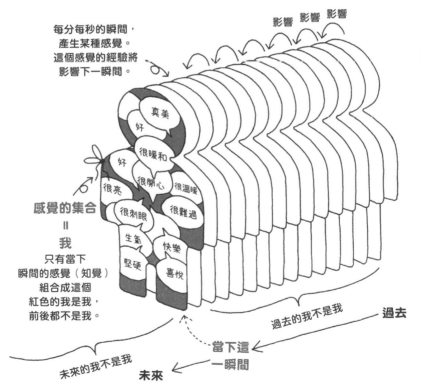

**休謨**認為，只有感覺（知覺）是確實存在的，「**我**」則不是**實體**（P.132）。

休謨

▶095

# 因果關係
## Causal Relation

| | |
|---|---|
| 文　　獻 | 休謨《人性論》 |
| 相關概念 | 感覺的集合（P.128） |
| 備　　註 | 康德讀了休謨的哲學觀點後表示：「從教條主義中驚醒過來。」 |

人們相信自然界有**因果關係**。例如，摸了鐵條後，手上沾了鐵條的氣味，我們會說「鐵條有氣味」，而判斷其間的**因果關係**。然而，鐵條實際上並沒有氣味，就算有氣味，兩者未必有因果關係。

130

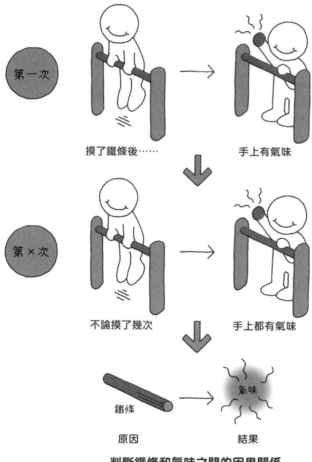

第一次

摸了鐵條後……　　　　手上有氣味

第×次

不論摸了幾次　　　　手上都有氣味

鐵條　　　　　　　氣味

原因　　　　　　　結果

**判斷鐵條和氣味之間的因果關係**

然而……

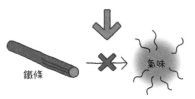

**實際上鐵條沒有氣味！**
鐵條和氣味的因果關係是基於習慣的錯覺。

「火會生熱」的**因果關係**或許也是相同道理。休謨認為**因果關係是經驗**（習慣）而產生的錯覺，並不存在於自然界。他否定客觀的**因果關係**，對自然科學抱著懷疑（**懷疑論**）。即使九十九次碰到火都覺得燙，也不表示第一百次仍然會燙。

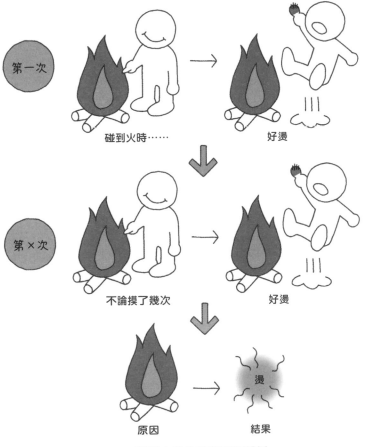

**判斷火會生熱的因果關係**
但是就如鐵條與氣味之間的因果關係般，
或許只是習慣形成的錯覺？

# 實體
## Substance

意　義 ········· 不受其他影響，直接寓於其中而存在的就是實體
備　註 ················ 現代哲學對於「實體」的觀念抱持批判，
事物相互之間的關係具有意義或
價值的「關係主義」成為主流議題

笛卡兒等人

所謂**實體**就是**不依存任何事物**，指**實際存在的物體**，也可説是物體真正的樣貌或本體。「具體而言，**實體**究竟是什麼？」成為所有哲學家探究的問題。

132

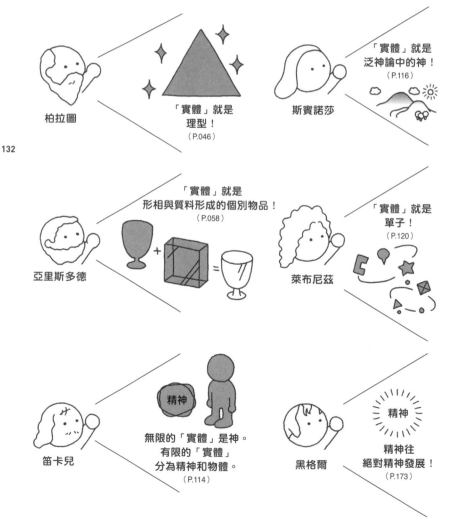

柏拉圖
「實體」就是理型！
（P.046）

斯賓諾莎
「實體」就是泛神論中的神！
（P.116）

亞里斯多德
「實體」就是形相與質料形成的個別物品！
（P.058）

萊布尼茲
「實體」就是單子！
（P.120）

笛卡兒
無限的「實體」是神。有限的「實體」分為精神和物體。
精神
（P.114）

黑格爾
精神
精神往絕對精神發展！
（P.173）

# 知識論
## Epistemology

意　義 ------------ 探討知識的起源、本質、方法之哲學領域。
自笛卡兒以後，成為近代哲學的一大潮流

備　註 ------------ 知識論本身雖然從古希臘哲學便已存在，
但因為笛卡兒才成為哲學探求的核心

**知識論**是源於「人如何理解（認識）事物」的疑問開始產生的。

經過究竟有無**天賦觀念**（P.112）的爭辯……

即使是在**英國經驗主義**（P.101）中，認同及不認同客觀存在的立場呈對立狀況，結果還是又回到**「主觀與客觀的形態是否一致？」**的問題。

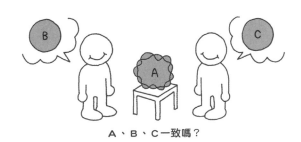

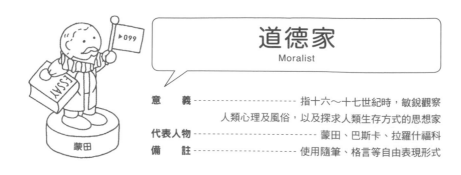

# 道德家
Moralist

意　義 ┄┄┄┄┄┄┄┄ 指十六～十七世紀時，敏銳觀察人類心理及風俗，以及探求人類生存方式的思想家

代表人物 ┄┄┄┄┄┄┄┄ 蒙田、巴斯卡、拉羅什福科

備　註 ┄┄┄┄┄┄┄┄ 使用隨筆、格言等自由表現形式

一四九二年，**哥倫布**發現新大陸。當時多數的西班牙人都把居住在新大陸的人視為野蠻人。

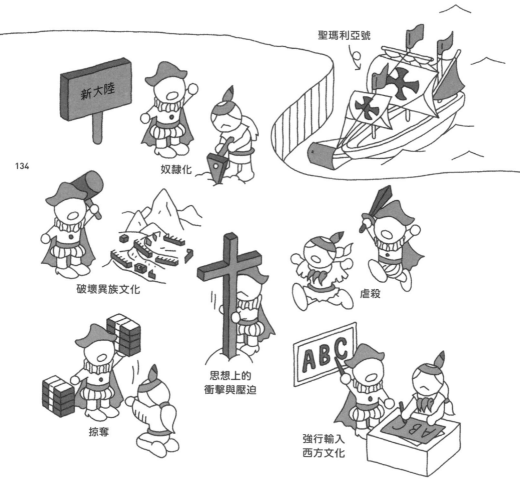

**蒙田**悲嘆當時西班牙殖民者在新大陸進行的掠奪，強行要求當地接受西方文化及進行虐殺。

同一時期，歐洲的基督教徒發生紛爭，甚至引發宗教戰爭，蒙田對此事亦痛心疾首。

新教徒

歐洲大陸

天主教徒

印第安人根本不野蠻，
除非是和西方人習慣不同就
硬稱之為「野蠻」。
by 蒙田

蒙田

**蒙田**主張對於思考方式或文化不同的人，應當捨棄偏見、獨斷、固執，以謙虛的態度學習對方的思考方式及文化非常重要。抱持這種想法的人稱為**道德家**。

對我而言的真理，
對方未必認為
是真理。

**蒙田**不採取「應該～」的說法，而是把自己的體驗以**隨筆**的形式呈現。

# 人是會思考的蘆葦
he is a thinking reed

巴斯卡

| | |
|---|---|
| 出　處 | 巴斯卡《沉思錄》 |
| 相關概念 | 道德家（P.134） |
| 備　註 | 「若克麗奧佩特拉的鼻子長一吋，或短一吋，或許世界就會改變」也是《思想錄》當中的一段話 |

近代以後，理性主義普及，人類的理性也許是萬能的思想也跟著這樣擴散了。**巴斯卡**對這個狀況感受到強烈的危機。他認為人類在宇宙之中渺小無力有如**蘆葦**，認知這個事實十分重要。

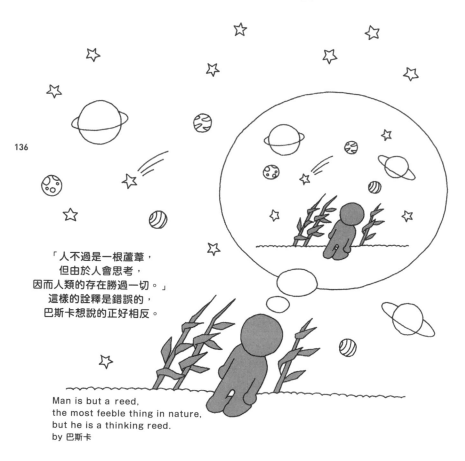

「人不過是一根蘆葦，
但由於人會思考，
因而人類的存在勝過一切。」
這樣的詮釋是錯誤的，
巴斯卡想說的正好相反。

Man is but a reed,
the most feeble thing in nature,
but he is a thinking reed.
by 巴斯卡

人類能夠自覺知識和理性的界限。**巴斯卡**認為就這個意義而言，人類是可貴的，所以留下「**人是會思考的蘆葦**」這句名言。**巴斯卡和蒙田**（P.099）同樣是預言了西方社會紛爭的**道德家**（P.134）。

巴斯卡

## 纖細心智

| | |
|---|---|
| 意　義 | 以感性全盤認識複雜事物的直觀能力 |
| 出　處 | 巴斯卡《沉思錄》 |
| 對立詞 | 幾何學心智 |
| 相關概念 | 道德家（P.134） |

數學家**笛卡兒**以數學為雛型解釋哲學與道德。他試圖以**演繹法**（P.105）做為武器，使用「定理」、「定義」、「證明」等用語來建立事物的順序。

### 笛卡兒的幾何學心智

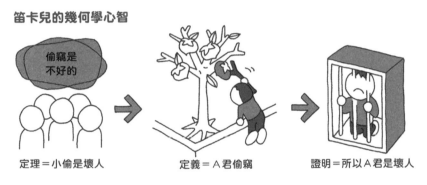

定理＝小偷是壞人　　　定義＝Ａ君偷竊　　　證明＝所以Ａ君是壞人

笛卡兒以這樣的思考邏輯，認為任何事，就算是神的存在也能夠證明。巴斯卡雖然也是數學家，但他主張事物無法像數學一般只用**邏輯**就能判斷。

### 巴斯卡的纖細心智

Ａ君不是壞人……

以直覺來判斷充滿各種矛盾的事物也是理性。

事物或人的內心應該都充滿各種矛盾。巴斯卡認為以**直覺**判斷這些矛盾也是**理性**。相對於**幾何學心智**而言，巴斯卡稱此為**纖細心智**。

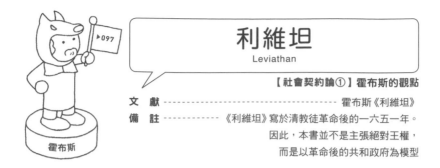

# 利維坦
Leviathan

【社會契約論①】霍布斯的觀點

文　獻 ------------------------------------- 霍布斯《利維坦》

備　註 ----------- 《利維坦》寫於清教徒革命後的一六五一年。
因此，本書並不是主張絕對王權，
而是以革命後的共和政府為模型

當時認為國王的權限是神賜予的（**君權神授說**），以此為基礎而形成國家。

君主的權限
是由神
賜予的。

138　相對於這個說法，**霍布斯**以邏輯分析國家的結構。他先思考沒有**公權力的狀態（自然狀態）**下，國家會變成什麼樣子。然後他主張在沒有國家的**自然狀態**下，人們將會彼此爭奪自由，因而發生「**萬人對萬人的戰爭**」。

在自然狀態下，
將會發生
「萬人對萬人的戰爭」。

這麼一來，個人自由將無法得到保障，所以有必要互相締結不爭吵的契約。

為了懲罰無法遵守不爭吵契約的人，所以需要擁有絕對權力的政府，因此需要國王。**霍布斯**把像這樣的公權力，比喻成《舊約聖經》中出現的可怕海怪利維坦。他認為代表所有人民的國王若是不具備像**利維坦**般強大的權力，國家就無法發揮功能。

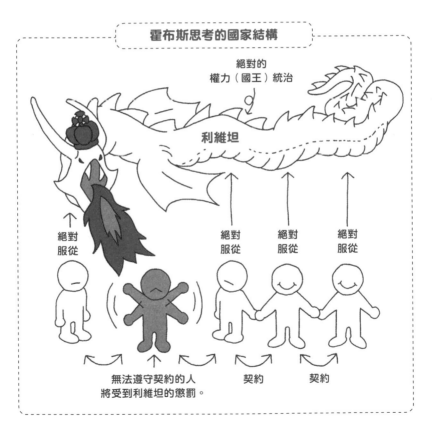

**霍布斯**並不是借助君權神授説來説明國家的結構，而是以邏輯性擁護了絕對王權。

# 抵抗權
### Right of Resistance

洛克

【社會契約論②】洛克的觀點

意　義 ———————— 對於政府不當行使權力，人民有抵抗的權利
文　獻 ——————————————— 洛克《政府論二篇》
備　註 ———————— 抵抗權中包括建立新政府的「革命權」，
　　　　　　　　　　　　成為美國獨立戰爭及法國大革命的理論支柱

**洛克**的思想有別於**霍布斯**（利維坦 P.138），他認為可以將處罰犯罪者或保護人民的權限**信託**給公權力，但**主權**終究應當歸於**人民（人民主權）**。另外，他又說當國家踐踏人民權利時，人民應有發起**革命**、建立新國家的**抵抗權**。

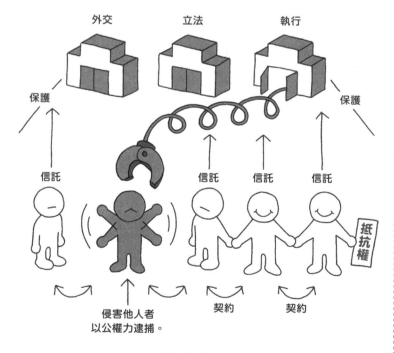

**洛克思考的理想國家**

公權力應分立為獨裁不能涉入的「外交」、「立法」、「執行」三項權力，
後來依據孟德斯鳩（P.098）而衍生為「行政」、「立法」、「司法」，
並沿用至現代。

外交　　　　立法　　　　執行

保護　　　　　　　　　　　　　　保護

信託　　　　　　　信託　　信託　　信託

抵抗權

侵害他人者
以公權力逮捕。　　　　契約　　　契約

當國家濫用權力時，
國民可行使「抵抗權」及「革命權」。

盧梭

# 共同意志
## General Will

【社會契約論③】盧梭的觀點

文　獻 ------------------------------ 盧梭《社會契約論》
備　註 ------------------------------ 盧梭認為：有別於個人為謀求「特殊意志」或
特殊意志總和下的「全體意志」，
訂定了謀求公共利益的人民意志為「一般意志」

**盧梭**和**霍布斯**的觀點（利維坦 P.138）相反，他認為**自然狀態**（P.138）對人類而言才是最理想的，而稱之為「**回歸自然**」。不需要公權力，只需彼此確認原本大家就共同持有的互助精神（**共同意志**），國家就能建立理想的**直接民主制**。

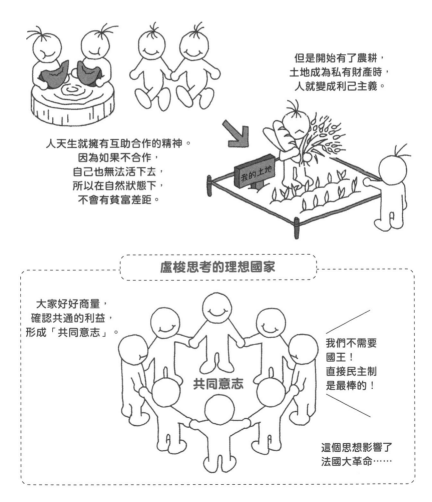

人天生就擁有互助合作的精神。
因為如果不合作，
自己也無法活下去，
所以在自然狀態下，
不會有貧富差距。

但是開始有了農耕，
土地成為私有財產時，
人就變成利己主義。

我的土地

**盧梭思考的理想國家**

大家好好商量，
確認共通的利益，
形成「共同意志」。

共同意志

我們不需要
國王！
直接民主制
是最棒的！

這個思想影響了
法國大革命……

▶094

# 啓蒙主義
## Enlightenment

意　義 ----- 十七～十八世紀在歐洲發生的思想運動。對理性採取
　　　　　絕對的信任，打破迷信、習慣、非理性的社會制度
備　註 ------------------------------- 十八世紀被稱為「啟蒙時代」

洛克等人

十七世紀後半到十八世紀前半的歐洲，仍然殘留濃厚的基督教權力色彩，君主制仍握有絕對權力。

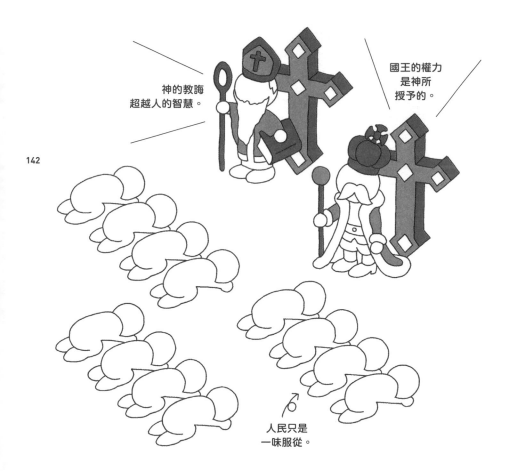

神的教誨
超越人的智慧。

國王的權力
是神所
授予的。

人民只是
一味服從。

**因此洛克、盧梭**（P.098）、**孟德斯鳩**（P.098）紛紛提出不同的觀點。

他們主張以邏輯的方式詮釋國家或社會應有的樣子，建構出理性的國家及社會。

**啟蒙主義者們**

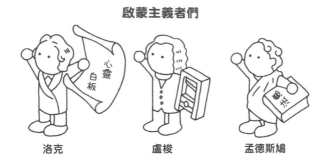

洛克　　　　　　盧梭　　　　　孟德斯鳩

然後他們努力促使各自提出的**社會契約論**（P.138～P.141）普及，推動市民革命，這就是**啟蒙主義（思想）**。

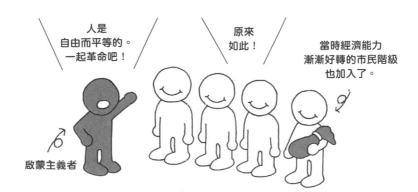

人是
自由而平等的。
一起革命吧！

原來
如此！

當時經濟能力
漸漸好轉的市民階級
也加入了。

啟蒙主義者

站在理性思考的絕對觀點上，**啟蒙主義**依然有許多應該反省的問題，不過，它引發了英國光榮革命及法國大革命，將市民從絕對王權中解放出來，也是事實。

衝啊！　　衝啊！　　　衝啊！

# 近代
（後期）

近代（後期）哲學家

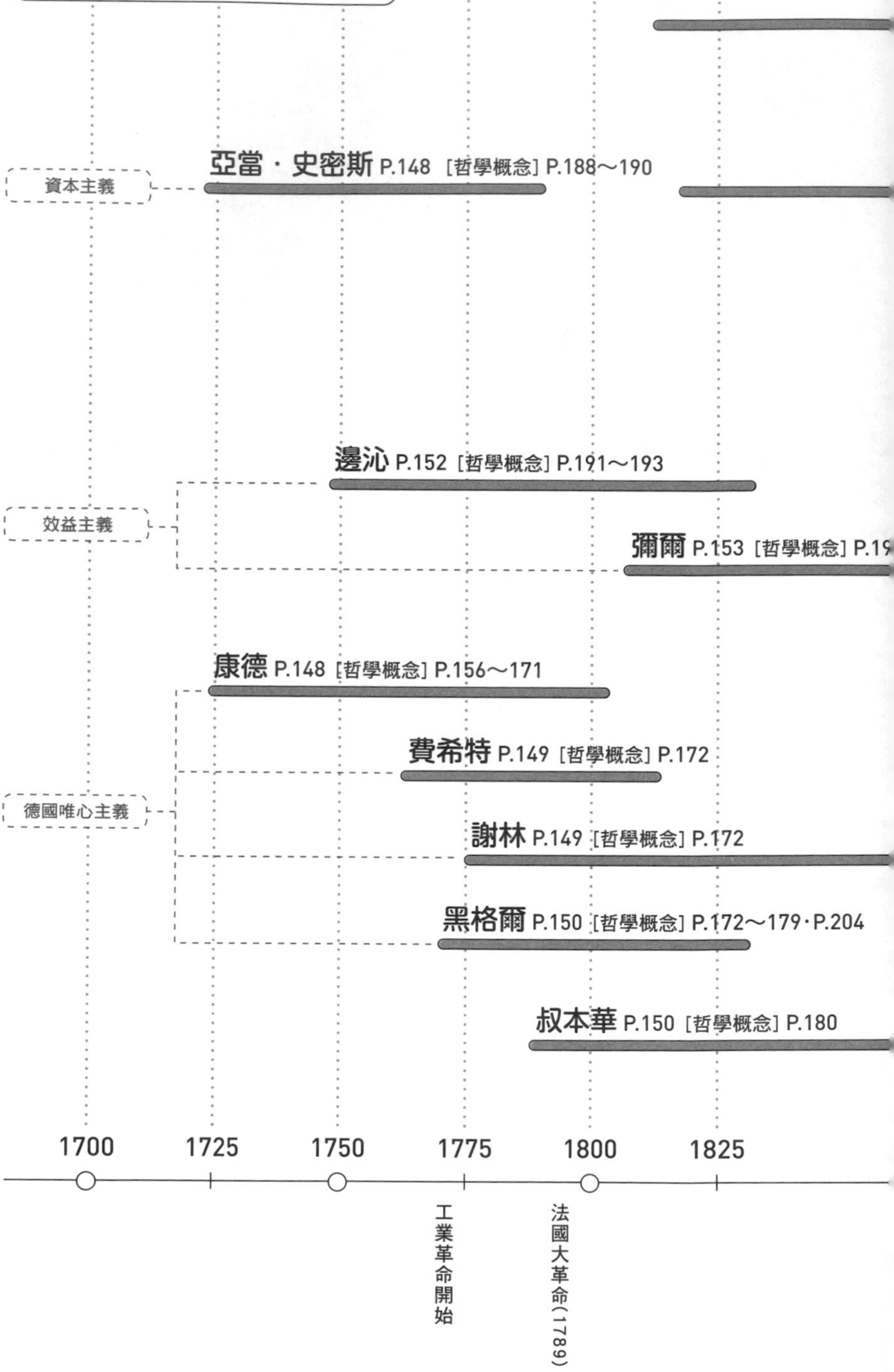

亞當・史密斯 P.148 [哲學概念] P.188～190
資本主義

邊沁 P.152 [哲學概念] P.191～193
彌爾 P.153 [哲學概念] P.19
效益主義

康德 P.148 [哲學概念] P.156～171
費希特 P.149 [哲學概念] P.172
謝林 P.149 [哲學概念] P.172
德國唯心主義

黑格爾 P.150 [哲學概念] P.172～179・P.204

叔本華 P.150 [哲學概念] P.180

146

1700　1725　1750　1775　1800　1825

工業革命開始

法國大革命(1789)

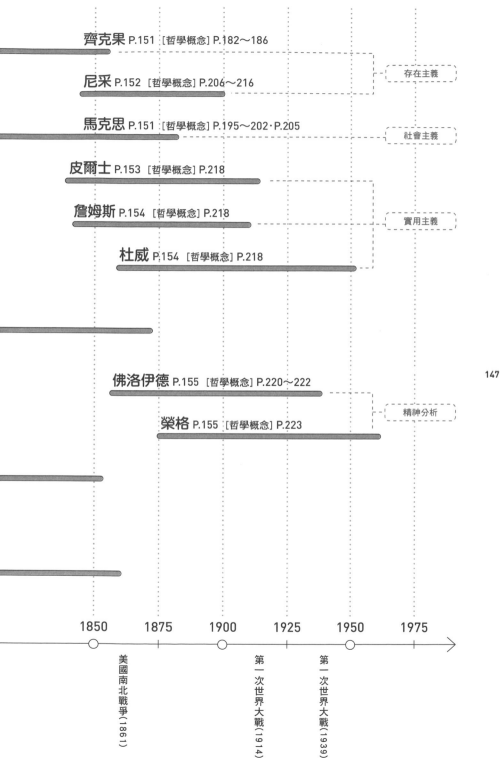

齊克果 P.151 [哲學概念] P.182～186

尼采 P.152 [哲學概念] P.206～216

存在主義

馬克思 P.151 [哲學概念] P.195～202・P.205

社會主義

皮爾士 P.153 [哲學概念] P.218

詹姆斯 P.154 [哲學概念] P.218

實用主義

杜威 P.154 [哲學概念] P.218

佛洛伊德 P.155 [哲學概念] P.220～222

榮格 P.155 [哲學概念] P.223

精神分析

1850　1875　1900　1925　1950　1975

美國南北戰爭(1861)

第一次世界大戰(1914)

第一次世界大戰(1939)

《道德情操論》 《國富論》

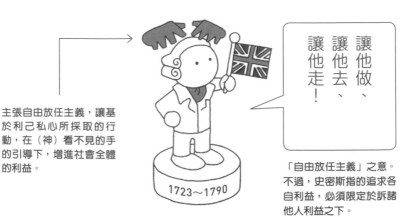

主張自由放任主義，讓基於利己私心所採取的行動，在（神）看不見的手的引導下，增進社會全體的利益。

讓他做、
讓他去、
讓他走！

「自由放任主義」之意。不過，史密斯指的追求各自利益，必須限定於訴諸他人利益之下。

# 亞當・史密斯

ADAM SMITH

▶P188～190

蘇格蘭經濟學家、道德哲學家。就讀於格拉斯哥大學、牛津大學，並於二十八歲任職格拉斯哥大學教授，任職期間發表《道德情操論》，廣獲好評。辭去教授職務後，擔任貴族子弟之家庭教師，並展開在歐洲各國的旅行。回國後撰寫將經濟學體制化的《國富論》一書，主張自由主義經濟及自由貿易論點。

《純粹理性批判》 《實踐理性批判》 《判斷力批判》

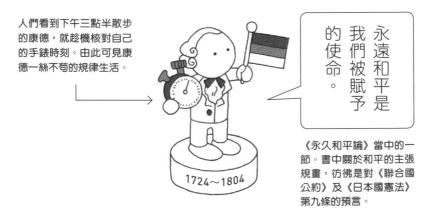

人們看到下午三點半散步的康德，就趁機核對自己的手錶時刻。由此可見康德一絲不苟的規律生活。

永遠和平是
我們被賦予
的使命。

《永久和平論》當中的一節。書中關於和平的主張規畫，彷彿是對《聯合國公約》及《日本國憲法》第九條的預言。

# 康德

IMMANUEL KANT

▶P156～171

德國哲學家。出生於普魯士王國柯尼斯堡（現為俄羅斯的加里寧格勒市），父親是製作馬具的工匠。康德畢業後，當了九年家庭教師以養家活口，而後於柯尼斯堡大學歷任教授、院士及校長等職務。他以從起床到夜間就寢的作息有著鋼鐵般的規律而聞名，同時也確立了歐陸理性主義與英國經驗主義整合之哲學。

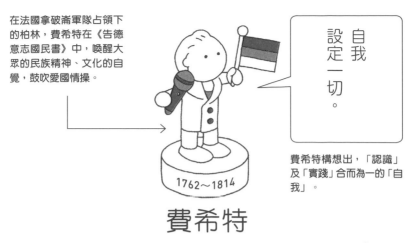

在法國拿破崙軍隊占領下的柏林，費希特在《告德意志國民書》中，喚醒大眾的民族精神、文化的自覺，鼓吹愛國情操。

自我設定一切。

費希特構想出，「認識」及「實踐」合而為一的「自我」。

1762～1814

# 費希特

JOHANN GOTTLIEB FICHTE

▶P172

德國唯心主義哲學家。出生於德勒斯登郊外一個貧窮的村落，在貧困的生活中勤奮向學，青年時代研讀康德哲學而受到深刻影響。曾歷任耶拿大學及柏林大學教授，並成為柏林大學第一任校長。哲學方面除了延續康德的理論，也完成實踐理性至上的思想。於五十二歲去世。黑格爾被視作柏林大學校長的繼任者。費希特的墳墓旁，坐落的正是黑格爾的墓地。

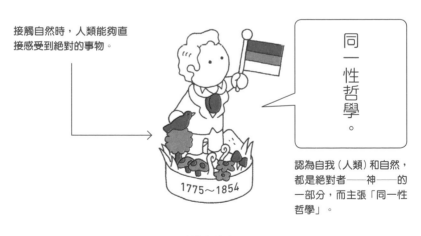

接觸自然時，人類能夠直接感受到絕對的事物。

同一性哲學。

認為自我（人類）和自然，都是絕對者——神——的一部分，而主張「同一性哲學」。

1775～1854

# 謝林

FRIEDRICH WILHELM JOSEPH VON SCHELLING

▶P172

德國唯心主義哲學家。為早熟的天才，於十五歲時破例進入圖賓根大學神學院（規定為二十歲以上），並在該校和年長他五歲的荷爾德林及黑格爾成為摯友。費希特辭去耶拿大學的職務後，他成為該校的哲學教授。他也和浪漫派的藝術家有所交流，在藝術中看出自然與精神統一。黑格爾去世後，在柏林大學教授哲學。

《法哲學原理》序文中，「密納瓦的貓頭鷹於黃昏到來才會起飛」成為經典名言，這句話意味著哲學落後於歷史，應掌握當代意義。

凡現實的，都是理性的，凡理性的，都是現實的。

黑格爾假設世界上所出現的一切皆屬於精神（＝理性）的呈現。

# 黑格爾

Georg Wilhelm Friedrich Hegel ▶P172～179‧P204

近代哲學集大成者。出生於德國斯圖加特。他在耶拿大學是極受歡迎的講師，不過由於拿破崙攻占普魯士，大學因而關閉。而後歷經報社編輯、德國文理中學校長、海德堡大學教授、柏林大學哲學教授，並曾擔任柏林大學的校長，對於當時的思想界產生絕大的影響。六十一歲因霍亂而猝死。

把飼養的愛犬命名為含有「宇宙精神」之意的「ATMA」，據說生氣時會對愛犬怒吼：「你還算是人嗎？」

成就這個世界基礎的，是不合理且盲目的意志。

對人類盲目的欲望感到絕望的叔本華，從藝術中尋求救贖。

# 叔本華

Arthur Schopenhauer ▶P180

德國哲學家。出生於但澤，就讀哥廷根大學時先讀醫學院，但後來轉至哲學系。他雖然成為柏林大學的講師，卻受黑格爾名聲的影響而沒人聽講，半年後辭職，過著獨居的哲學家生活。他的主要著作《意志與表象的世界》所陳述的厭世思想及悲觀主義，影響尼采極大。

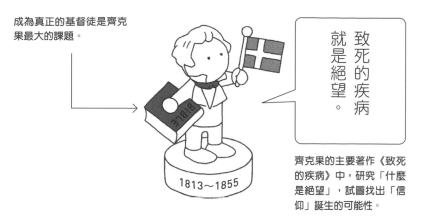

成為真正的基督徒是齊克果最大的課題。

致死的疾病就是絕望。

齊克果的主要著作《致死的疾病》中，研究「什麼是絕望」，試圖找出「信仰」誕生的可能性。

# 齊克果

SÖREN AABYE KIERKEGAARD　　▶P182～186

丹麥哲學家，被視為存在主義的鼻祖。出生於哥本哈根。他學習神學，於二十二歲時開始對「存在」思想有所覺醒。他發現自己是父親在結婚前對母親性暴力下的結晶而苦惱不已。二十七歲時與十七歲的少女維珍妮訂婚，卻又主動解除婚約。這些龐大的苦惱，形成了齊克果的哲學思想。

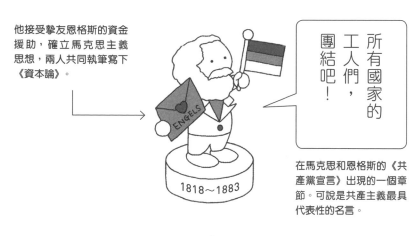

他接受摯友恩格斯的資金援助，確立馬克思主義思想，兩人共同執筆寫下《資本論》。

所有國家的工人們，團結吧！

在馬克思和恩格斯的《共產黨宣言》出現的一個章節。可說是共產主義最具代表性的名言。

# 馬克思

KARL HEINRICH MARX　　▶P195～202·P205

德國哲學家、經濟學家。出生於特里爾，於波昂大學和柏林大學攻讀法律、哲學及歷史，加入黑格爾左派知識青年團，其後成為《萊因報》的主編，但是由於批判政府而失去工作並移住巴黎。而後又陸續移居比利時、巴黎、德國，甚至於一八四九年流亡至倫敦。埋首大英博物館閱覽室內，專注於經濟學的研究。

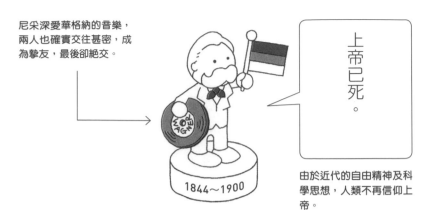

尼采深愛華格納的音樂，兩人也確實交往甚密，成為摯友，最後卻絕交。

上帝已死。

由於近代的自由精神及科學思想，人類不再信仰上帝。

# 尼采

FRIEDRICH WILHELM NIETZSCHE　　▶P206〜216

德國哲學家，出生於隸屬普魯士的薩克森州。由於讀了叔本華的《意志與表象的世界》深受衝擊，二十四歲成為瑞士巴塞爾大學的教授，成就斐然，但處女作《悲劇的誕生》卻完全未獲學會肯定，健康狀況也隨之惡化而辭去大學職務。此後終其一生都專心從事寫作，最後精神崩潰，於五十五歲過世。

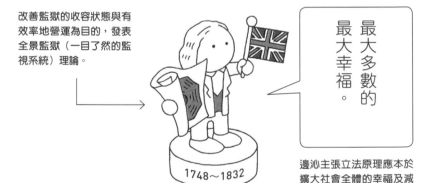

改善監獄的收容狀態與有效率地營運為目的，發表全景監獄（一目了然的監視系統）理論。

最大多數的最大幸福。

邊沁主張立法原理應本於擴大社會全體的幸福及減少痛苦。

# 邊沁

JEREMY BENTHAM　　▶P191〜193

英國哲學家、法學家，效益主義的創始者。出生於倫敦的富裕法律家庭，於十二歲時進入牛津大學就讀，二十一歲取得律師資格，但他對於律師工作不感興趣，潛心研究法律理論。而後為了擴大選舉權，致力於選舉法修訂，基於自由主義以政治改革為目標，傾注全力。

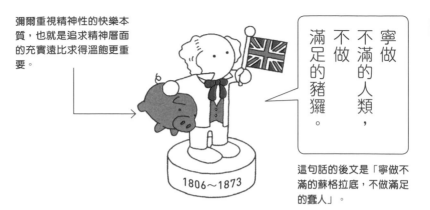

彌爾重視精神性的快樂本質，也就是追求精神層面的充實遠比求得溫飽更重要。

寧做不滿足的人類，不做滿足的豬玀。

《論自由》《效益主義》

這句話的後文是「寧做不滿的蘇格拉底，不做滿足的蠢人」。

## 彌爾

JOHN STUART MILL　　　　　　▶P194

英國哲學家、經濟學家，為邊沁至交的父親對他採行英才教育。於十六歲時成立效益主義協會，並於十七歲進入父親服務的東印度公司。雖然他原本熱烈擁護邊沁的效益主義，卻在二十多歲時開始批判邊沁的效益主義，並提出自己的效益主義主張。他同時以政治家的身分，在英國國會致力於婦女參政權等民主改革。

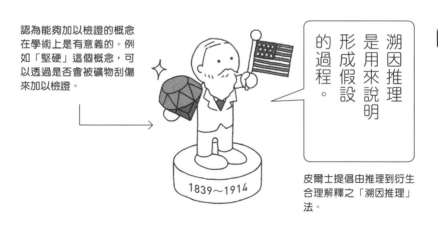

認為能夠加以檢證的概念在學術上是有意義的。例如「堅硬」這個概念，可以透過是否會被礦物刮傷來加以檢證。

溯因推理是用來說明形成假設的過程。

《如何使我們的觀念清楚明白》

皮爾士提倡由推理到衍生合理解釋之「溯因推理」法。

## 皮爾士

CHARLES SANDERS PEIRCE　　　　▶P218

實用主義奠基者、美國哲學家。出生於麻薩諸塞州的坎布里奇，父親是大學教授。於哈佛大學攻讀數學及物理學，畢業後，身兼哈佛大學天文臺助理及美國沿岸測量局的技師一展長才，同時也創立「形上學俱樂部」，發表有關數學及哲學論文。由於離婚的醜聞纏身而失去大學職務，中年以後始終貧困，潦倒度日。

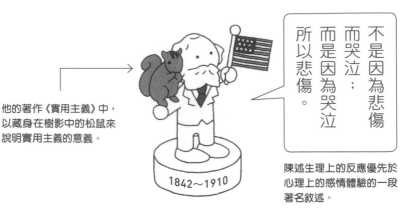

他的著作《實用主義》中，以藏身在樹影中的松鼠來說明實用主義的意義。

不是因為悲傷而哭泣；而是因為哭泣所以悲傷。

陳述生理上的反應優先於心理上的感情體驗的一段著名敘述。

# 詹姆斯

WILLIAM JAMES

▶P218

讓實用主義發揚光大的美國哲學家、心理學家。他在哈佛大學攻讀醫學，並取得醫學博士，而後於美國率先設置心理學實驗所，負責心理學及哲學。在「形上學俱樂部」和皮爾士共同推展活動，承襲皮爾士的思想，確立實用主義。對日本哲學家西田幾多郎產生很大的影響。

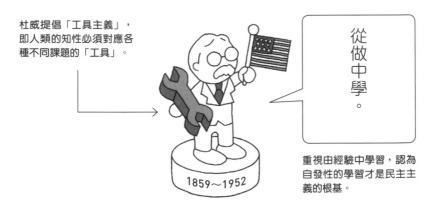

杜威提倡「工具主義」，即人類的知性必須對應各種不同課題的「工具」。

從做中學。

重視由經驗中學習，認為自發性的學習才是民主主義的根基。

# 杜威

JOHN DEWEY

▶P218

讓實用主義發揚光大的美國哲學家、教育學家。出生於佛蒙特州。佛蒙特大學畢業後，先後任職高中、國小教師，再度進入約翰‧霍普金斯大學取得學位，而後歷任芝加哥大學及哥倫比亞大學的哲學教授。除了設立實驗學校，實踐從解決問題中學習，在教育思想方面具有極大的影響力。

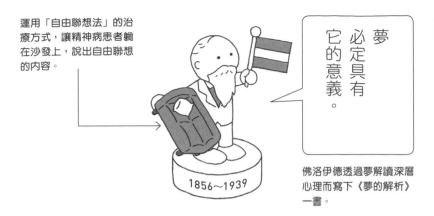

運用「自由聯想法」的治療方式，讓精神病患者躺在沙發上，說出自由聯想的內容。

夢必定具有它的意義。

佛洛伊德透過夢解讀深層心理而寫下《夢的解析》一書。

1856～1939

# 佛洛伊德

SIGMUND FREUD

▶P220～222

奧地利心理學家。生於奧地利弗萊堡（今屬捷克），於維也納大學醫學系畢業後，留學法國。由於醉心於神經醫學大師沙考的催眠治療，開始關注潛意識，創立精神分析學會。原本希望榮格成為其後繼者，但因兩人意見分歧而決裂。晚年受納粹迫害而逃亡至倫敦。

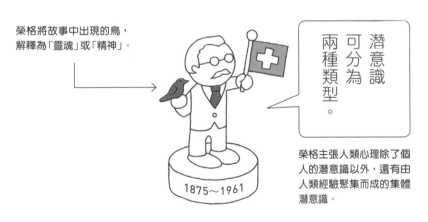

榮格將故事中出現的鳥，解釋為「靈魂」或「精神」。

潛意識可分為兩種類型。

榮格主張人類心理除了個人的潛意識以外，還有由人類經驗聚集而成的集體潛意識。

1875～1961

# 榮格

CARL GUSTAV JUNG

▶P223

瑞士心理學家、心理醫師，父親是牧師。榮格在懦弱的父親和矛盾的母親扶養下長大。他在巴塞爾大學攻讀醫學，於一九四三年擔任巴塞爾大學的教授。原本協助佛洛伊德從事精神分析學的發展，卻因對精神分析概念的看法分歧而分道揚鑣。他的論述是以將心理學類型分為「外向型」及「內向型」而聞名。

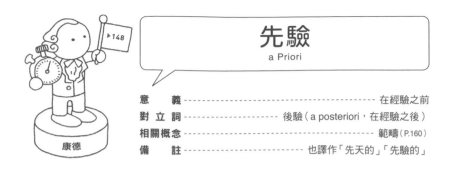

▶148

# 先驗
a Priori

意　　義 ---------------------------------------------------- 在經驗之前
對 立 詞 --------------------------- 後驗（a posteriori，在經驗之後）
相關概念 ---------------------------------------------------- 範疇（P.160）
備　　註 ---------------------------------- 也譯作「先天的」「先驗的」

康德

**康德**和**英國經驗主義**（P.101）同樣認為知識是基於經驗而來。那麼，為什麼沒有經歷過相同的經驗，我們卻能理解彼此想表達什麼呢？

不可能有那種事！

這是杯子。我剛出生就知道了！

真是方便的用具。

知識從經驗而來。

我跟你說，是這樣的……

嗯，嗯。我懂！我懂！

那麼，為什麼沒有相同的經驗，我們彼此還能溝通？

156

這個問題的**答案**，**康德**認為是因為人類共通的**經驗方式**及**理解方式**早已經設定好。經驗先成立的狀況，康德稱為**先驗**。

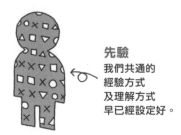

**先驗**
我們共通的
經驗方式
及理解方式
早已經設定好。

然後，這個先驗的人類共通的**經驗方式**稱為**感性形式**，而**理解方式**則稱為**悟性範疇**。康德說感性形式之特徵，便是人必定從**空間**及**時間**角度掌握事物。另外，他舉出**悟性範疇**其中一項「原因及結果」為例，他認為人類對於任何事的發生，都必定回溯其中原因。

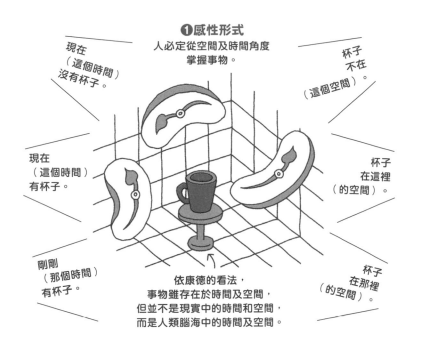

**❶感性形式**
人必定從空間及時間角度
掌握事物。

現在
（這個時間）
沒有杯子。

現在
（這個時間）
有杯子。

剛剛
（那個時間）
有杯子。

杯子
不在
（這個空間）。

杯子
在這裡
（的空間）。

杯子
在那裡
（的空間）。

依康德的看法，
事物雖存在於時間及空間，
但並不是現實中的時間和空間，
而是人類腦海中的時間及空間。

157

**❷悟性範疇**
康德認為人類共通的思考方式有十二項範疇。
以下的例子是其中一個範疇──「原因及結果」。

假設
從上面掉下
一個
鐵盆……

我們會抬頭看，
思考為什麼
會掉下來的原因，
這是人類共通的
思考方式。

小狗大概會對著
盆子狂吠。

# 物自身

das Ding an Sich，英文：thing-in-itself

| | | |
|---|---|---|
| 文　　獻 | ------------------------------- | 康德《純粹理性批判》 |
| 相關概念 | 範疇(P.160)、哥白尼革命(P.162)、現象界｜理智界(P.166) | |
| 對 立 詞 | ------------------------------- | 現象(P.161) |
| 備　　註 | -------------- 物自身即使能夠推估也無法得知其真相 | |

康德

如果戴上紅色鏡片的太陽眼鏡，我們所看到的物（世界）就會染成紅色。如果我們的眼睛天生就是這樣的構造，我們將無法看到真正的物（世界）。那麼，我們實際上所看見的是真正的物（世界）嗎？絕非如此。一切不過是就我們眼睛的結構去看，蘋果是紅的，檸檬是黃的而已，實際上的檸檬或蘋果究竟是什麼顏色，我們無從得知。

## 人類無法看見真正的世界

紅色太陽眼鏡

戴上紅色鏡片的太陽眼鏡，
世界被染成紅色。
但我們看到的紅色世界並非真實的世界。
我們就像一出生就戴著無法拿下來的太陽眼鏡，
因此我們無法看見真實的世界。

當然，不僅是顏色，形狀也是同樣的狀況。當我們喝醉酒時，物（世界）看起來是扭曲的。如果醉酒的狀態是人類正常的認識能力，我們所看到的一切物（世界）就只會是扭曲的。在這樣的情況下，摸到的觸感也會是依看到的外觀認識並記憶。

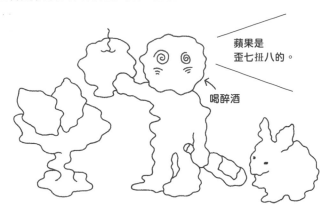

萬一，沒喝醉的狀態是異常，
而醉酒的狀態才是人類正常的認識能力時……

我們只是以感官結構去捕捉、觀察訊息，根據意識去創造物（世界）。因此，無法得知物（世界）真正的形貌究竟是什麼樣子。**康德**說人類無法探討出**物自身**的真相。

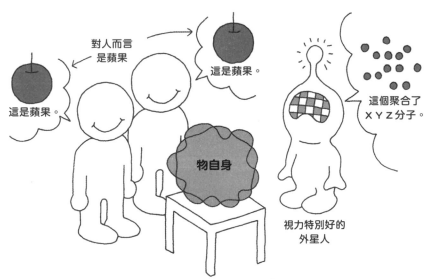

即使我們認為看到的對象都是蘋果，
我們也無法得知對外星人而言，它們看到的是什麼樣貌、是如何去詮釋的。
另外，時間及空間的概念，
因為只是我們的感性形式所具有的，和物自身無關。

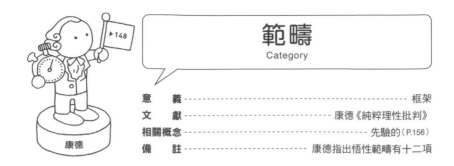

範疇
Category

| | |
|---|---|
| 意　義 | 框架 |
| 文　獻 | 康德《純粹理性批判》 |
| 相關概念 | 先驗的（P.156） |
| 備　註 | 康德指出悟性範疇有十二項 |

我們先看看人類從對象到認識它是杯子的一連串流程吧！首先是根據五種感官，把所感覺到的對象以**感性形式**（P.157）中的**空間**及**時間**角度加以觀察，然後才以**悟性範疇**（P.157）去認識對象。

**認識杯子的流程**

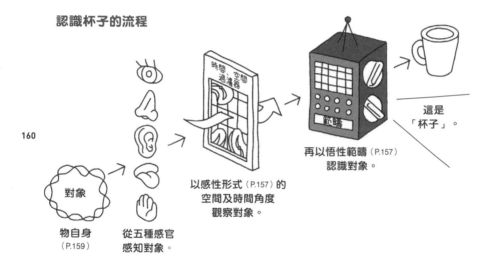

以感性形式（P.157）的
空間及時間角度
觀察對象。

再以悟性範疇（P.157）
認識對象。

這是
「杯子」。

對象

物自身
（P.159）

從五種感官
感知對象。

康德主張人類具備十二項範疇，其中一項是**原因**及**結果**的思維。

我具有十二項範疇，
這次的分析
要使用哪一種呢？

康德把這一連串的流程稱為**理性**（理論理性 P.167），並且說，這個系統是**「先驗」**（a priori，P.156）中即具備的。

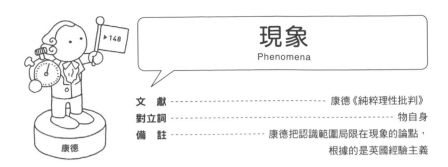

# 現象
## Phenomena

| | |
|---|---|
| 文　獻 | 康德《純粹理性批判》 |
| 對立詞 | 物自身 |
| 備　註 | 康德把認識範圍局限在現象的論點，根據的是英國經驗主義 |

康德

人類以空間及時間角度觀察對象，並依**範疇**（P.160）分析出對象樣貌，**康德**稱為**現象**。換句話說，人類將**物自身**（P.158）認知成蘋果的各種狀態稱為**現象**。

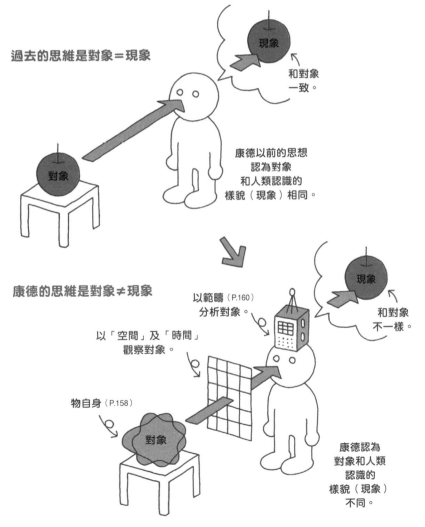

**過去的思維是對象＝現象**

現象

和對象一致。

對象

康德以前的思想認為對象和人類認識的樣貌（現象）相同。

**康德的思維是對象≠現象**

以範疇（P.160）分析對象。

現象

和對象不一樣。

以「空間」及「時間」觀察對象。

物自身（P.158）

對象

康德認為對象和人類認識的樣貌（現象）不同。

▶148

# 哥白尼革命
## Copernican Revolution

文　　獻 ┄┄┄┄┄┄┄┄┄┄┄┄┄┄┄┄┄ 康德《純粹理性批判》

相關概念 ┄┄┄┄┄┄┄┄┄┄┄ 先驗（P.156）、範疇（P.160）

備　　註 ┄┄┄┄┄┄┄┄┄ 換個角度來看，就是指相較於過去的思維
有了一百八十度的轉變

康德

並非因為有杯子，所以人類才認知到那是杯子。實際上是人類透過感性及理性機制而構造出對象的樣貌，才構成對杯子的認知（範疇 P.160）。

**過去的思維**（認知因對象而產生）

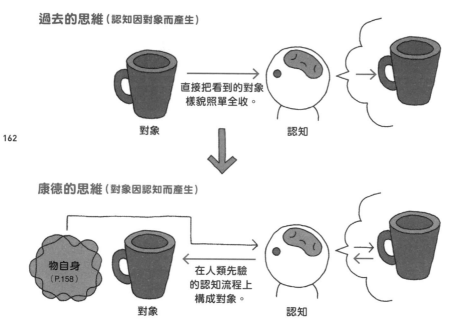

直接把看到的對象樣貌照單全收。

對象　　　　　　　　　　　　認知

**康德的思維**（對象因認知而產生）

物自身（P.158）

在人類先驗的認知流程上構成對象。

對象　　　　　　　　　認知

162

**康德**把這樣的思維以「並非因對象而產生認知，反而是因認知而構成對象」來表現。他同時將這個想法以哥白尼的地動說來比喻，稱之為**哥白尼革命**。

**哥白尼革命**

康德把認知和對象的關係以哥白尼的地動說來比喻，稱為「哥白尼革命」。

康德

## 理性的二律背反
### Antinomies

文　獻 ---------------------------------------- 康德《純粹理性批判》
備　註 ---------------------------------------- 康德的二律背反論點，
是以批判傳統的形上學為目的。
也就是說，顯然無法確認世界的起始及神是否存在

通常不可能發生「○○雖然是正確的，卻又是錯的」的矛盾説法。但是**康德**卻説，世界究竟是有限或無限這樣超出經驗的問題，不論是肯定或否定的立場，都可以有理性的證明。雖然經過理性思考，但是完全相反的主張得以證明，就是因為對於超出經驗的問題，理性陷入混亂狀態。像**康德**這樣導出理性混亂狀態的論點，稱為**理性的二律背反**（antinomies）。

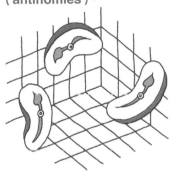

### 理性的二律背反

**【主張一】**這個世界是有限的。
**【主張二】**這個世界是無限的。

康德表示，這兩項主張都可以獲得證明。
相反的主張卻能同時得到證明，
所以世界究竟是有限或無限的問題，
無法理性判定。

163

**康德**另外舉出了三個**二律背反**的例子。

**【主張一】**世界上的一切都是由單一的東西構成的。
**【主張二】**世界上沒有單一組成的東西，
一切都是複合的。

**【主張一】**神是存在的。
**【主張二】**神並不存在。

**【主張一】**自由是存在的。
**【主張二】**自由並不存在。

康德

▶148

# 道德法則
## Moral Law

| | |
|---|---|
| 文　　獻 | 康德《實踐理性批判》 |
| 相關概念 | 定言令式（P.165） |
| 備　　註 | 比起行為結果，更重視動機的康德站在道德立場，稱為「動機說」（對立詞為「結果說」） |

**康德**認為就如自然界有**自然法則**，人類社會也有必須遵從的**道德法則**。這是因為人類天生就具備「認為去做道德行為是善行」的理性。**道德法則**是**良心的聲音**告訴我們的理性：「**你應該做……**」

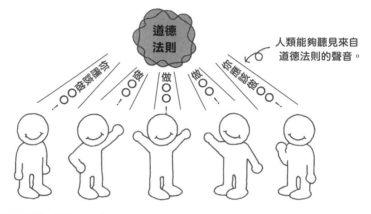

**道德法則**是幾乎所有人都認同的行為，並不是只為了自己。對**康德**而言，道德是普遍性的。

形成為了彼此而這樣做。

他更進一步地說，道德並不是手段，而應該是**目的**本身。例如，為了讓別人對自己親切，所以自己也對他人親切，這樣的行為並不是道德。因為這麼一來，道德就變成是為了達成某個目的而採取的手段。

▶148

# 定言令式
## Categorical Imperative

| | | |
|---|---|---|
| 意　　義 | ------------- | 無條件直述命令句「就是應該這麼做！」 |
| 文　　獻 | ------------- | 康德《實踐理性批判》 |
| 對 立 詞 | ------------- | 假言令式 |
| 相關概念 | ------------- | 道德法則(P.164) |

康德

康德認為**道德法則**（P.164）不是僅為了達成目的而採取的手段，該行為也應該就是**目的**本身。

道德不是
「要是想做○○，就去做○○吧！」
而應該是以定言令式來表現
「就是應該這麼做！」

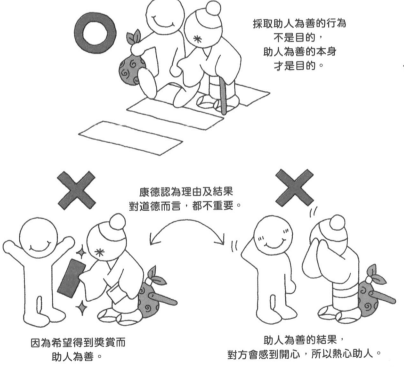

採取助人為善的行為
不是目的，
助人為善的本身
才是目的。

165

康德認為理由及結果
對道德而言，都不重要。

因為希望得到獎賞而
助人為善。

助人為善的結果，
對方會感到開心，所以熱心助人。

換句話說，道德不是**「要是想做○○，就去做○○吧！」**，而應該是能斷言**「就是應該這麼做！」**。採取道德的行為，應該是沒有理由。這項「就是應該這麼做！」的無條件命令句就叫做定言令式。

康德

▶148

## 現象界 ｜ 理智界
### Sensible World ｜ Intelligible World

※康德的觀點

文　　獻 ----------------------------------- 康德《實踐理性批判》
相關概念 ----------------------- 物自身（P.158）、道德法則（P.164）
備　　註 ----- 人類的理論理性能夠得知的是「現象界」（或譯為感官界），無法以理論理性得知的是「理智界」

康德把我們所見所聽的世界稱為**現象界**，與此相對的，**物自身**的世界稱為**理智界**。我們的認知能力無法看見**理智界**。

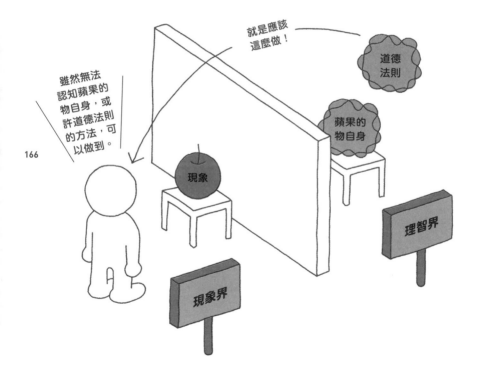

166

然而**康德**認為**理智界**中，除了**物自身**，還存在著**道德法則**（P.164）。他說道德法則會以**良心的聲音**（P.164）要求我們「你應該做……」，藉由理性，我們能聽見來自道德法則的聲音，所以有認識理智界的可能。

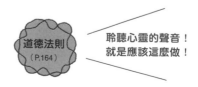

道德法則（P.164）

聆聽心靈的聲音！就是應該這麼做！

康德

▶148

# 理論理性 ｜ 實踐理性
## Theoretical Reason ｜ Practical Reason

相關概念------------------------------------ 現象界 ｜ 理智界（P.166）
備　　註---------- 理論理性中雖然無法認識道德及自由等理念，
　　　　　　　　　但是實踐理性可以處理道德及自由。
　　　　　　　　　兩者的理性差異和現象界及理智界重疊

**康德**把人類的理性分為**理論理性**及**實踐理性**。依據**範疇**（P.160）去認知事物的能力稱為**理論理性**，人類想要實踐道德行為的理性稱為**實踐理性**。他認為人類天生就具備這兩者。

**理論理性** 認識對象的能力。

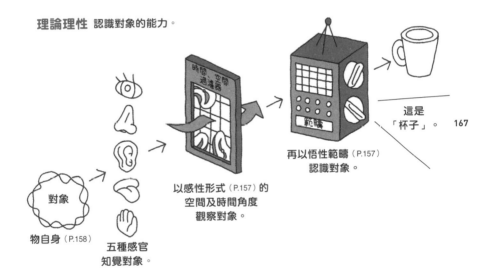

這是「杯子」。 167

再以悟性範疇（P.157）認識對象。

以感性形式（P.157）的空間及時間角度觀察對象。

對象

物自身（P.158）

五種感官知覺對象。

**實踐理性** 意欲實踐道德行為的理性。

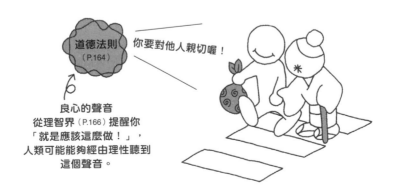

道德法則（P.164）

你要對他人親切喔！

良心的聲音從理智界（P.166）提醒你「就是應該這麼做！」，人類可能能夠經由理性聽到這個聲音。

▶148

# 格律
Maxime

意　　義 ------------------------------------------------------------ 行為的準則
文　　獻 ----------------------------------------------- 康德《道德形上學的基礎》
相關概念 ----------------------- 道德法則（P.164）、定言令式（P.165）
備　　註　康德使用於「個人的、主觀的準則」，或譯為格率、格準

康德

**康德**把自己為自己訂定的行為準則稱為**格律**。**格律**也可以換個說法，稱為信念或個人行事準則。

我決定要
早睡早起。

我決定
一天花三個鐘頭
讀書。

格律

我決定要
熱心助人。

168

**格律**是為了自己好而決定的準則，和**道德法則**（P.164）是不同的思維。不過，當**格律**和**道德**一致時，就能自然而然地採取道德行為。**康德**認為這麼一來人類就能得到自由。

格律　　　　　道德　　　　　自由

他把這個狀況以「**讓你的行為總是符合意志格律及道德法則吧！**」之**定言令式**來表現。

# 自律
Autonomy

意　　義 ----------------- 依循定言令式，採取不受條件拘束的
　　　　　　　　　　　　　　自由意志決定之行為
文　　獻 ----------------- 康德《道德形上學的基礎》
相關概念 --------- 道德法則（P.164）、格律（P.168）、定言令式（P.165）

依循理性聽到**道德法則**（P.164）的聲音，而照著行動，實際上就是遵從
自己的理性。這就是**格律**（P.168）和**道德法則**一致的狀態。

格律（P.168）和道德法則（P.164）一致的話……

自己去做自行決定的事，所以心靈是自由的。

也就是說，當我們採取道德的行為時，道德並非神賦予我們的**他律**，
而是自行訂定的**自律**，康德認為達到道德的**自律**就能心靈自由。

自律

道德的行為
就是自律的行為。

自律，也就是自由。

▶148

# 目的王國
the Kingdom of Ends

文　　獻 ------------------------------ 康德《道德形上學的基礎》
相關概念 ----------- 道德法則（P.164）、格律（P.168）、自律（P.169）
備　　註 ------------------------------ 相對於目的王國，
康德把因果律支配的世界稱為「自然的國家」

康德

**康德**認為**道德**並不是僅為了取得某種報酬的手段，該行為本身也應該就是**目的**（P.164）。他把能夠採取這類行為、**自律**的人稱為**人格**。

**人格**

格律（P.168）＝道德法則（P.164）時，
　　　能夠這樣
　　　自律（P.169）的人
　　　稱為「人格」。

而且，若人人皆能將自己和他人的**人格**視為相同目的——「盡自己最大能力尊重彼此」的世界，**康德**稱之為**目的王國**，即理想社會。

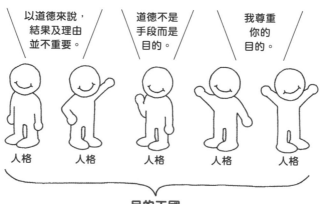

以道德來說，結果及理由並不重要。

道德不是手段而是目的。

我尊重你的目的。

人格　　人格　　人格　　人格　　人格

**目的王國**

170

康德

▶148

# 批判哲學
## Critical Philosophy

備　　註 ---------- 康德所謂的「批判哲學」，是針對理性的批判。
話雖如此，並不是對理性的否定，而是對於過去的形上學，
規定了認識的界限，限定去實踐（行動）形上世界的部分，
是批判哲學的重要真諦

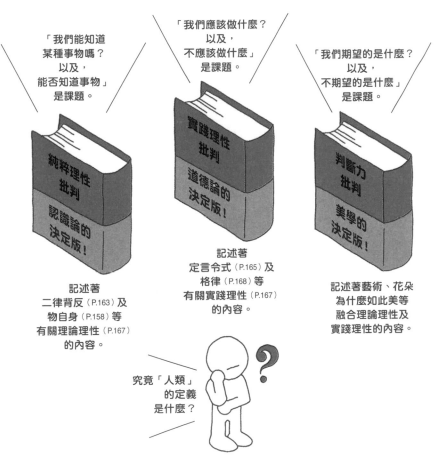

「我們能知道
某種事物嗎？
以及，
能否知道事物」
是課題。

「我們應該做什麼？
以及，
不應該做什麼」
是課題。

「我們期望的是什麼？
以及，
不期望的是什麼」
是課題。

純粹理性
批判

認識論的
決定版！

實踐理性
批判

道德論的
決定版！

判斷力
批判

美學的
決定版！

記述著
二律背反（P.163）及
物自身（P.158）等
有關理論理性（P.167）
的內容。

記述著
定言令式（P.165）及
格律（P.168）等
有關實踐理性（P.167）
的內容。

記述著藝術、花朵
為什麼如此美等
融合理論理性及
實踐理性的內容。

究竟「人類」
的定義
是什麼？

在哲學上，所謂「批判」並不是否定的，
而是將「究竟○○是什麼」的常識重新檢視。

**康德**有《**純粹理性批判**》、《**實踐理性批判**》、《**判斷力批判**》等三大代
表作。這三大作品最後都帶有「批判」兩字，因此他的哲學被稱為**批
判哲學**。然而，這裡的「批判」並不是「否定」的意思，只是對事物從
根本再次重新思考檢視的意思。

▶150

# 德國唯心主義
## German Idealism

代表人物 ------------------------- 康德、費希特、謝林、黑格爾
對立詞 ---------------------------------------- 唯物主義
相關概念 ---------- 歐陸理性主義（P.106）、英國經驗主義（P.101）
備　　註 --------------- 德國由開發中國家邁向現代化之際誕生

黑格爾等人

**康德**哲學把世界分為**現象**（P.161）及**物自身**（P.159）。而且，他認為**理論理性**（P.167）負責認識現象，而**實踐理性**則是負責和物自身有關的**行為**。換句話說，認識及行為是在不同的理性作用下而形成。然而，理性是否必須這麼分裂才行呢？**費希特、謝林、黑格爾**主張並非如此。以**康德**為首，由**黑格爾**完成的人類精神哲學稱作**德國唯心主義**。

172

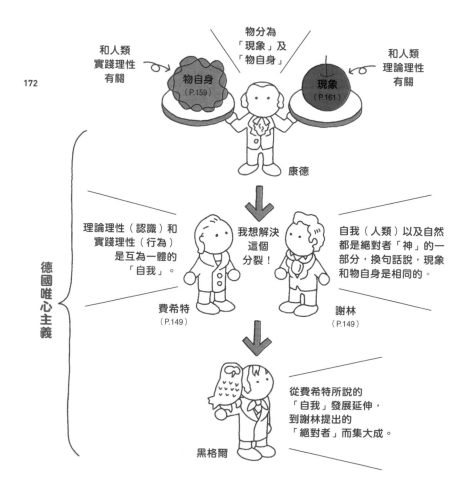

和人類
實踐理性
有關

物分為
「現象」及
「物自身」

和人類
理論理性
有關

物自身
（P.159）

現象
（P.161）

康德

我想解決
這個
分裂！

德國唯心主義

理論理性（認識）和
實踐理性（行為）
是互為一體的
「自我」。

自我（人類）以及自然
都是絕對者「神」的一
部分，換句話說，現象
和物自身是相同的。

費希特
（P.149）

謝林
（P.149）

從費希特所說的
「自我」發展延伸，
到謝林提出的
「絕對者」而集大成。

黑格爾

# 絕對精神
## Absoluter Geist

文　　獻 ---------------------------- 黑格爾《精神現象學》、《哲學全書》

相關概念 -------------------------------------------- 歷史（P.176）

備　　註 ---------------------------------- 黑格爾的精神哲學中，

精神是由主觀精神→客觀精神→絕對精神的程序而發展

黑格爾

康德認為人類無法認識**物自身**（P.159）的客觀性，但是**黑格爾**認為人類的認識能力並不像**康德**所認為的是功能受到限制的認識能力。人類在**社會中**一面學會**修養**，一面在自己內心進行**辯證法**（P.174），總有一天能夠完全地掌握**客觀**的全貌而使認知能力有所成長，因此**黑格爾**將能持有如此完全的認知能力之精神稱為**絕對精神**。

黑格爾

# 辯證法
Dialektik

▶150

意　義 ---------------------- 把矛盾的事情，藉由統一或整合，
導向更高次元結論的思考方法

文　獻 ---------------------------- 黑格爾《精神現象學》

備　註 ------------------- 必須注意辯證法並不是單純的折衷方案

**黑格爾**認為只要以**辯證法**的方式進行，人類就能普遍地了解絕對理性的**真理**。若是有某一項主張，就一定存在相反的看法。對此不加以否定，而是相互截取優點加以統一，能夠創造嶄新想法的話，就能完成更高層次的知識。他認為重複這個過程的話，人們遲早會掌握理性的真理，了解**理性知識**，而學會這個**理性知識**的一連串過程是**辯證法**。

174

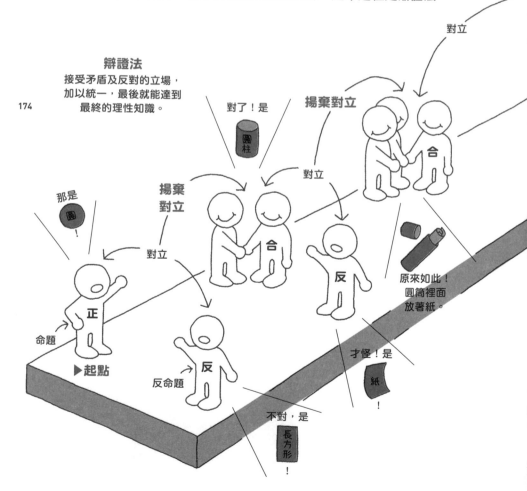

**辯證法**
接受矛盾及反對的立場，
加以統一，最後就能達到
最終的理性知識。

把一開始的主張稱為**命題（正）**或是**自在**，而否定該命題的立場即**反命題（反）**，也就是**自為**。將兩者統一，產生更高次元的思考，稱為**揚棄對立（aufheben）**，因而產生的一致性想法稱為**合（Synthese）**，或是**自在且自為**。

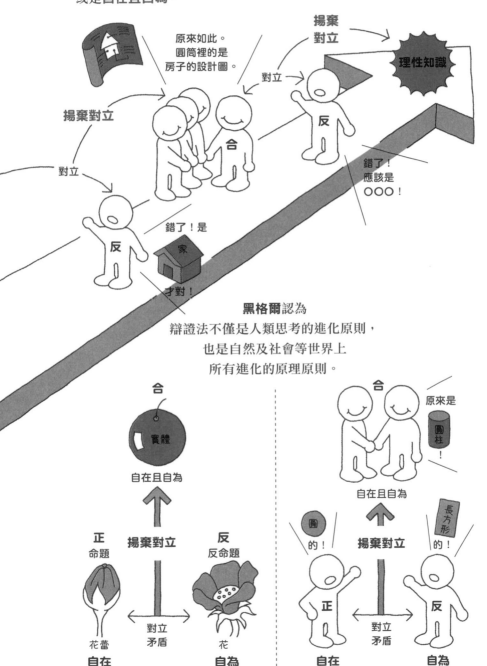

**黑格爾**認為
辯證法不僅是人類思考的進化原則，
也是自然及社會等世界上
所有進化的原理原則。

175

# 歷史
## Geschichte

文　獻 ----------------------------------- 黑格爾《歷史哲學講演錄》
備　註 ----------------------------------- 黑格爾認為人類自由依循東方王國、
　　　　　　　　　　　　　　　　　　希臘王國及羅馬王國的演進發展，
　　　　　　　　　　　　　　　　　　最終階段必定達到日耳曼王國

**康德**認為要讓自己的**格律**（P.168）及**道德法則**（P.164）一致，能加以實踐的就是自由（自律 P.169）；但是對**黑格爾**而言，自由並不僅是個人內在的問題，若是沒有在現實社會中具體實踐就沒有意義。**黑格爾**認為依據**辯證法**（P.174）在現實社會實踐具體的自由的過程才是**歷史**。

### 黑格爾思考的歷史
黑格爾認為所謂「歷史」，
就是所有人類都擁有
自由的進步過程。

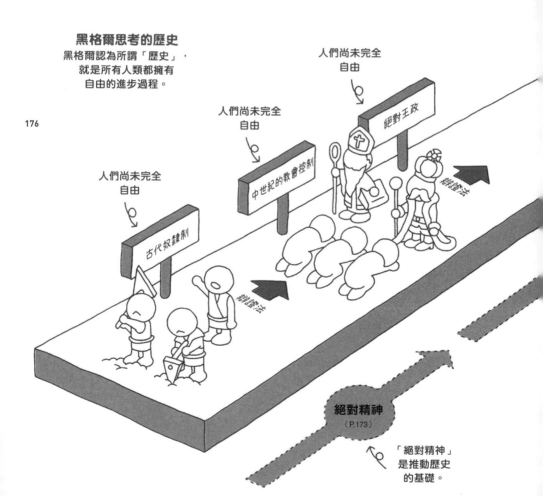

人們尚未完全
自由

人們尚未完全
自由

人們尚未完全
自由

絕對王政

中世紀的教會控制

古代奴隸制

辯證法

辯證法

**絕對精神**
（P.173）

「絕對精神」
是推動歷史
的基礎。

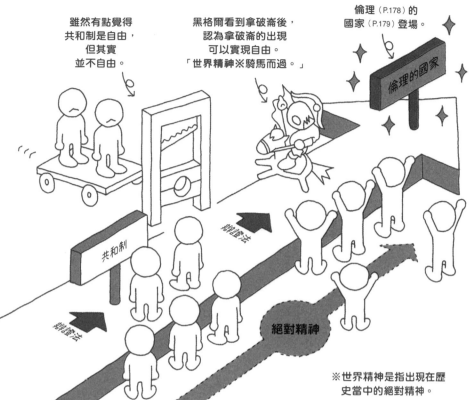

雖然有點覺得
共和制是自由，
但其實
並不自由。

黑格爾看到拿破崙後，
認為拿破崙的出現
可以實現自由。
「世界精神※騎馬而過。」

倫理（P.178）的
國家（P.179）登場。

倫理的國家

共和制

辯證法

辯證法

絕對精神

※世界精神是指出現在歷
史當中的絕對精神。

黑格爾認為歷史推進的基礎是因為人類期望擁有**絕對精神**（P.173）進而得到自由的意識。他並且主張這樣的意識將從少數人自由的時代，推動歷史邁向人人擁有自由的時代，最終將會誕生**倫理**（P.178）的共同體。

倫理

▶150

# 倫理
### Sittlichkeit

意　義 ----------------------------------- 人類除了生活也必須以
辯證法整合規範行為的法律及道德
文　獻 ----------------------------------- 黑格爾《法哲學原理》
備　註 ---------- 辯證法（P.174）、家庭│市民社會│國家（P.179）

黑格爾

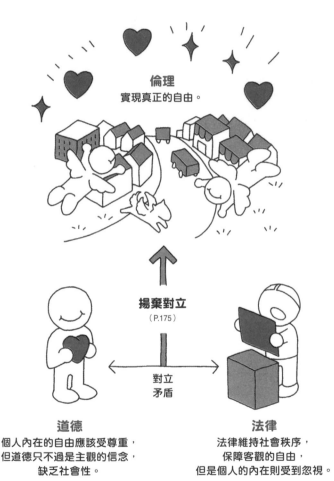

倫理
實現真正的自由。

揚棄對立
（P.175）

對立
矛盾

道德
個人內在的自由應該受尊重，
但道德只不過是主觀的信念，
缺乏社會性。

法律
法律維持社會秩序，
保障客觀的自由，
但是個人的內在則受到忽視。

**黑格爾**將個人內在層面的**道德**，與維持社會全體秩序的**法律**，這兩者
矛盾共存的共同體稱為**倫理**。**倫理**是實現真正自由的社會。雖然一般
都認為**主觀的**道德與**客觀的**法律無法相容，但**黑格爾**認為只要使用**辯
證法**（P.174）將兩者統一，就可能整合出倫理。

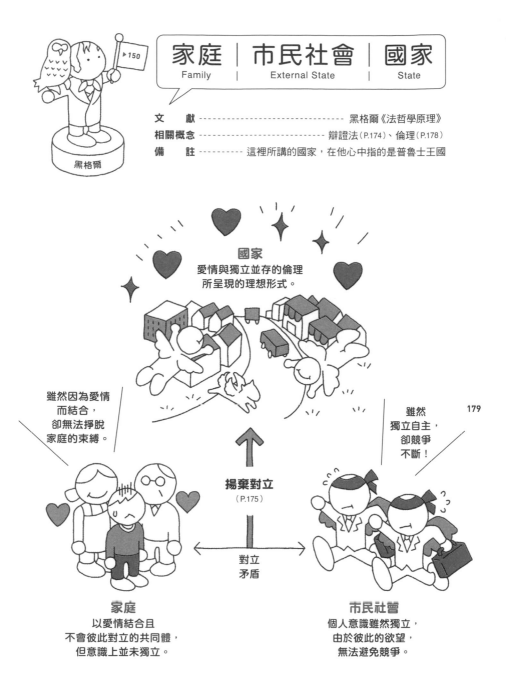

家庭 ｜ 市民社會 ｜ 國家
Family ｜ External State ｜ State

▶150

黑格爾

文　　獻 ------------------------------ 黑格爾《法哲學原理》
相關概念 ------------------------- 辯證法（P.174）、倫理（P.178）
備　　註 --------- 這裡所講的國家，在他心中指的是普魯士王國

國家
愛情與獨立並存的倫理
所呈現的理想形式。

179

雖然因為愛情
而結合，
卻無法掙脫
家庭的束縛。

雖然
獨立自主，
卻競爭
不斷！

揚棄對立
（P.175）

對立
矛盾

家庭
以愛情結合且
不會彼此對立的共同體，
但意識上並未獨立。

市民社會
個人意識雖然獨立，
由於彼此的欲望，
無法避免競爭。

**家庭**雖然是因為愛情而結合且沒有對立的共同體，但意識上並未獨立。不久，孩子獨立成為**市民社會**的其中一員，但那裡卻是彼此都為了欲望而激烈競爭的社會。**黑格爾**說透過結合**家庭**愛情及**市民社會**中個人意識獨立的**辯證法**（P.174）而統一的是國家。對他而言，**國家**是**倫理**（P.178）的理想形式。

# 悲觀主義
Pessimism

文　獻 ---------------------------------- 叔本華《意志與表象的世界》
備　註 ---------------- 哲學方面受到柏拉圖、康德、印度哲學等
深刻的影響。另外廣為人知的,
他是一位對尼采產生極大衝擊的哲學家

▶150

叔本華等人

**黑格爾**認為**歷史**(P.176)的進步是人類獲得自由的過程;但是**叔本華**則說,人類獲得自由的過程對於人的行為或因行為產生的歷史變化並沒有特別的意義。

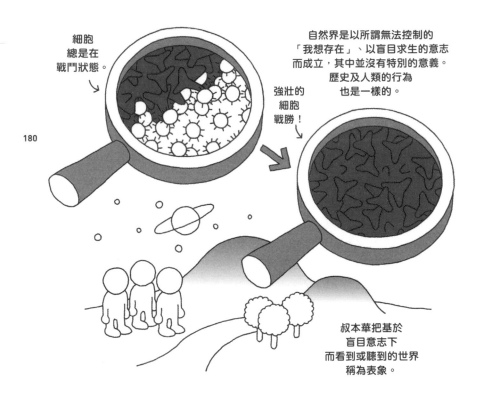

細胞
總是在
戰鬥狀態。

強壯的
細胞
戰勝!

自然界是以所謂無法控制的
「我想存在」、以盲目求生的意志
而成立,其中並沒有特別的意義。
歷史及人類的行為
也是一樣的。

叔本華把基於
盲目意志下
而看到或聽到的世界
稱為表象。

180

**叔本華**認為世界是在**盲目求生的意志**下形成。例如,細胞總是驅逐衰弱的細胞而求得生存延續,其中唯一有的是存在的欲望,和目的及意義無關,只是遵從自然界的法則而已。**叔本華**認為人類的行為,只不過是像這樣無法控制的、「希望活下去」的**意志**所產生的**衝動**。

由於這個**盲目的意志**而產生的紛爭痛苦永遠都會持續下去。社會全體不論怎麼變化，都不可能減輕個人的痛苦。**叔本華**這樣的思想稱為**悲觀主義（厭世主義）**。

歷史並不是在「進步」中，
只是在
「變化」而已。

盲目的
意志

**悲觀主義**
「希望活下去」的
「盲目求生的意志」
使得紛爭的痛苦永無休止。

他說從盲目的意志暫時逃離的方法就是沉浸於**藝術**，而且為了能夠徹底逃離，就只能藉由**同情**他者和他人共享痛苦，或者藉由**佛教**解脫。

繪畫

文學

美食

音樂

同情

佛教

為了逃離這個世界的痛苦，
沉浸於藝術中是最佳方式，
若是連這樣也行不通，
就只有藉助同情他者，
共享痛苦，或是寄託於
佛教信仰了！

齊克果

## 非此即彼
Either / Or

文　　獻 ---------------------- 齊克果《非此即彼：生活片簡》、
《對哲學片簡的非科學性的結論附語》
相關概念 ---------------------- 主觀真理（P.183）、存在三階段（P.186）
備　　註 ---------------------- 「亦此亦彼」除了是黑格爾的辯證法，
也是追求各種欲望的美的存在階段

**亦此亦彼**
黑格爾的辯證法使用「亦此亦彼」
探究普遍的真理。

**非此即彼**
齊克果的思想則是選擇「非此即彼」，
相信自己相信的真理。

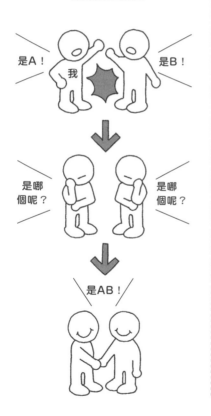

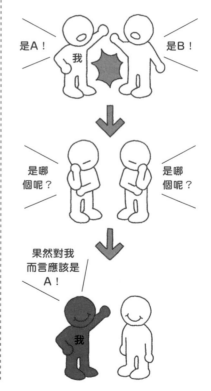

對**黑格爾**而言，**真理**就是所有人都能認同的普遍想法。相對地，**齊克果**重視的真理則是**「對我為真的真理」**。他說對任何人而言都早已知道的一般真理沒有任何意義。**齊克果**的生存方式並不是像**辯證法**（P.174）般的**「亦此亦彼」**所推論出的普遍性真理，而是以**「非此即彼」**選擇主觀真理。

# 主觀真理
## Subjective Truth

文 獻 ------------------------------ 齊克果〈吉勒萊厄手記〉、
《對哲學片簡的非科學性的結論附語》
備 註 -------- 齊克果所生的時代，正值黑格爾哲學興盛的時期

**客觀真理**
聚集超過一百人的
盛大宴會。

**主觀真理**
不論聚會來了多少人，
就我來看，是「那個人」
沒有參加的寂寞聚會。

183

我

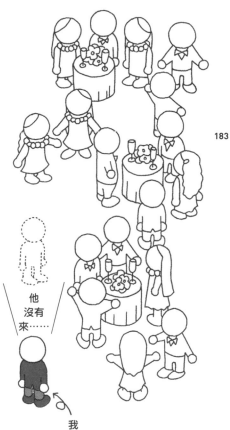

他
沒有
來……

我

對**黑格爾**而言，**真理**應是廣泛而普遍性的。相對之下，對**齊克果**而言
的真理則是**「對我為真的真理」**，亦即主觀真理。換句話說前者是**客
觀真理**，後者則是**主觀真理**。

▶151

# 例外者

文　獻 ---------------------------- 齊克果《致死的疾病》
相關概念 -------------------- 主觀真理（P.183）、存在三階段（P.186）
備　註 ---------------------------------- 存在三階段中，
宗教的存在被視作單獨者的階段

齊克果

**黑格爾**認為，為了萬人共通（普遍的）價值，不得不犧牲例外的價值。
他以**「偉大的拿破崙為了使歷史前進，不免要踐踏許多無辜的花草」**
這句話來說明。相對地，**齊克果**則認為不包含在普遍價值中的**例外
者**，才是真正的價值。

184

**例外者**
比方說即使
被孤獨、不安、
絕望擊垮，
也要捍衛
自己認同的價值。

踩扁

對**齊克果**而言，做為一個**例外者**而活下去，意味著不要被大眾的思考
埋沒，成為獨自一人站在自己信仰的事物（對他而言就是神）這一邊
的**孤獨者**。

# 存在主義
## Existentialism

| | | |
|---|---|---|
| 意　　義 | ---------- | 探求主觀體驗及個人存在的思想 |
| 代表人物 | ---------- | 齊克果、海德格、雅斯培、沙特 |
| 備　　註 | ---------- | 在文學界，則出現杜思妥也夫斯基、卡夫卡、卡謬等存在主義作家 |

對**齊克果**而言，重要的並不是過去哲學所探尋的普遍性真理，而是**「對我為真的真理」**（非此即彼 P.182）。他把當前現實視作和普遍思想無關，而把思考主體性生存稱作**「存在」**。而且，並不是像既有哲學般，客觀地掌握世界，而是以「這個我」探求真理的立場，稱作**存在主義**。

存在主義分為與超越人類對話（如神等）的**有神論存在主義（齊克果、雅斯培）**，以及否定神的**無神論存在主義（尼采、海德格、沙特）**。

齊克果

# 存在三階段

▶151

| 文　　獻 | 齊克果《非此即彼：生活片簡》、《對哲學片簡的非科學性的結論附語》 |
| 關聯項目 | 非此即彼(P.182)、例外者(P.184) |
| 備　　註 | 三階段的展開被稱作「質的辯證法」 |

**齊克果**將人類到達**「存在」**(P.185)的道路，分為三階段研究，稱為**存在三階段**。

走吧！
迎向「存在」
出發！

存在

存在三階段

186

**第一階段**是依照欲望追求快樂，順從感官的生活方式，這個階段稱為**感性階段（Aesthetic）**。因為這個階段的生存方式，欲望永遠無法得到滿足，不久將會喪失自我，因身心俱疲及空虛而絕望。

**❶感性階段**

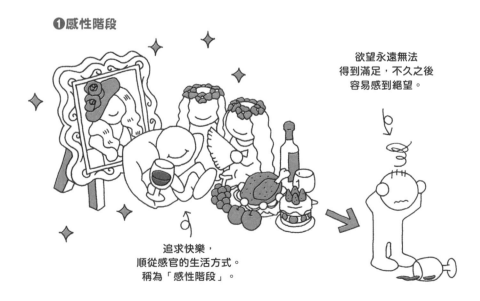

欲望永遠無法
得到滿足，不久之後
容易感到絕望。

追求快樂，
順從感官的生活方式。
稱為「感性階段」。

**第二階段**是感到絕望的人為了重新振作，抱持正義感貢獻社會，追求實現自我的生存方式，這個階段稱為**倫理階段（Ethical）**。

不過因為人類並不完美，很容易陷入自我中心，不久後將會因為與社會的摩擦變得強烈而產生絕望。

**❷倫理階段**

貢獻社會的生活方式稱為「倫理階段」。

陷入自我中心而對社會絕望。

最後，人類透過這樣的絕望而到達最後的**宗教階段（Religious）**。**宗教階段**就是在神的面前，成為能夠單獨面對上帝的**孤獨者**（P.184）。

**❸宗教階段**

我存在。

獨自一人面對上帝的孤獨者之生活方式稱為「宗教階段」。

**齊克果**認為在絕望中直接與神對話的生活方式，將使人類初次回復原本的自我。

▶148

# （神）看不見的手
## Invisible Hand

| | |
|---|---|
| 文　　獻 | ────────────── 亞當·史密斯《國富論》 |
| 關聯項目 | ────────────── 自由放任主義（P.190） |
| 備　　註 | ────── 史密斯的著作中並未出現「神」的字眼 |

英國發生工業革命後，資本主義經濟開始蔓延至歐洲。資本主義基本原理中的「透過自由競爭追求個人利益」是否真的能為社會全體帶來利益？

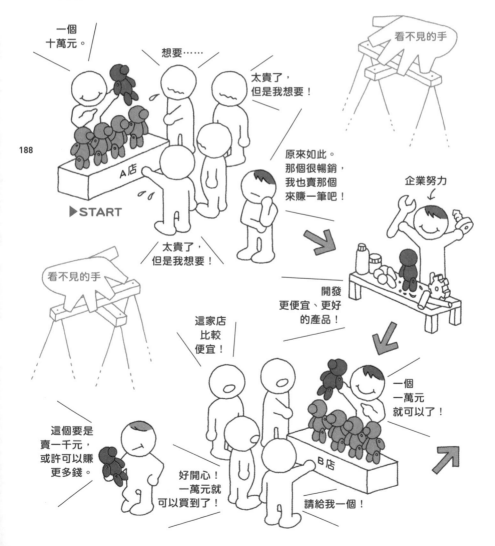

**亞當‧史密斯**的答案是肯定的。依照他的觀點，(神)**看不見的手**將會自然地把個人利益的追求引導至眾人的利益，因此國家沒有必要介入市場。

亞當·史密斯

## 自由放任主義
### Laissez-faire

▶148

文　獻 ----------------------------------------- 亞當·史密斯《國富論》
備　註 ----------------------------------------- 史密斯的自由放任主義，
並不是無視道德只追求私人利益，
因此並非單純的市場原理主義

**亞當·史密斯**認為自由經濟競爭之下，個人若是追求自己的利益，就會受到**（神）看不見的手**（P.188）所引導，即使國家沒有介入，最後結果還是與社會全體利益有關。這就是**自由放任主義（laissez-faire）**。

190

# 效益主義
## Utilitarianism

意　　義 ---------- 認為道德或立法之判斷應以擴大社會全體的
　　　　　　　　　　　快樂及減少痛苦為基準

代表人物 --------------------------------------- 邊沁、彌爾

備　　註 ---------- 由於重視行為的結果，被稱為「效益論」

▶152

**邊沁**認為人類是**追求快樂且逃避痛苦**的動物。

191

因此他把能夠帶給人類**快樂**的行為定義為**善**；帶來**痛苦**的行為定義為
**惡**。像這樣把善惡判斷的標準取決於能否帶來**快樂**的思想，稱為**效益
主義**。

**效益主義**

能夠客觀判斷善惡的**效益主義**，現在仍對倫理學及政治學領域有很大
的影響。

邊沁

▶152

# 快樂計算
## Hedonistic Calculus

文　　獻 -------------- 邊沁《道德與立法原理導論》
相關概念 ----- 最大多數的最大幸福（P.193）、質的效益主義（P.194）
備　　註 -------------- 邊沁計算快樂是以強度、持續性、
確定性、遠近性等七項標準來衡量

**邊沁**認為人類是追求快樂且逃避痛苦的動物。同時，他嘗試把快樂與痛苦量化，以**強度**、**持續性**、**確定性**等觀點來衡量快樂的程度，稱為**快樂計算**。

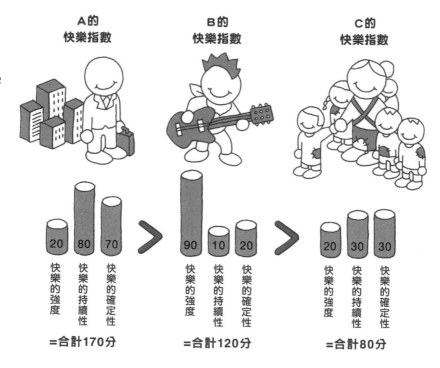

### 快樂計算
從強度、持續性、確定性等觀點
量化快樂的計算方法

A的快樂指數　　　　　B的快樂指數　　　　　C的快樂指數

| 快樂的強度 | 快樂的持續性 | 快樂的確定性 | | 快樂的強度 | 快樂的持續性 | 快樂的確定性 | | 快樂的強度 | 快樂的持續性 | 快樂的確定性 |
|---|---|---|---|---|---|---|---|---|---|---|
| 20 | 80 | 70 | > | 90 | 10 | 20 | > | 20 | 30 | 30 |

=合計170分　　　　　=合計120分　　　　　=合計80分

他認為依據**快樂計算**的結果，分數高的人數愈多就是愈幸福的社會。身分高的人分數也和身分不高的人分數同等換算，這個思考對於民主主義發展貢獻很大。他曾說：「**每個人應同等被數算為一個人，誰都不該踰越這個計算。**」

邊沁

# 最大多數的最大幸福
## The Greatest happiness of the greatest number

| | | |
|---|---|---|
| 文　獻 | --------------------- | 邊沁《道德與立法原理導論》 |
| 相關概念 | --------------------- | 效益主義（P.191）、快樂計算（P.192） |

邊沁認為依據**快樂計算**（P.192）得到的分數總和，分數愈高的社會愈幸福。

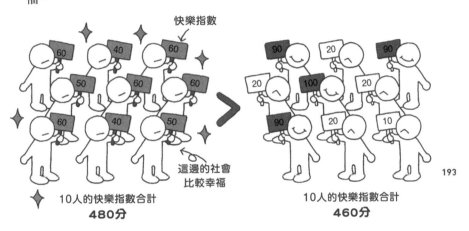

快樂指數

這邊的社會比較幸福

10人的快樂指數合計
**480分**

10人的快樂指數合計
**460分**

193

因此，**邊沁**認為必須盡可能讓更多人擁有更高的快樂指數。他稱為「**最大多數的最大幸福**」，應做為立法的基準。

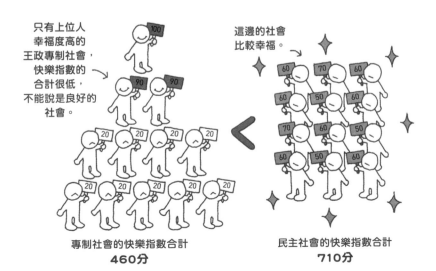

只有上位人幸福度高的王政專制社會，快樂指數的合計很低，不能說是良好的社會。

這邊的社會比較幸福。

專制社會的快樂指數合計
**460分**

民主社會的快樂指數合計
**710分**

# 質的效益主義

| | |
|---|---|
| 意　　義 | 認為快樂分為高、低級品質差異的思想 |
| 文　　獻 | 彌爾《效益主義》 |
| 相關概念 | 最大多數的最大幸福（P.193） |

彌爾

**彌爾**對於**邊沁**的**快樂量化**（快樂計算 P.192）提出質疑。因為他認為快樂除了有**量**的差異，還應該有**品質**的差異。**彌爾**認為快樂的**品質**更值得重視。這就稱為**質的效益主義**。

194

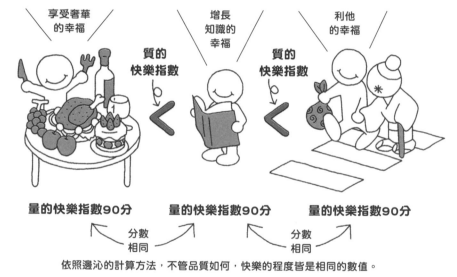

享受奢華
的幸福

增長
知識的
幸福

利他
的幸福

**質的
快樂指數**

**質的
快樂指數**

量的快樂指數90分　　量的快樂指數90分　　量的快樂指數90分

分數
相同　　　　分數
相同

依照邊沁的計算方法，不管品質如何，快樂的程度皆是相同的數值。

**彌爾**認為精神上的快樂品質高於肉體上的快樂，他相信精神上的快樂能夠藉由他人的幸福而得到。他宣稱「**寧做不滿的人類，不做滿足的豬玀**」，將**效益主義**（P.191）修正得更理想化。

寧做不滿的人類，
不做滿足的豬玀；
寧做不滿的蘇格拉底，
不做滿足的蠢人。

彌爾

▶151

# 資產階級 Bourgeoisie
# 無產階級 Proletariat

| 文　　獻 | 馬克思和恩格斯的《共產黨宣言》及其他 |
|---|---|
| 相關概念 | 生產關係（P.196）、（勞動的）異化（P.198）、階級鬥爭（P.199） |
| 備　　註 | 列寧在俄羅斯揭起無產階級專政，成立蘇維埃聯邦 |

馬克思

**亞當·史密斯**認為個人自由地追求利潤時，會受到**（神）看不見的手**（P.188）指引，而和社會全體利潤產生關聯。但**馬克思**則說自由的經濟競爭會衍生**資產階級**（Bourgeoisie）與**無產階級**（Proletariat）的新貧富差距。

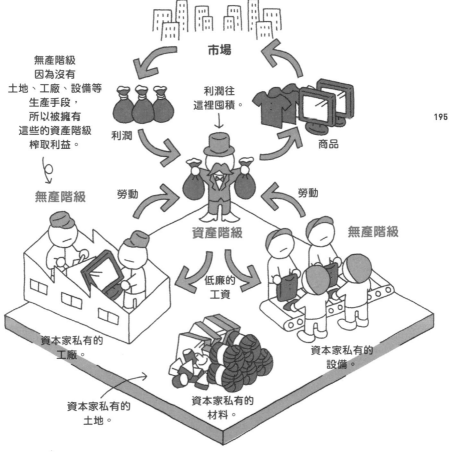

為了避免這種狀況，**馬克思**主張土地、工廠、設備等**生產手段**（P.196）不應**私有**，而必須**公有化**。

馬克思

# 生產關係
## Relations of Production

文 獻 ---------------------------- 馬克思《政治經濟學批判》
相關概念 ------------------ 階級鬥爭（P.199）、唯物史觀（P.202）、
上層建築｜下層建築（P.200）
備 註 ------------------------ 生產關係這樣的下層建築，
決定了人們的意識樣貌（＝上層建築）

人類為了生存，必須滿足衣食住的需求。生產有關衣食住物品的**設備、土地、原料**稱為**生產手段**。就像**封建制度**中相對於**佃農**的**封建領主**，或是**資本主義體制**中相對於**無產階級**的**資本家**，擁有**生產手段**者成為**支配階級**。根據**生產手段**的有無而發生的上下關係稱為**生產關係**。

### 各時代的生產關係

**奴隸制**
支配階級＝主人
被支配階級＝奴隸

鐵製農具
的發展

工業化

**封建制**
支配階級＝封建領主
被支配階級＝佃農

**資本主義體制**
支配階級＝資本家
被支配階級＝勞動者

**生產關係**根據當代的技術程度而決定。然而，隨著技術進步，假設物資生產過度，**被支配階級**的地位提升，從**支配者階級**中獨立出來，因而進入下一個**生產關係**時代。

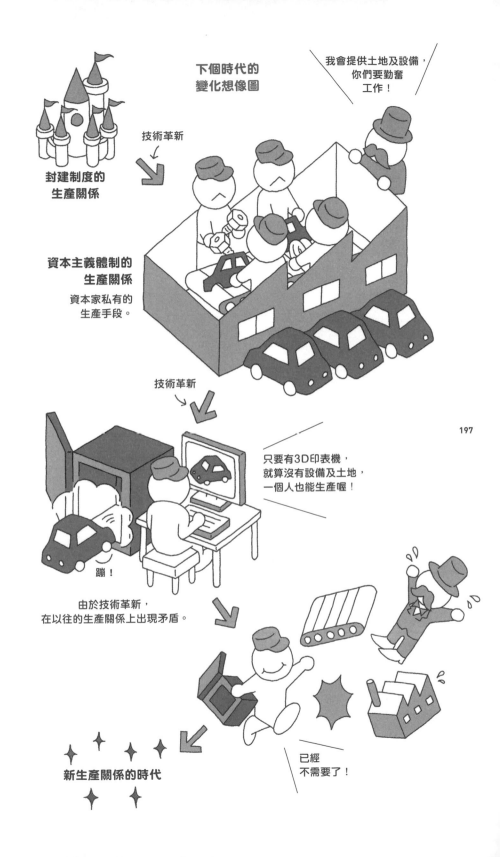

▶151

# （勞動的）異化
## Alienation

馬克思

文　獻 -------------------------- 馬克思《哲學和經濟學手稿》
備　註 ---- 馬克思把勞動的異化分為「人與其勞動產品的異化」、
　　　　「人與其勞動過程的異化」、「人與人的『類』
　　　　本質的異化」、「人與他人的異化」等四個面向

人類必須為了衣食住而持續生產物品。換句話說，**馬克思**認為人類的本質就在於勞動。**勞動**不僅是生活的手段，也應該是與他人在社會生活中能展現自我的喜悅。但是在資本主義體制下，並未擁有**生產手段**（P.196）的勞動者，受到資本家追求利潤的擺布，原本應該會感到快樂的勞動也變成痛苦，**馬克思**稱此為**（勞動的）異化**。

198

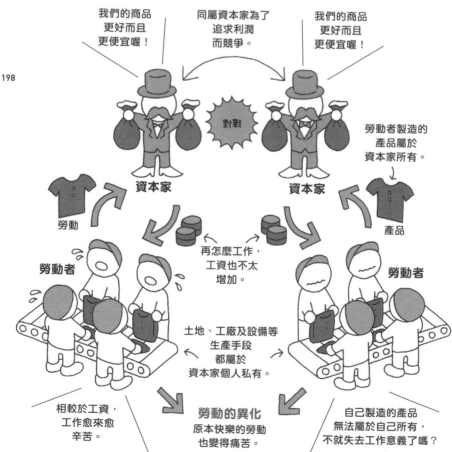

我們的商品更好而且更便宜喔！

同屬資本家為了追求利潤而競爭。

我們的商品更好而且更便宜喔！

對戰

勞動者製造的產品屬於資本家所有。

資本家　　　資本家

勞動　　　　　　　　　　　　　　產品

再怎麼工作，工資也不太增加。

勞動者　　　　　　　　　　　　　勞動者

土地、工廠及設備等生產手段都屬於資本家個人私有。

相較於工資，工作愈來愈辛苦。

**勞動的異化**
原本快樂的勞動也變得痛苦。

自己製造的產品無法屬於自己所有，不就失去工作意義了嗎？

馬克思

# 階級鬥爭
## Class Struggle

文　獻 ----------------- 馬克思及恩格斯《共產黨宣言》及其他
相關概念 ----------------- 資產階級｜無產階級(P.195)、
　　　　　　　　　　　　生產關係(P.196)、唯物史觀(P.202)
備　註 ------- 因為社會主義不存在階級之分，不會有階級鬥爭

馬克思認為**生產關係**（P.196）一旦形成，支配階級為了維持該體制，就會固定化。然而**生產力**（供給產品的能力）隨著技術革新而不斷發展。而且固定化的**生產關係**過度擴大時，將會抑制**生產力**的發展。此一**生產力**與**生產關係**的矛盾，不久將會引起**階級鬥爭**（**社會革命**），誕生嶄新的**生產關係**。

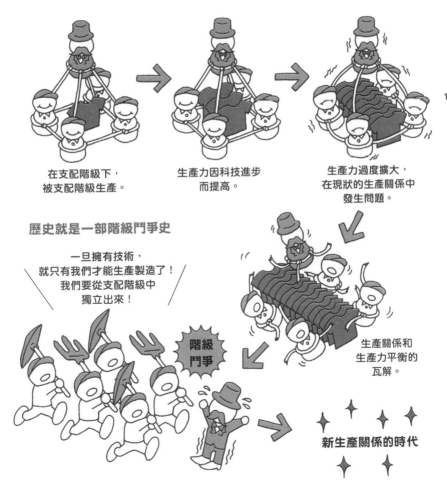

在支配階級下，
被支配階級生產。

生產力因科技進步
而提高。

生產力過度擴大，
在現狀的生產關係中
發生問題。

**歷史就是一部階級鬥爭史**

一旦擁有技術，
就只有我們才能生產製造了！
我們要從支配階級中
獨立出來！

階級
鬥爭

生產關係和
生產力平衡的
瓦解。

**新生產關係的時代**

馬克思

▶151

# 上層建築 ｜ 下層建築
## Superstructure ｜ Infrastructure

文　　獻------------------------ 馬克思《政治經濟學批判》
相關概念---- 生產關係（P.196）、意識形態（P.201）、唯物史觀（P.202）
備　　註----------------- 以日本為例，下層建築是資本主義，
　　　　　　　　　　　　　　上層建築則是民主主義

　　**馬克思**把各時代**生產關係**（P.196）衍生的經濟結構稱為**下層建築**；而法律、政治制度或宗教、藝術、學問等文化則稱為**上層建築**。馬克思並認為含有人類意識的**上層建築**，取決於物質的**下層建築**而形成。

## 上層建築（精神方面的內容）
法律、政治制度等思考類，或宗教、藝術等文化類稱為「上層建築」。

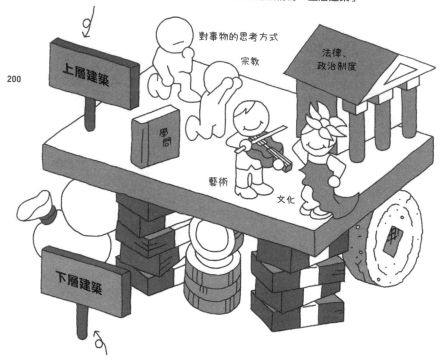

對事物的思考方式
宗教
法律、政治制度
上層建築
學問
藝術
文化
下層建築

## 下層建築（物質方面的內容）
各時代生產關係（P.196）衍生的經濟結構稱為「下層建築」。各個時代究竟是封建的？還是資本主義或社會主義？自己究竟是有錢或貧窮的？由這些條件所構成的「下層建築」，決定了包含人類意識的「上層建築」。例如，「奢華」在社會主義之下玷汙了平等，在資本主義下卻往往豐富了心靈。換句話說，並不是人的意識形成經濟結構，而是經濟結構形成人的意識。

## 意識形態
### Ideology

文　　獻 ------------------- 馬克思及恩格斯《德意志意識形態》、
馬克思《政治經濟學批判》
相關概念 --------- 生產關係（P.196）、上層建築｜下層建築（P.200）
備　　註 --------- 一般而言是指「支持某個立場的思想或信念」

**馬克思**認為人的思想並非基於意志，而是取決於當代的**下層建築**
（P.200）所形成。例如，中世紀封建時代，賺錢謀利被視作背叛神祇
的惡行；然而在資本主義體制下，就結構而言是理所當然的行為，並
非壞事。

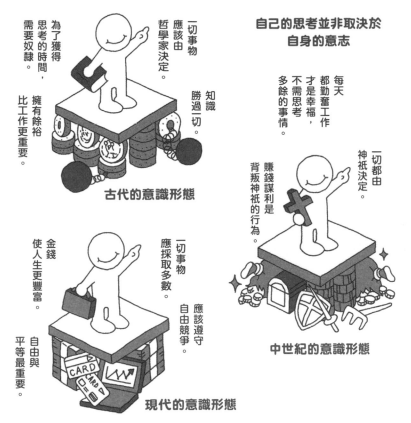

自己的思考並非取決於
自身的意志

一切事物
應該由
哲學家決定。

知識
勝過一切。

為了獲得
思考的時間，
需要奴隸。

擁有餘裕
比工作更重要。

**古代的意識形態**

每天
都勤奮工作
才是幸福，
不需要思考
多餘的事情。

一切都由
神祇決定。

賺錢謀利是
背叛神祇
的行為。

**中世紀的意識形態**

一切事物
應採取多數。

金錢
使人生更豐富。

應該遵守
自由競爭。

自由與
平等最重要。

**現代的意識形態**

**馬克思**加以批判，那些未曾意識到自己生存時代的**生產關係**（P.196），
只是宛如發表主義或主張般發表自己的意見，稱為**意識形態（虛假的
意識）**。

# 唯物史觀
## Historical Materialism

▶151

馬克思

| | |
|---|---|
| **文　　獻** | 馬克思《政治經濟學批判》 |
| **相關概念** | 生產關係（P.196）、上層建築｜下層建築（P.200）、意識形態（P.201） |
| **備　　註** | 根據唯物史觀，共產主義革命應發生於盛行資本主義的國家，但實際上發生於開發中國家的俄羅斯 |

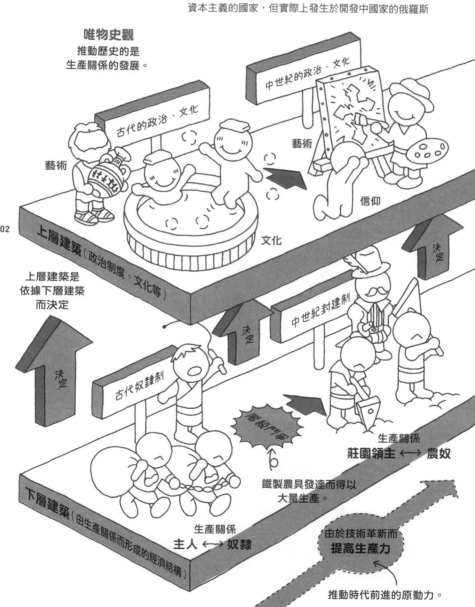

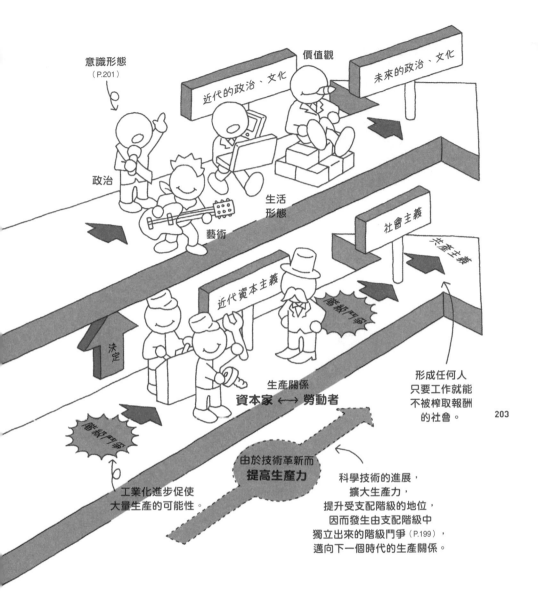

意識形態
（P.201）

價值觀

近代的政治、文化

未來的政治、文化

政治

生活
形態

藝術

社會主義

共產主義

近代資本主義

階級鬥爭

決定

階級鬥爭

生產關係
**資本家 ←→ 勞動者**

形成任何人
只要工作就能
不被榨取報酬
的社會。

由於技術革新而
**提高生產力**

工業化進步促使
大量生產的可能性。

科學技術的進展，
擴大生產力，
提升受支配階級的地位，
因而發生由支配階級中
獨立出來的階級鬥爭（P.199），
邁向下一個時代的生產關係。

**黑格爾**認為人類意識推動**歷史**（P.176）前進，但馬克思則主張推動歷史
的不是像意識這樣的精神，而是物質（**唯物史觀／歷史唯物主義**）。
人類為了衣食住，必須持續生產物品，由於這些**生產活動**，人類會建
立與當代技術水準相稱的**生產關係**（P.196）。而且，以**生產關係**為**基礎**
（下層建築P.200），**政治制度或文化**（上層建築P.200）也能因而確立。不久，
**生產力**將隨著技術進步而提高，過去的**生產關係**無法維繫，因而發生
**階級鬥爭**（P.199）。**馬克思**認為時代將依**奴隸制→封建制→資本主義→
社會主義→共產主義**的順序而進步。

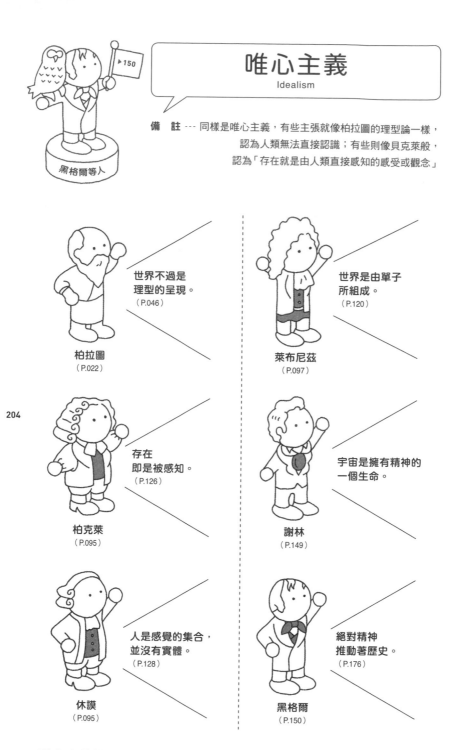

# 唯心主義
Idealism

**備　註** --- 同樣是唯心主義，有些主張就像柏拉圖的理型論一樣，認為人類無法直接認識；有些則像貝克萊般，認為「存在就是由人類直接感知的感受或觀念」

黑格爾等人

世界不過是理型的呈現。
（P.046）

柏拉圖
（P.022）

世界是由單子所組成。
（P.120）

萊布尼茲
（P.097）

存在即是被感知。
（P.126）

柏克萊
（P.095）

宇宙是擁有精神的一個生命。

謝林
（P.149）

人是感覺的集合，並沒有實體。
（P.128）

休謨
（P.095）

絕對精神推動著歷史。
（P.176）

黑格爾
（P.150）

204

**唯心主義**的觀點，認為形成世界的本原，不是物質而是精神。**柏拉圖**或**黑格爾**正是**唯心主義**的代表。

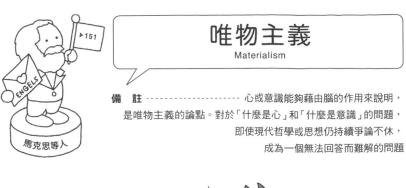

# 唯物主義
## Materialism

▶151

ENGELS

馬克思等人

備　註 ------------------ 心或意識能夠藉由腦的作用來說明，
是唯物主義的論點。對於「什麼是心」和「什麼是意識」的問題，
即使現代哲學或思想仍持續爭論不休，
成為一個無法回答而難解的問題

萬物的本原
是水。
（P.028）

泰利斯
（P.018）

國家是人工
製造出來的。
（P.138）

霍布斯
（P.097）

世界是由
原子所組成。
（P.031）

德謨克利特
（P.021）

生產關係
推動著歷史。
（P.202）

馬克思
（P.151）

我也認同萬物是
由原子所形成。

伊比鳩魯
（P.023）

世界由物質組成，
已經是常識。

現代一般科學家

唯物主義的觀點，認為形成世界的本原，不是精神而是物質。**德謨克利特**或**馬克思**正是**唯物主義**的代表。

# 虛無主義
Nihilism

意　　義 ---------------------------------------- 全盤否定既有觀念的立場
文　　獻 ---------------------------------------- 尼采《權力意志》
相關概念 ---------------------------------------- 權力意志（P.212）
備　　註 ---------------- 原文「Nihilism」的「Nihil」為虛無之意

尼采

工業革命以後，由於工業化帶來的公害或景觀的惡化、過度勞動，新的問題層出不窮。人們過去深信文明的進步會帶給人類幸福，但對這一點抱持懷疑的想法也開始蔓延。

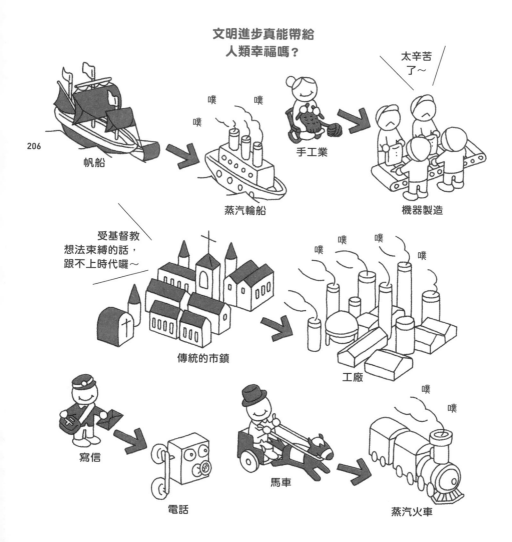

文明進步真能帶給
人類幸福嗎？

而且，在理性的近代文明下，基督教成了無法相容的價值而失去影響力。以基督教為道德基準的人們因而失去心靈寄託。

不久以後，完全不了解究竟該相信什麼？該為了什麼目的活下去？

過去信仰的善惡標準或道德其實是錯的？

虛無主義

**尼采**深信人們喪失自身行為目的之**虛無主義**時代已經來臨，宣稱「上帝已死」。**尼采**認為：在這樣的時代中，存在著有自行創造嶄新價值的**主動虛無主義**的生存方式，也有因失去既有價值而喪失生存力量的**被動虛無主義**的生存方式。

過去相信的事物全都錯了！我什麼都無所謂了！

過去的價值若是錯的，就創造出自己認同的新價值！

被動虛無主義

主動虛無主義

尼采

# 憤懣
## Ressentiment

文　獻 --------------------------------- 尼采《道德譜系學》
相關概念 --------------------------------- 奴隸道德（P.210）
備　註 --------------------------- 原本是「憎恨」、「怨恨」之意。
尼采則用以表現弱者憎惡強者的心理反應

弱者由於力量不及強者，因此對於強者抱持**惡意**，此時產生說服自己接受的情緒，**尼采**稱為**憤懣**。比方說貧窮的人抨擊有錢是惡行，讓自己在精神上居於優勢。

**憤懣**
弱者深信自己才是良善的一方，而把強者視作惡者，
讓自己獲得精神上的優越感。
弱者的這個特質使得基督教爆發性地擴展。

我是可憐的被害者。《聖經》上說現在我雖然必須受苦，但是善良的我死後必定能夠上天堂。

「富有的人上天堂比駱駝穿過針眼還難。」
by 耶穌

尼采認為基督教因為把人類內心的**憤懣**轉變成**道德性**的說詞，並加以正當化，才會使得**基督教**爆發性地被接受。

## 尼采認為的基督教過去擴展的路徑

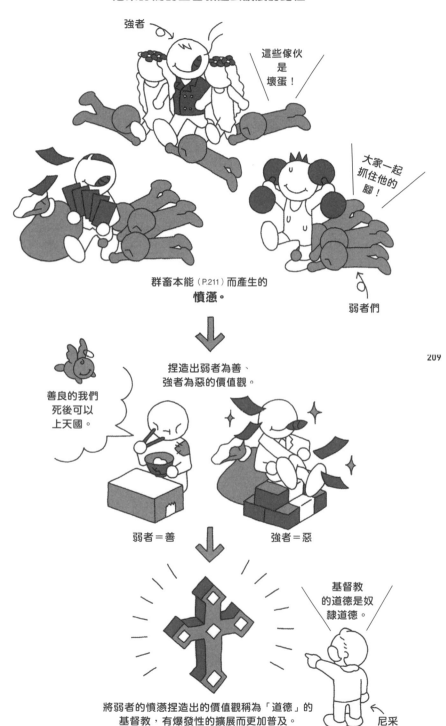

強者

這些傢伙
是
壞蛋！

大家一起
抓住他的
腳！

群畜本能（P.211）而產生的
**憤懣。**

弱者們

善良的我們
死後可以
上天國。

捏造出弱者為善、
強者為惡的價值觀。

弱者＝善　　　　強者＝惡

基督教
的道德是奴
隸道德。

將弱者的憤懣捏造出的價值觀稱為「道德」的
基督教，有爆發性的擴展而更加普及。

尼采

尼采

▶152

# 奴隸道德
## Sklaven-Moral

文　　獻 ---------------------------------------- 尼采《道德譜系學》

相關概念 ---------------------------------------- 憤懣（P.208）

備　　註 -------------------------- 尼采肯定貴族主義的「主人道德」，
否定「奴隸道德」

達爾文認為自然界的生物是依「適者生存不適者淘汰」的自然法則演化，其中並不存在著**善惡**的**道德**之分。生命力強的花草增生，驅逐生命力弱的花草，也不能說生命力強的花草行為**惡劣**。

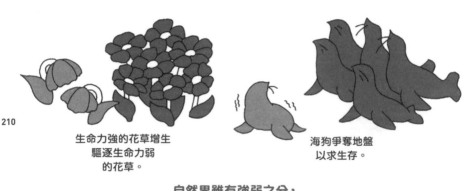

生命力強的花草增生
驅逐生命力弱
的花草。

海狗爭奪地盤
以求生存。

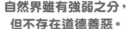

**自然界雖有強弱之分，
但不存在道德善惡。**
弱者為善而強者為惡
的結構並不存在。

肉食動物獵殺
草食動物而
吃下肚。

細胞總是在
戰勝弱小的細胞後
增殖。

然而人類往往把天生具有才能及健康的**強者視為惡**，**弱者視為善**，並稱之為德。為什麼只有人類的世界會存在這樣的價值觀呢？

依**尼采**的看法，人類的弱者集結在一起，無法以實際的力量和強者抗衡，所以便為強者貼上「他們不懂得體貼」或是「他們的欲望太過強烈」，來取得精神上的勝利（憤懣 P.208）。**尼采**認為像這樣就是弱者的**群畜本能**而捏造出的道德價值。

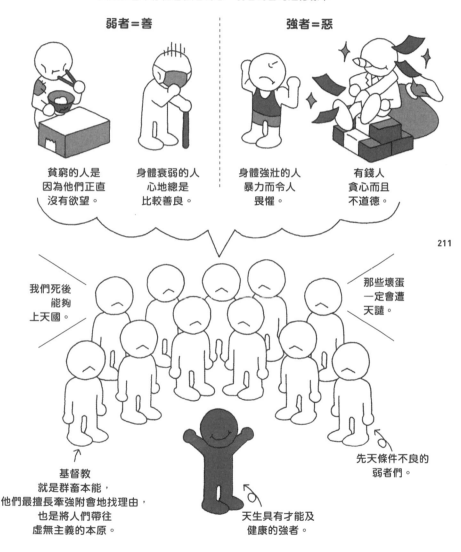

**奴隸道德**

人類社會中存在著強者為惡，弱者為善的道德標準。

**弱者＝善**

貧窮的人是因為他們正直沒有欲望。

身體衰弱的人心地總是比較善良。

**強者＝惡**

身體強壯的人暴力而令人畏懼。

有錢人貪心而且不道德。

我們死後能夠上天國。

那些壞蛋一定會遭天譴。

基督教就是群畜本能，他們最擅長牽強附會地找理由，也是將人們帶往虛無主義的本原。

天生具有才能及健康的強者。

先天條件不良的弱者們。

211

換句話說，道德是大多數弱者為了抗衡少數的強者而產生的生存本能。而且**尼采**認為基督教因支持這一點而能爆發性地擴展。他認為基督教所說的道德是在於推翻原本的價值，而主張那是**奴隸道德**。

尼采

# 權力意志
## The Will to Power

▶152

| | |
|---|---|
| 文　　獻 | ………………………… 尼采《權力意志》 |
| 相關概念 | …… 虛無主義(P.206)、遠近法主義(P.213)、超人(P.216) |
| 備　　註 | ………………… 尼采的「權力意志」思想中，可以看到他受到叔本華哲學的影響 |

**尼采**認為人的行為原理是**權力意志**。希望取得強勢的心態左右了一切的感情及行為。**尼采**認為人們的喜怒哀樂，都是因為自己的力量受到認同或受到貶抑。

212

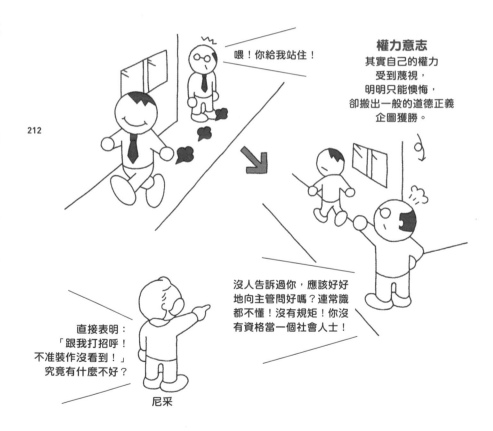

**權力意志**
其實自己的權力
受到蔑視，
明明只能懊悔，
卻搬出一般的道德正義
企圖獲勝。

喂！你給我站住！

沒人告訴過你，應該好好地向主管問好嗎？連常識都不懂！沒有規矩！你沒有資格當一個社會人士！

直接表明：
「跟我打招呼！
不准裝作沒看到！」
究竟有什麼不好？

尼采

主管叱責沒有向自己問好的部下「沒常識」。尼采認為他並非是因為部下缺乏常識而生氣，而是因自己受到忽視而惱怒。搬出正義或道德的背後，隱藏著渴望取得強勢的強烈**權力意志**。

尼采

▶152

## 遠近法主義
### Perspectivism

| | |
|---|---|
| 意　　義 | 認為不可能有客觀的認識，而是基於不同的立場或條件來改變認知的方法 |
| 文　　獻 | 尼采《權力意志》 |
| 相關概念 | 權力意志（P.212） |

同樣的風景，貓有貓的角度，人有人的觀點。對於世界的理解，一般容易認為人類比貓更具有「高度」，但事實上，「高度」的想法是人類特有的思考。如果世界上沒有人類，根本沒有所謂高度的問題。尼采認為世上並不存在所謂的客觀事實，有的只不過是人類的詮釋。

### 遠近法主義
同樣的景色，
三個人來看就有三個消失點。

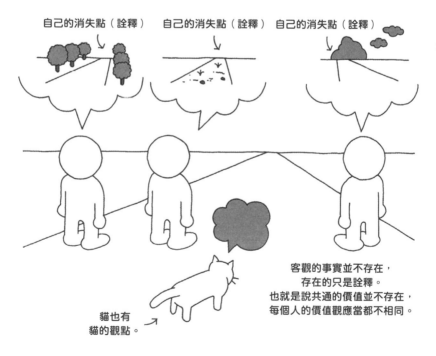

自己的消失點（詮釋）　　自己的消失點（詮釋）　　自己的消失點（詮釋）

貓也有
貓的觀點。

客觀的事實並不存在，
存在的只是詮釋。
也就是說共通的價值並不存在，
每個人的價值觀應當都不相同。

也就是說，世界並不存在一般的價值。即使觀看相同的景色，由於每個人觀看的**消失點**不同，所以每個人的觀點也各自不同。這個思想稱為**遠近法主義**。

▶152

# 永劫回歸
## Eternal Return

| | |
|---|---|
| 文　　獻 | 尼采《查拉圖斯特拉如是說》 |
| 相關概念 | 虛無主義（P.206） |
| 備　　註 | 據說尼采在瑞士的席爾瓦普拉納湖畔散步時，產生永劫回歸的思想 |

尼采

如果抓了幾顆石頭，一再重複丟到地上的行為，總會有一次以一模一樣的配置出現在地上。要是不限次數地重複這個行為，則將會有好幾次出現同樣的配置。

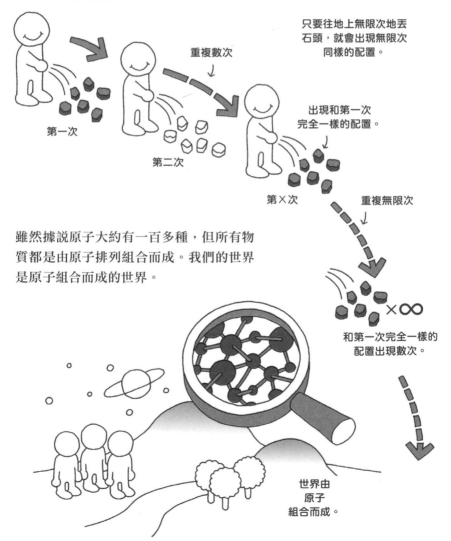

只要往地上無限次地丟石頭，就會出現無限次同樣的配置。

重複數次

第一次

第二次

出現和第一次完全一樣的配置。

第×次

重複無限次

×∞

和第一次完全一樣的配置出現數次。

214

雖然據說原子大約有一百多種，但所有物質都是由原子排列組合而成。我們的世界是原子組合而成的世界。

世界由原子組合而成。

考慮到事物變化的前後，原子的種類和數量不變，但時間卻無限，就像丟石頭的例子一樣，我們現在生活的這個世界，完全相同的原子組合，在無限的時間中，今後可能會出現數次的重複，而過去也可能出現過無限次的重複。

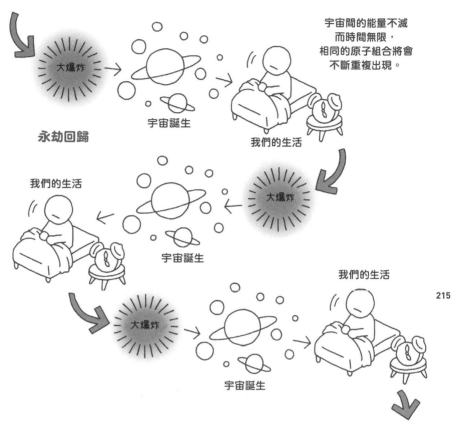

宇宙間的能量不滅而時間無限，相同的原子組合將會不斷重複出現。

大爆炸 → 宇宙誕生 → 我們的生活

永劫回歸

我們的生活 ← 宇宙誕生 ← 大爆炸

大爆炸 → 宇宙誕生 → 我們的生活

以這樣的邏輯思考，時間將呈環形運動，歷史沒有進步也沒有向前推進，只存在著變化而已。**尼采稱為永劫回歸。**

起點

這才是所謂的生存！

永劫回歸

基督教或黑格爾的歷史觀點是朝向目標進步的。

目標

對尼采而言，歷史沒有進步也沒有向前推進，只是在環形運動的時間中變化而已。

# 超人
## Overman

| | |
|---|---|
| 文　　獻 | 尼采《查拉圖斯特拉如是說》 |
| 相關概念 | 虛無主義（P.206）、永劫回歸（P.214） |
| 備　　註 | 和超人對照下，缺乏創造力，<br>只是一味地貪婪求生的人，尼采稱為「末人」 |

尼采

**黑格爾**（P.150）認為人類有共同目標，而**歷史**（P.176）是朝向共同目標邁進的。但是**尼采**則表示在上帝已死的**虛無主義**（P.206）世界中，人們失去朝向目標生存的力量，只求每天懶懶散散地活下去。就他的觀點，我們每天只是在呈環形運動的時間中活著而已。

216

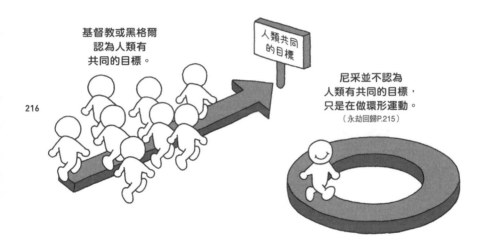

基督教或黑格爾
認為人類有
共同的目標。

人類共同
的目標

尼采並不認為
人類有共同的目標，
只是在做環形運動。
（永劫回歸P.215）

即使如此，**尼采**仍然對**永劫回歸**（P.215）抱持肯定。因為他認為我們可以不受既有價值的拘束，自由地決定自己的目標。

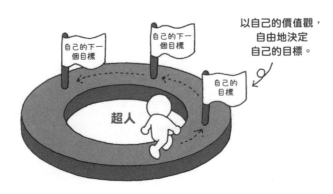

以自己的價值觀，
自由地決定
自己的目標。

自己的下一
個目標

自己的下一
個目標

自己的
目標

超人

**尼采**對於**永劫回歸**以肯定的態度接納「**這就是生存嗎？果真如此就再經驗一次**」（**命運之愛**），他把不受既定價值局限，能夠創造新價值的人稱為**超人**。對他而言，**超人**就是以真正意義自由存在的人。

超人能以異想天開的想法創造新價值。（例如就算破壞猶太教義也要貫徹自身信念的耶穌，就是創造嶄新價值的超人。尼采雖然強烈批判基督教，但並未否定耶穌這個人。）

依**尼采**的看法，不受**奴隸道德**（P.210）束縛的**超人**雖然一開始難以被理解，但其異想天開的創意，無異是在失去既定價值的苦悶虛無世界中吹來一股革新的空氣。

怪胎

怪胎

△□☆※△□

超人一開始雖然難以被理解，但其異想天開的創意為苦悶的世界吹來一股革新的空氣。

而且，在下一個沒有**憤懣**（P.208）存在的世界中，**超人**將如同天真無邪的孩子般生活。

下一個來臨的世界沒有憤懣。

每個人都有自身的價值。

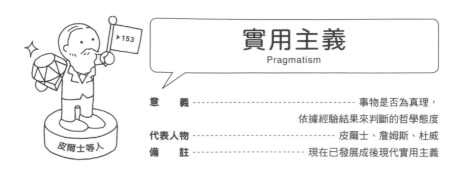

▶153

# 實用主義
Pragmatism

意　　義 ------------------------------------ 事物是否為真理，
依據經驗結果來判斷的哲學態度

代表人物 ------------------------------------ 皮爾士、詹姆斯、杜威

備　　註 ------------------------------------ 現在已發展成後現代實用主義

皮爾士等人

**皮爾士**認為「對某項事物的知識」就是「針對該事物採取什麼樣的行動（行為）後，知道會形成某個結果的知識」。比方說，知道什麼是「冰」，不是只有知道「冰這個物體」，而是同時知道「冰摸起來涼涼的」、「冰遇熱會融化」等事實。就算外觀或材質是「冰」，只要摸起來並不覺得涼涼的，就不是「冰」。

**所謂知識，是預測得到的結果。**

知道冰的本身
（外觀、材質）等。

知道冰
遇熱會
融化。

不等於

等於

等於

「知道」
什麼是「冰」

好冰！

知道
冰摸起來
涼涼的。

知道什麼是「冰」，
不僅是知道「冰的外觀」
「冰是由什麼製成的」，
也要對於「冰」採取實際的「某個行動」後，
知道會形成「什麼結果」。

也就是說理解某件事物的知識，是指能夠**預測**對某件事物採取某些**行為**（實際可檢測）後的**結果**。

218

將**皮爾士**連結知識和**行為**結果的想法，更加發揚光大的是他的朋友**詹姆斯**（P.154）。詹姆斯說如果能以某個知識為基礎，採取行動後的結果是**實用**的，那就是**真理**。這就稱為**實用主義**。另外，**杜威**（P.154）則說知識的本身不具價值，必須是對人類**有用**的**工具**才行，提倡**工具主義**。

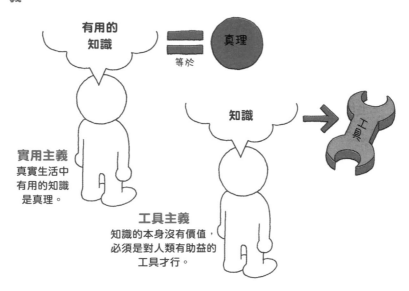

所謂知識是效果的預測，而且該項知識必須對人類有用才是真理的立場，稱為**實用主義**。

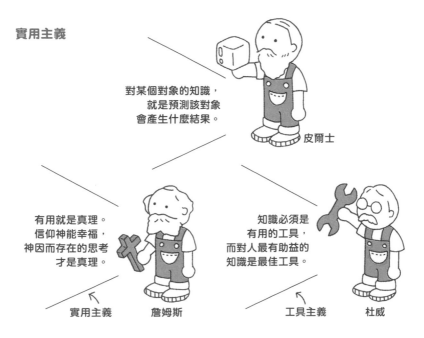

# 潛意識
## Subconscious

| | | |
|---|---|---|
| **文　獻**------------------------------ | 佛洛伊德《精神分析入門》 |
| **對 立 詞**------------------------------------------ | 意識 |
| **相關概念**--------- 本我｜自我｜ | 超我（P.221）、集體潛意識（P.223） |
| **備　　註**---------------------- | 也有人批判潛意識並非科學概念 |

▶155

佛洛伊德

自從**笛卡兒**說出**「我思，故我在」**（P.108）以後，一般認為**自我**就是自己的**意識**，而意識能夠以**理性**控制，就被視作是哲學的常識。但是**佛洛伊德**則認為人類大部分的行為都無法以理性控制，而是受**潛意識**控制。

意識

笛卡兒認為
自己的行為
能以理性
加以控制。

意識

潛意識

佛洛伊德認為
人的行為
受潛意識
影響。

個人想遺忘的記憶因平時受到壓抑，而深入到意識無法觸及的領域。這些記憶平時雖然未被意識到，卻可能因為某些狀況而被意識到，甚至因而神經衰弱。

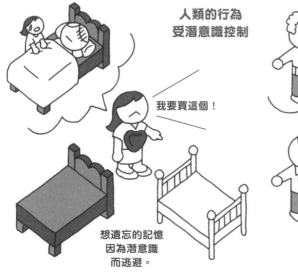

**人類的行為
受潛意識控制**

我要買這個！

想遺忘的記憶
因為潛意識
而逃避。

在潛意識中做了
父母曾對自己所做
的行為。

# 本我｜自我｜超我
### Id ｜ Ego ｜ Super ego

| | |
|---|---|
| 文　　獻 | 佛洛伊德《自我與本我》 |
| 相關概念 | 潛意識（P.220）、生存本能｜死亡本能（P.222） |
| 備　　註 | 可說是為了精神穩定而作用的自我「防衛機制」 |

佛洛伊德的塑像標示「佛洛伊德」

**佛洛伊德**認為**自我**是後天產生的，自我的產生是為了取得人類天生性**衝動**（libido）當中的**本我**（id）以及為了抑制本我的道德性**超我**（super ego）的平衡。他說的**自我**，並不是像**笛卡兒**所指的那般穩固，也包括了不安定的**潛意識**（P.220）領域。

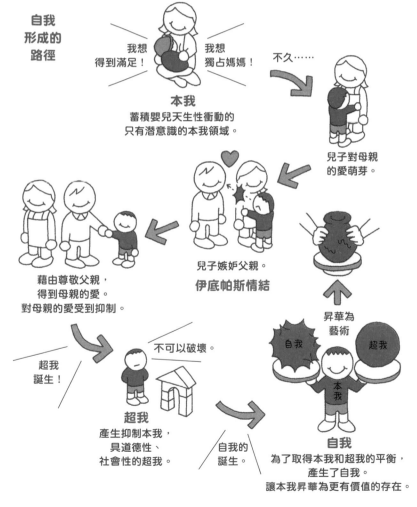

**自我形成的路徑**

我想得到滿足！　我想獨占媽媽！

**本我**
蓄積嬰兒天生性衝動的只有潛意識的本我領域。

不久……

兒子對母親的愛萌芽。

兒子嫉妒父親。
**伊底帕斯情結**

藉由尊敬父親，得到母親的愛。對母親的愛受到抑制。

昇華為藝術

超我誕生！

不可以破壞。

**超我**
產生抑制本我，具道德性、社會性的超我。

自我的誕生。

**自我**
為了取得本我和超我的平衡，產生了自我。讓本我昇華為更有價值的存在。

佛洛伊德

# 生存本能│死亡本能
Eros│Thanatos

| | |
|---|---|
| 文　　獻 | 佛洛伊德《超越快樂原則》 |
| 相關概念 | 潛意識（P.220）、本我│自我│超我（P.221） |
| 備　　註 | 為了說明以現實原則和快樂原則無法解釋的行為，而提出死的假設概念 |

**佛洛伊德**認為**潛意識**領域中的**本我**（P.221），只是**性衝動**（libido，P.221）。由於本我只追求快感的原則稱為**快樂原則**。另一方面，為了能在社會上生存的理性**超我**（P.221）及**自我**（P.221）則稱為**現實原則**。

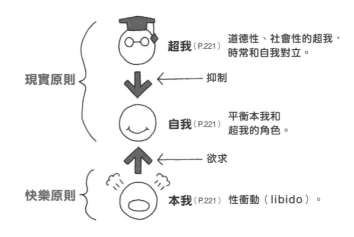

超我（P.221）　道德性、社會性的超我，時常和自我對立。

現實原則　　抑制

自我（P.221）　平衡本我和超我的角色。

欲求

快樂原則

本我（P.221）　性衝動（libido）。

222

晚年的**佛洛伊德**，認為人類具有迎向死亡的衝動。他稱為**死亡本能**（**死亡衝動**，thanatos）。相對的，性衝動或保護自我的衝動，迎向未來而前進的衝動則稱為**生存本能（生存衝動，eros）**。

**生存本能（生存衝動）**
想要活下去的意念

一如性衝動及保護自我的衝動般，
也有想要活下去的衝動。

**死亡本能（死亡衝動）**
迎向死亡的意念

本能地尋求一無所有的狀態，
迎向死亡的衝動。

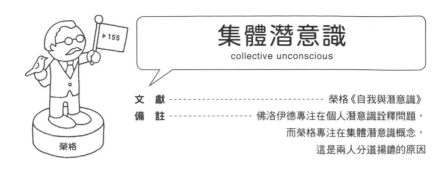

▶155

# 集體潛意識
## collective unconscious

文　獻 ------------------------------------- 榮格《自我與潛意識》
備　註 ----------------- 佛洛伊德專注在個人潛意識詮釋問題，
而榮格專注在集體潛意識概念，
這是兩人分道揚鑣的原因

榮格

**榮格**發現在無意中畫下的圖畫近似曼陀羅，調查曼陀羅之後，發現各
國均有類似的圖案，而且也發現各國神話中有許多共同點。

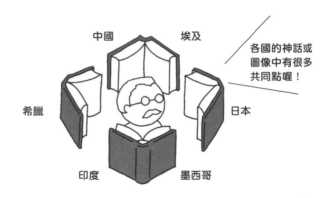

中國　　埃及

各國的神話或
圖像中有很多
共同點喔！

希臘　　　　　　　日本

印度　　墨西哥

223

此外，他認為人類基於個人經驗而形成的**潛意識**（P.220）的最深處中，
可能有著共同的**集體潛意識（普遍的潛意識）**。

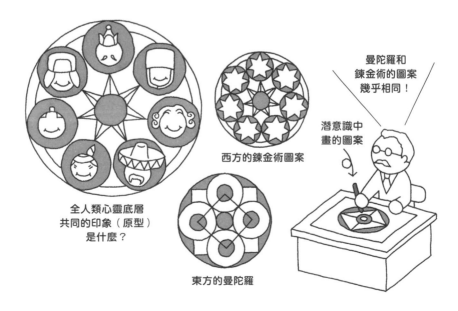

全人類心靈底層
共同的印象（原型）
是什麼？

西方的鍊金術圖案

東方的曼陀羅

曼陀羅和
鍊金術的圖案
幾乎相同！

潛意識中
畫的圖案

現代

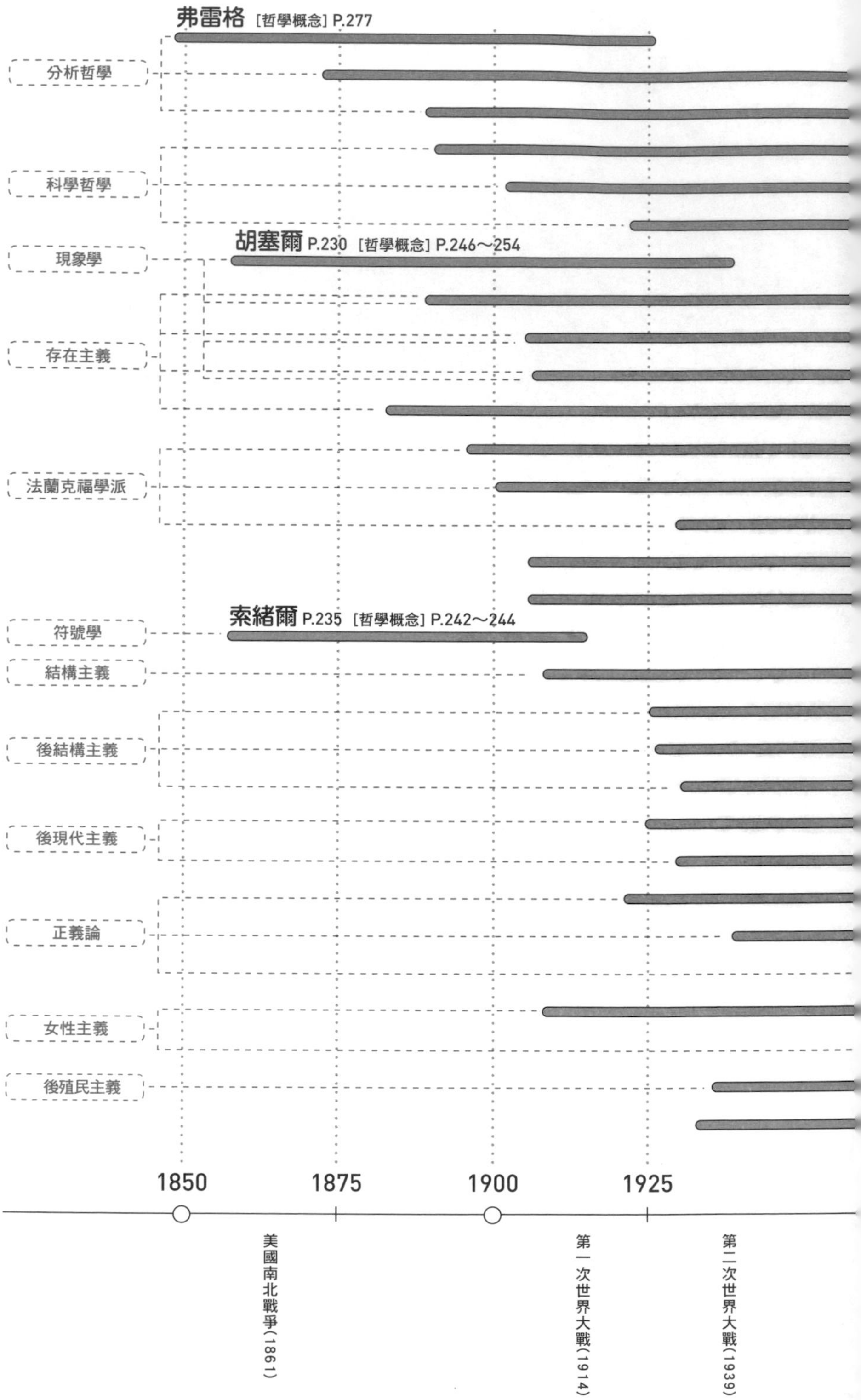

**弗雷格** [哲學概念] P.277

分析哲學

科學哲學

**胡塞爾** P.230 [哲學概念] P.246～254

現象學

存在主義

法蘭克福學派

符號學

**索緒爾** P.235 [哲學概念] P.242～244

結構主義

後結構主義

後現代主義

正義論

女性主義

後殖民主義

1850　1875　1900　1925

美國南北戰爭(1861)

第一次世界大戰(1914)

第二次世界大戰(1939)

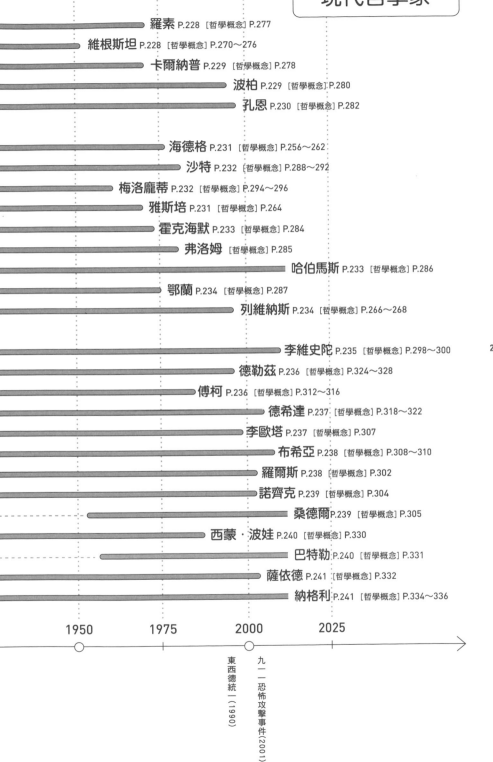

羅素 P.228 ［哲學概念］P.277

維根斯坦 P.228 ［哲學概念］P.270～276

卡爾納普 P.229 ［哲學概念］P.278

波柏 P.229 ［哲學概念］P.280

孔恩 P.230 ［哲學概念］P.282

海德格 P.231 ［哲學概念］P.256～262

沙特 P.232 ［哲學概念］P.288～292

梅洛龐蒂 P.232 ［哲學概念］P.294～296

雅斯培 P.231 ［哲學概念］P.264

霍克海默 P.233 ［哲學概念］P.284

弗洛姆 ［哲學概念］P.285

哈伯馬斯 P.233 ［哲學概念］P.286

鄂蘭 P.234 ［哲學概念］P.287

列維納斯 P.234 ［哲學概念］P.266～268

李維史陀 P.235 ［哲學概念］P.298～300

德勒茲 P.236 ［哲學概念］P.324～328

傅柯 P.236 ［哲學概念］P.312～316

德希達 P.237 ［哲學概念］P.318～322

李歐塔 P.237 ［哲學概念］P.307

布希亞 P.238 ［哲學概念］P.308～310

羅爾斯 P.238 ［哲學概念］P.302

諾齊克 P.239 ［哲學概念］P.304

桑德爾 P.239 ［哲學概念］P.305

西蒙・波娃 P.240 ［哲學概念］P.330

巴特勒 P.240 ［哲學概念］P.331

薩依德 P.241 ［哲學概念］P.332

納格利 P.241 ［哲學概念］P.334～336

227

1950　　1975　　2000　　2025

東西德統一（1990）

九一一恐怖攻擊事件（2001）

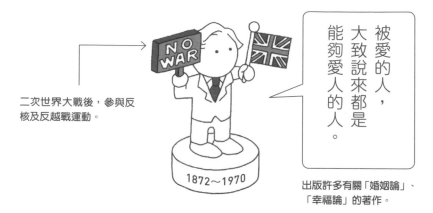

《社會重建原則》 《西方哲學史》 《人類有將來嗎》

二次世界大戰後，參與反核及反越戰運動。

被愛的人，大致說來都是能夠愛人的人。

1872～1970

出版許多有關「婚姻論」、「幸福論」的著作。

# 羅素

BERTRAND ARTHUR WILLIAM RUSSELL

▶P277

貴族出身，是英國哲學家、數學家和邏輯學家。於第一次世界大戰時參加反戰活動，被劍橋大學開除甚至入獄。在宗教、社會思想、教育等各個領域都提出他的主張。於一九五〇年發表訴諸自由與和平的著作，獲頒諾貝爾文學獎。哲學方面，對於建立在以數理邏輯學及數學為基礎的邏輯學有貢獻。

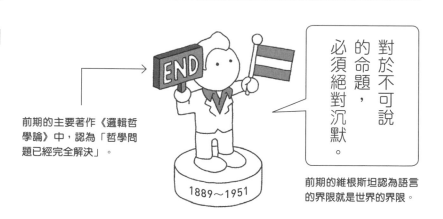

《邏輯哲學論》 《哲學研究》

前期的主要著作《邏輯哲學論》中，認為「哲學問題已經完全解決」。

對於不可說的命題，必須絕對沉默。

1889～1951

前期的維根斯坦認為語言的界限就是世界的界限。

# 維根斯坦

LUDWIG WITTGENSTEIN

▶P270～276

出生於奧地利，父親是奧匈帝國的鋼鐵巨頭。維根斯坦在英國曼徹斯特大學就讀航空工程，對於數學及邏輯學深感興趣，之後於劍橋大學向羅素學習。維根斯坦對於分析哲學及語言哲學具有決定性的影響。他曾經成為志願兵，也擔任過小學教師，他的四名兄長中有三人自殺，人生命運多舛。

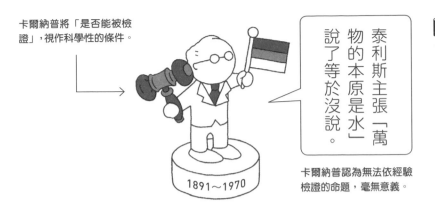

卡爾納普將「是否能被檢證」，視作科學性的條件。

泰利斯主張「萬物的本原是水」說了等於沒說。

卡爾納普認為無法依經驗檢證的命題，毫無意義。

# 卡爾納普

RUDOLF CARNAP

▶ P278

出生於德國，邏輯實證主義代表哲學家之一。於弗萊堡大學、耶拿大學鑽研哲學、數學及物理學。一九二六年到一九三一年擔任維也納大學準教授，加入主張邏輯實證主義的維也納學派。而後為了逃離納粹的迫害，逃亡至美國，在芝加哥大學、加州大學洛杉磯分校任教。

波柏將「可否證性」視作科學條件。例如「只要發現一隻黑色天鵝」就可以推翻「天鵝都是白色的」這個主張。

歷史不該重蹈覆轍。

波柏強烈批判馬克思主義及法西斯主義所提出的歷史法則。

# 波柏

KARL RAIMUND POPPER

▶ P280

出生於奧地利的英國哲學家，在科學哲學、政治哲學的領域，目前仍有極大的影響。他出生於維也納的猶太家庭，於維也納大學取得哲學博士學位，為了逃離納粹的迫害，移民至紐西蘭。戰後遷居英國，在倫敦經濟學院擔任教授。

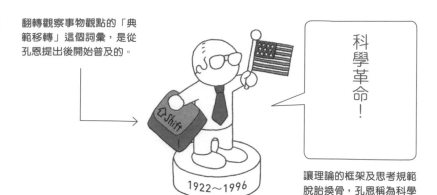

翻轉觀察事物觀點的「典範移轉」這個詞彙，是從孔恩提出後開始普及的。

科學革命！

讓理論的框架及思考規範脫胎換骨，孔恩稱為科學革命。

1922～1996

# 孔恩

Thomas Samuel Kuhn

▶P282

美國俄亥俄州德裔猶太人、土木技師之子。在哈佛大學攻讀物理學，取得博士學位。曾在哈佛大學、加州大學柏克萊分校、普林斯頓大學任教，一九七九年任職麻省理工學院（MIT）科學史、科學哲學教授。孔恩倡導的典範概念，除了科學史領域，也被廣泛運用於其他領域。

軼事：拚命以刀子削鉛筆，竟削過頭，把整支鉛筆都削沒了。

回歸事物本身！

排除先入為主的成見，探究事物出現在意識中之根據的態度。

1859～1938

# 胡塞爾

Edmund Husserl

▶P246～254

德國哲學家，現象學之父。生長於奧地利帝國（現為捷克）的猶太人家庭，就讀維也納大學時，從數學研究轉為哲學。辭去弗萊堡大學職務時，指名海德格接續他任教。納粹政權下，由於他是猶太人而被剝奪教授資格，禁止進入大學校園與發表著作，但他去世後，手稿避過納粹檢查，被學生運送到比利時魯汶大學保存。

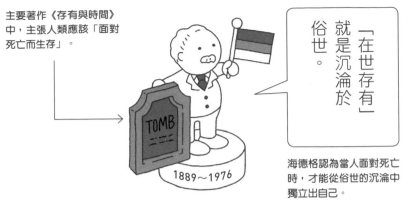

主要著作《存有與時間》中，主張人類應該「面對死亡而生存」。

「在世存有」就是沉淪於俗世。

海德格認為當人面對死亡時，才能從俗世的沉淪中獨立出自己。

# 海德格

MARTIN HEIDEGGER ▶P256〜262

德國哲學家。出生於梅斯基希鎮，為家中的長男，父親是天主教教堂的司事。海德格於弗萊堡大學學習神學與哲學，深受胡塞爾的現象學薰陶，進而研究存在哲學。在馬堡大學時，與他的學生漢娜‧鄂蘭相戀。一九三三年成為弗萊堡大學的校長。由於支持納粹，戰後一度禁止他任教。

由於妻子是猶太人而被納粹要求離婚，但他拒絕，因此被撤去教職。

哲學的根本態度在「愛的戰鬥」當中。

雅斯培從人與人之間的交流中，追求真實存在的哲學意義。

# 雅斯培

KARL JASPERS ▶P264

德國精神科醫師、哲學家，父親是富裕的銀行家。雖然在大學攻讀法律，但不久便轉至醫學部。畢業後，於海德堡精神病學大學醫院任職。一九一四年，成為海德堡大學心理學準教授，而後轉投哲學，一九二一年成為該校哲學教授。納粹政權成立後，雖然被大學開除，但戰後復職成為副校長。

著作《存在與虛無》《存在主義是一種人道主義》

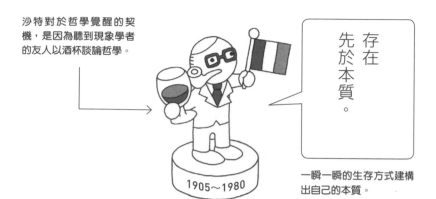

沙特對於哲學覺醒的契機，是因為聽到現象學者的友人以酒杯談論哲學。

存在先於本質。

一瞬一瞬的生存方式建構出自己的本質。

1905〜1980

# 沙特

JEAN-PAUL SARTRE

▶P288〜292

法國哲學家、文學家。在巴黎高等師範學校攻讀哲學。第二次世界大戰期間，被俘至戰俘營但成功逃脫，而後創辦抗德組織「社會主義與自由」。主要著作《存在與虛無》及小說《嘔吐》（一譯《噁心》）在法國掀起存在主義風潮。在日本雖然也曾受到廣大注目，但隨著六〇年代結構主義的抬頭，迅速失去影響力。

著作《行為的結構》《知覺現象學》

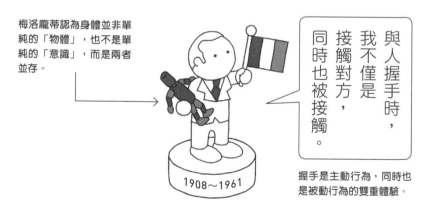

梅洛龐蒂認為身體並非單純的「物體」，也不是單純的「意識」，而是兩者並存。

與人握手時，我不僅是接觸對方，同時也被接觸。

握手是主動行為，同時也是被動行為的雙重體驗。

1908〜1961

# 梅洛龐蒂

MAURICE MERLEAU-PONTY

▶P294〜296

法國哲學家。出生於羅什福爾，就讀高等師範學校時，和沙特、西蒙·波娃、李維史陀等人交流。他曾和沙特共同編輯《現代》雜誌，引領存在主義，後因馬克思主義而決裂。在哲學方面，受到胡塞爾的強烈影響，提出以「身體」為主題的現象學。

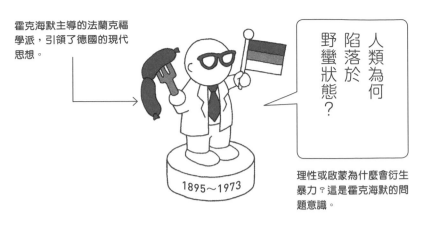
霍克海默主導的法蘭克福學派，引領了德國的現代思想。

人類為何陷落於野蠻狀態？

理性或啟蒙為什麼會衍生暴力？這是霍克海默的問題意識。

1895～1973

# 霍克海默

MAX HORKHEIMER

▶P284

德國猶太裔哲學家、社會學者，法蘭克福學派的創始人之一。出生於德國西南部的斯圖加特郊區。一九三一年，任職法蘭克福大學社會研究所第一任所長，卻因為納粹迫害而遭撤除公職，流亡至美國。戰爭期間，在美國和阿多諾共同執筆《啟蒙辯證法》。戰後回國再次成立研究所。

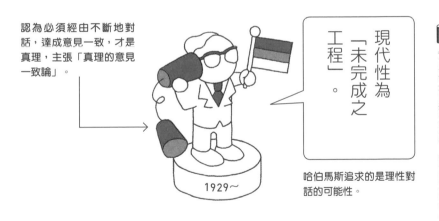

認為必須經由不斷地對話，達成意見一致，才是真理，主張「真理的意見一致論」。

現代性為「未完成之工程」。

著作 《公共領域的結構轉型》《溝通行動理論》

哈伯馬斯追求的是理性對話的可能性。

1929～

# 哈伯馬斯

JÜRGEN HABERMAS

▶P286

德國社會學家及哲學家。出生於杜塞爾多夫，少年時曾參加希特勒青年團。一九五六年進入法蘭克福大學社會研究所，由於激進的思想而受到當時的所長霍克海默排斥，一九五九年離開該研究所。一九六一年開始擔任海德堡大學教授。他同時也是法蘭克福學派第二代的中堅人物，與國外的哲學家積極進行交流。

在《紐約客》雜誌連載執行納粹猶太人滅絕計畫的艾希曼判決紀錄。

平庸的邪惡。

猶太人的虐殺，是因為執行者都是只會服從命令的平庸人類才發生的。

# 漢娜・鄂蘭

HANNAH ARENDT ▶P287

成長於德國東普魯士哥尼斯堡的猶太人家庭，一九二四年就讀馬堡大學時師從海德格，兩人並且發展成戀情，一九三三年由於受到納粹迫害而逃亡至法國。二戰爆發，法國領土被德國占領，不得不再流亡前往美國。戰後於美國的大學擔任教授。一九五一年發表《極權主義的起源》受到全世界矚目。

「面容」是列維納斯最重要的概念，象徵超越理解的他者（P.268）。

我所受的迫害我亦有責。

以對於他者永遠負有責任的人性為基礎之思考邏輯。

# 列維納斯

EMMANUEL LÉVINAS ▶P266～268

法國哲學家。生長於立陶宛（當時仍屬俄羅斯領土）的猶太人家庭，十八歲時至法國研習哲學，後來前往德國的海德堡大學向海德格學習。第二次世界大戰時，成為德軍的俘虜，家人幾乎都在猶太人集中營遭到虐殺。戰後曾任法國的大學教授，持續研究猶太教經典《塔木德》。

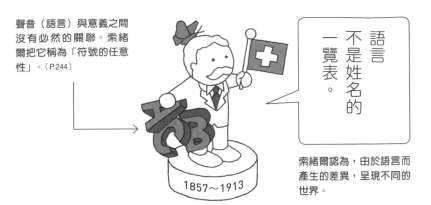

聲音（語言）與意義之間
沒有必然的關聯。索緒
爾把它稱為「符號的任意
性」。（P.244）

語言
不是姓名的
一覽表。

索緒爾認為，由於語言而
產生的差異，呈現不同的
世界。

1857〜1913

# 索緒爾

FERDINAND DE SAUSSURE　　　　　▶P242〜244

瑞士語言學家，被稱為「近代語言學之父」。日內瓦名門出身，從小即展現神童
的天分，於十多歲時發表語言學的論文備受矚目，順利成為語言學家，累積這個
領域的資歷，但後半輩子相當沉寂。他的學生在他死後出版《普通語言學教程》，
不僅對語言學，也對後來的結構主義產生極大的影響。

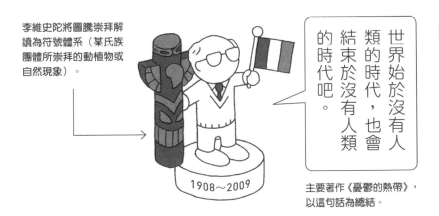

李維史陀將圖騰崇拜解
讀為符號體系（某氏族
團體所崇拜的動植物或
自然現象）。

世界始於沒有人
類的時代，也會
結束於沒有人類
的時代吧。

主要著作《憂鬱的熱帶》，
以這句話為總結。

1908〜2009

# 李維史陀

CLAUDE LÉVI-STRAUSS　　　　　▶P298〜300

法國文化人類學家，結構主義的核心人物。出生於比利時的布魯塞爾，大學時專
攻法學及哲學，曾擔任巴西聖保羅大學社會學教授，進行亞馬遜流域的田野考察。
一九六〇年代，一掃先前思想界以英雄沙特為代表的存在主義，開闢出結構主義
時代。

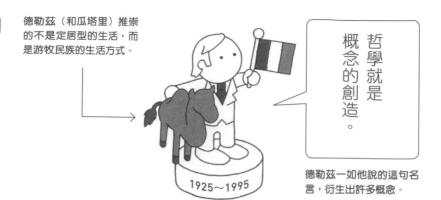

德勒茲（和瓜塔里）推崇的不是定居型的生活，而是游牧民族的生活方式。

哲學就是概念的創造。

1925～1995

德勒茲一如他說的這句名言，衍生出許多概念。

# 德勒茲

GILLES DELEUZE　　　　　▶P324～328

法國的哲學家。出生於巴黎，就讀索邦大學哲學系。一九四八年，通過哲學的教授資格考試，擔任高等中學的教師，一九六九年任職巴黎第八大學教授。對休謨、斯賓諾莎、柏格森、尼采等人的研究有獨特解讀，建構「差異的哲學」，對日本的思想界也有很大的影響。一九九五年，於巴黎的寓所自殺。

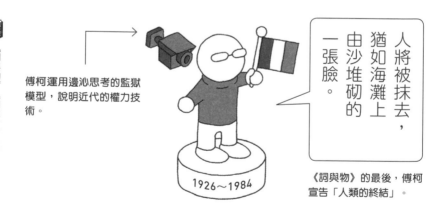

傅柯運用邊沁思考的監獄模型，說明近代的權力技術。

人將被抹去，猶如海灘上由沙堆砌的一張臉。

1926～1984

《詞與物》的最後，傅柯宣告「人類的終結」。

# 傅柯

MICHEL FOUCAULT　　　　▶P312～316

法國哲學家。出生於法國普瓦捷市，少年時期，親眼目睹德軍占領巴黎，聯軍解放巴黎。戰後，進入有名的高等師範學校，因身為同性戀者的煩惱，於一九四八年自殺未遂。一九六六年出版的《詞與物》成為暢銷書，一躍成為結構主義的先驅者而受到矚目。一九八四年死於愛滋病。

德希達以「解構主義」，顛覆了西歐哲學。

民主主義終將到來。

象徵著晚年德希達的一句話，指必須以民主主義為目標。

1930～2004

# 德希達

JACQUES DERRIDA　　　　　▶P318～322

法國哲學家。生長於法國統治下阿爾及利亞的一個猶太大家庭。進入巴黎高等師範學院攻讀哲學，並於該校擔任哲學教授，以及社會科學高等研究院教授。一九六七年出版三冊著作，在法國現代思想界盛大登場。八〇年代以後多處理政治及法律的議題，顯現出德希達政治性的一面。

---

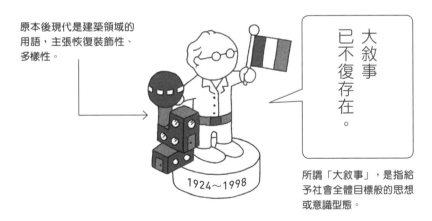

原本後現代是建築領域的用語，主張恢復裝飾性、多樣性。

大敘事已不復存在。

所謂「大敘事」，是指給予社會全體目標般的思想或意識型態。

1924～1998

# 李歐塔

JEAN-FRANCOIS LYOTARD　　　　　▶P307

法國哲學家。出生於凡爾賽，於索邦大學攻讀哲學。一九五〇年代成為激進的馬克思主義者，但從六〇年代後期開始遠離政治活動。而後在巴黎第八大學執教，成為國際哲學院的院長。後現代主義一詞之所以膾炙人口，李歐塔的著作《後現代狀況》有很大的影響。

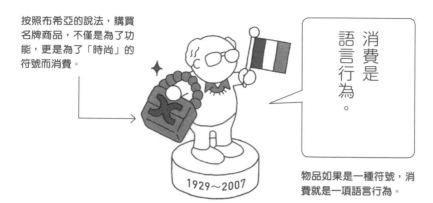

按照布希亞的說法，購買名牌商品，不僅是為了功能，更是為了「時尚」的符號而消費。

消費是語言行為。

物品如果是一種符號，消費就是一項語言行為。

# 布希亞
JEAN BAUDRILLARD　　　▶P308～310

法國社會學家、文藝評論家。就讀於索邦大學，後擔任巴黎大學南泰爾學校的教授。他提出獨創的消費社會論，在經濟學、設計論、文藝評論等各個領域中都能一展長才。在日本泡沫巔峰時期，成為解讀消費社會的思想家而受到注目。電影《駭客任務》的概念就是來自他提出的擬像論點。

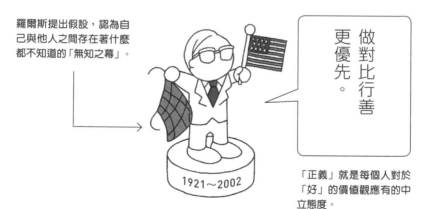

羅爾斯提出假設，認為自己與他人之間存在著什麼都不知道的「無知之幕」。

做對比行善更優先。

「正義」就是每個人對於「好」的價值觀應有的中立態度。

# 羅爾斯
JOHN BORDLEY RAWLS　　　▶P302

美國政治哲學家。出生於馬里蘭州，普林斯頓大學畢業後，加入陸軍，曾轉戰紐幾內亞、菲律賓，並以占領軍的一員而到日本。戰後取得普林斯頓大學博士學位，一九五三年成為康乃爾大學副教授，並曾擔任哈佛大學教授。一九七一年發表《正義論》產生極大迴響，被翻譯成世界各國多種文字出版。

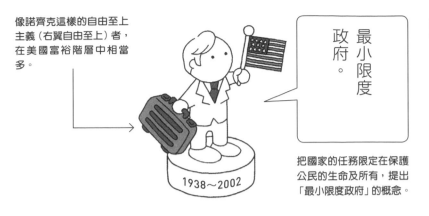

像諾齊克這樣的自由至上主義（右翼自由至上）者，在美國富裕階層中相當多。

最小限度政府。

把國家的任務限定在保護公民的生命及所有，提出「最小限度政府」的概念。

1938～2002

# 諾齊克

ROBERT NOZICK ▶P304

美國哲學家。出生於紐約布魯克林區，父親是來自俄羅斯的猶太人移民。於哥倫比亞大學取得學士學位，透過傅爾布萊特計畫取得博士學位。一九六九年開始擔任哈佛大學哲學教授。第一本著作《無政府、國家與烏托邦》，以自由至上主義的觀點批判羅爾斯而受到矚目，在分析哲學方面的論文及著作也非常多。

239

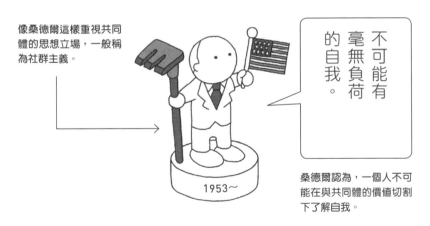

像桑德爾這樣重視共同體的思想立場，一般稱為社群主義。

不可能有毫無負荷的自我。

桑德爾認為，一個人不可能在與共同體的價值切割下了解自我。

1953～

# 桑德爾

MICHAEL J. SANDEL ▶P305

美國政治哲學家。出生於明尼蘇達州明尼亞波利斯，從布蘭迪斯大學畢業後，取得牛津大學博士學位。一九八〇年起擔任哈佛大學教授。桑德爾是授課名師，他在哈佛大學的課程「正義（Justice）」，超過一萬四千人選修。在日本也曾播放《哈佛的正義講堂》，一時蔚為話題。

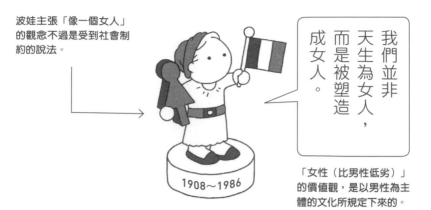

波娃主張「像一個女人」的觀念不過是受到社會制約的說法。

我們並非天生為女人，而是被塑造成女人。

「女性（比男性低劣）」的價值觀，是以男性為主體的文化所規定下來的。

1908～1986

# 西蒙‧波娃

SIMONE DE BEAUVOIR

▶ P330

法國文學家、哲學家。巴黎的上流階層出身，於索邦大學攻讀哲學。畢業後於女子高等中學執教，而後致力於寫作。一九七○年以後，積極參加法國的女性解放運動，有很大的貢獻。她除了是沙特的靈魂伴侶，也和沙特在反戰、擁護人權方面展開積極的言論活動。

性別區隔若因社會性而形成，也可能會因採行性別規範而擾亂性別區隔。

生理性別永遠都有社會性別問題。

巴特勒認為「生物學的性別（生理性別）」也是社會形成的。

1956～

# 巴特勒

JUDITH P. BUTLER

▶ P331

美國哲學家，性別研究者。出生於俄亥俄州克里夫蘭，專攻黑格爾研究，於耶魯大學取得博士學位，目前為加州大學柏克萊分校教授。博士論文為《黑格爾哲學與二十世紀法國思想的關係》。她主動公開自己是女同性戀，展開後結構主義的女權運動。

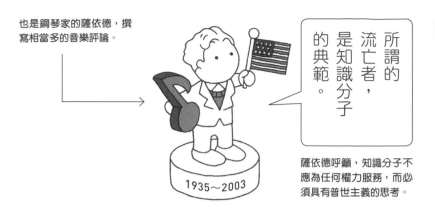

也是鋼琴家的薩依德，撰寫相當多的音樂評論。

所謂的流亡者，是知識分子的典範。

薩依德呼籲，知識分子不應為任何權力服務，而必須具有普世主義的思考。

# 薩依德

Edward Wadie Said

▶P332

美國巴勒斯坦裔文學研究者、文學批評家。出生於英國託管巴勒斯坦的耶路撒冷，在普林斯頓大學取得學士學位，哈佛大學取得博士學位，而後於哥倫比亞大學教授比較文學。十四年期間一直是巴勒斯坦國民議會的成員，也是在美國持續為巴勒斯坦喉舌的批評家。

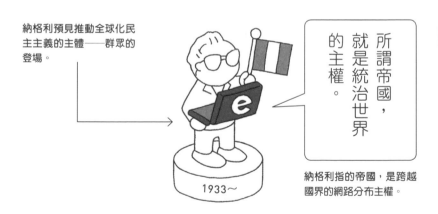

納格利預見推動全球化民主主義的主體——群眾的登場。

所謂帝國，就是統治世界的主權。

納格利指的帝國，是跨越國界的網路分布主權。

# 納格利

Antonio Negri

▶P334～336

義大利社會學者、政治哲學家、活動家。出生於威尼托州，擁有德國耶拿大學的博士學位。原本擔任帕多瓦大學教授，七〇年代末期，由於身為勞工自治運動的理論指導者，涉入恐怖事件遭不當逮捕而入罪。流亡至法國後，於一九九七年回國，主動入獄服刑。二〇〇三年，恢復自由身，積極持續寫作。

▶235

# 語言｜言語
## Langue | Parole

文　獻 ------------------------------ 索緒爾《普通語言學教程》
備　註 ------------------------------ 「langue」譯為「語言」；
　　　　　　　　　　　　　　　　　　　「parole」譯為「言語」

索緒爾

**索緒爾**把**語言現象**分為「**語言（langue）**」和「**言語（parole）**」兩個層面來思考。所謂「**語言**」，指的是某種語言的規則或文法；「**言語**」則是指個別的說話行為。而「**語言**」和「**言語**」合併的言語活動稱為「**言語活動（langage）**」。**索緒爾**的語言學將重點放在分析「**語言**」。

**「語言現象」的三個層面**

242

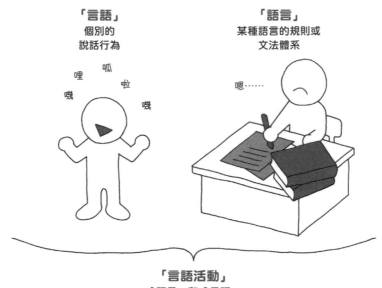

「**言語**」
個別的
說話行為

「**語言**」
某種語言的規則或
文法體系

「**言語活動**」
「語言」和「言語」
合併的整體語言現象

「言語活動」
就是「語言」
加上「言語」。

文　獻 ------------------------------- 索緒爾《普通語言學教程》
備　註 ------「signifier」譯為「意符」；「signified」譯為「意指」

**索緒爾**把文字的字形和讀音稱為**「意符」**，由文字產生的形象稱為**「意指」**，兩者合併稱為**「符號（sign）」**。藉由這樣的重新定義，過去所思考的世界將截然不同，你能看見另一個世界（符號的任意性 P.244）。

**索緒爾把詞彙視為一種符號。**

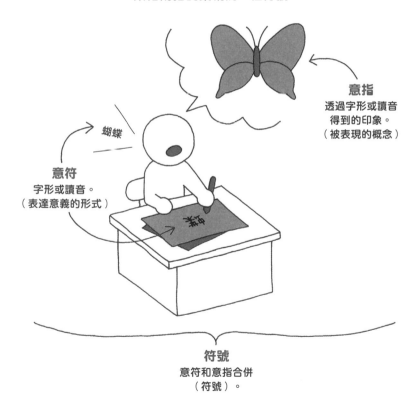

**意指**
透過字形或讀音
得到的印象。
（被表現的概念）

243

蝴蝶

**意符**
字形或讀音。
（表達意義的形式）

**符號**
意符和意指合併
（符號）。

藉由這樣的重新定義，過去所思考的世界將截然不同，
你能看見另一個世界。
↓
**參考符號的任意性**（P.244）

索緒爾

# 符號的任意性
## Arbitrariness（任意性）

語　義 ············· 事物和詞彙（聲音）之間沒有直接必然的關係
文　獻 ······························ 索緒爾《普通語言學教程》
備　註 ············· 以索緒爾的方式來說明，「意符」和「意指」
　　　　　　　　沒有必然的關係，而是任意決定的

法國人用「papillon」來稱呼蝴蝶和蛾。換句話說，對法國人而言，並不存在「蝴蝶」或「蛾」這樣的詞彙。所以我們可以了解，世上所存在的「蝴蝶」，並不是全都命名為「蝴蝶」。這就是事物和詞彙（聲音）之間沒有必然的關聯性，稱為**符號的任意性**。

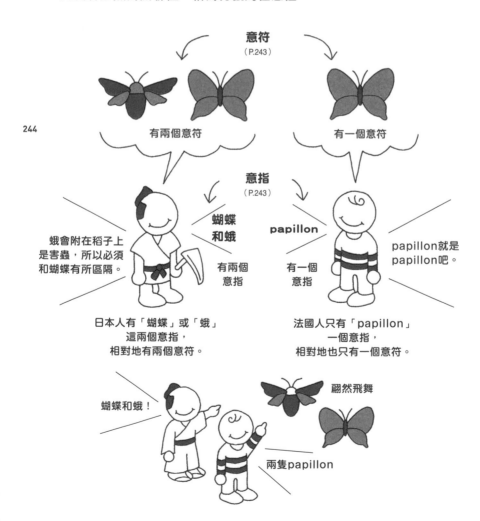

其他例子：

能看到彩虹的
七種顏色

日本人

**彩虹有七色**

**彩虹有五色**

能看到彩虹
的五種顏色

德國人

我覺得
戀的分量
比愛輕一點。

日本人

**愛和戀**

**love**

無償的愛或
戀愛都是
love吧。

美國人

管牠野生
還是飼養的，
兔子就是兔子。

日本人

**兔子**

**Rabbit和
Hare**

是不是
飼養的
很重要。

英國人

並不是先存在一個一個要素，然後為這些要素一一命名。我們以言語
區分世界，然後形成一個一個要素。我們在這個語言世界範圍內思
考。語言不僅是傳達思考的手段，也是決定思考的因素。

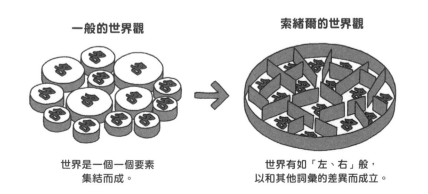

**一般的世界觀**

**索緒爾的世界觀**

世界是一個一個要素
集結而成。

世界有如「左、右」般，
以和其他詞彙的差異而成立。

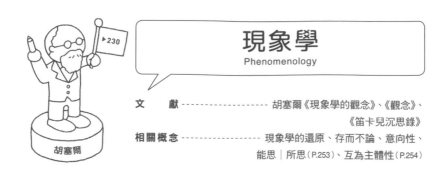

# 現象學
Phenomenology

| 文　獻 | 胡塞爾《現象學的觀念》、《觀念》、《笛卡兒沉思錄》 |
| --- | --- |
| 相關概念 | 現象學的還原、存而不論、意向性、能思｜所思 (P.253)、互為主體性 (P.254) |

胡塞爾

由於蘋果就在眼前，所以通常我們不會懷疑蘋果的存在。但是**胡塞爾**仔細一想，認為這種情況下能夠確定的只是我們看到蘋果（自己的意識中出現蘋果）。

246

看到蘋果，所以認為蘋果是存在的。

但真相是……
蘋果在自己的意識中出現而已。

意識

我

當我們看著這個蘋果（覺知著），我們只能確信蘋果存在於我們的意識中，但我們卻認為蘋果同時存在於我們的主觀意識之外。

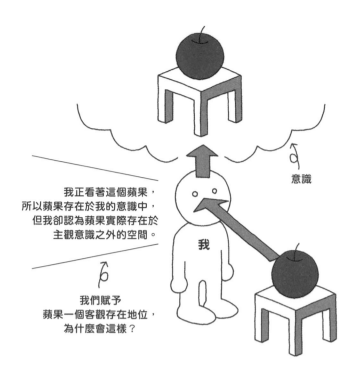

我正看著這個蘋果，
所以蘋果存在於我的意識中，
但我卻認為蘋果實際存在於
主觀意識之外的空間。

意識

我

我們賦予
蘋果一個客觀存在地位，
為什麼會這樣？

不僅是蘋果，其他人、自己的身體或過去的回憶，都是自己的意識，
照理說除了意識之外什麼也沒有。世界只存在於自己的主觀之中，除
了主觀什麼都沒有。但我們卻理所當然的相信世界**存在**於自身以外。
我們不會從懸崖上往下跳就是這個緣故。

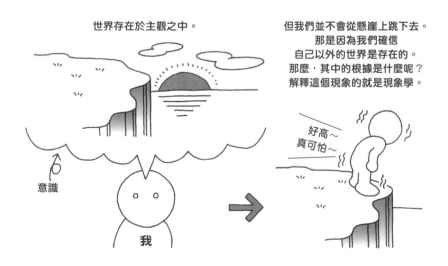

世界存在於主觀之中。

但我們並不會從懸崖上跳下去。
那是因為我們確信
自己以外的世界是存在的。
那麼，其中的根據是什麼呢？
解釋這個現象的就是現象學。

意識

我

好高～
真可怕～

我們為什麼**確信**世界真的存在？這樣的確信從何而生？解開這個謎題
的就是**現象學**。

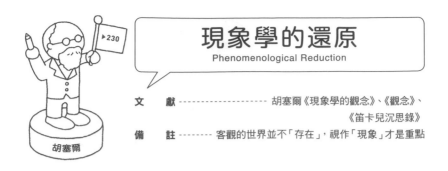

▶230

# 現象學的還原
Phenomenological Reduction

文　　獻 ------------------- 胡塞爾《現象學的觀念》、《觀念》、
　　　　　　　　　　　　　　《笛卡兒沉思錄》

備　　註 ------- 客觀的世界並不「存在」，視作「現象」才是重點

「或許這個世上的一切只是一場夢。世界真的存在嗎？」換句話說，我們不可能證明「你所看到的一切就如同你所見的樣子存在」。這是因為，我們無法脫離自己的**主觀**，同時觀察自己和世界，來確認所見和世界是否一致。

248

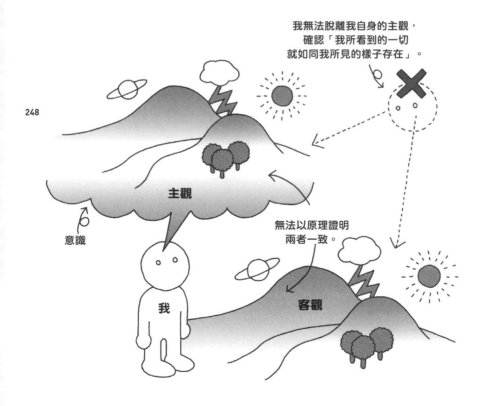

**胡塞爾**認為，既然**主觀**的自我和**客觀**的世界無法證明是一致的，探究我們**確信**（確信世界真的存在）之事的根據就非常重要，而探究的過程就是**現象學的還原**。

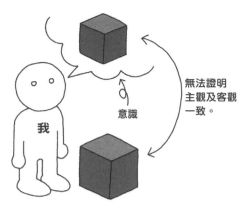

無法證明
主觀及客觀
一致。

意識

我

「世界真的存在嗎？」也就是說，
無法以原理證明「所看到的一切就如同所見的樣子存在」。

既然如此，重要的就是……

確實探究為什麼
我們確信「所看到的一切就如同所見的樣子存在」。

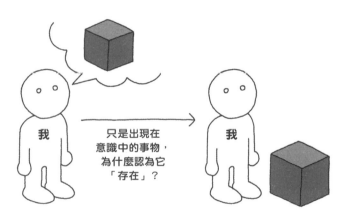

我

只是出現在
意識中的事物，
為什麼認為它
「存在」？

我

眼前的蘋果的**存在**，或許只是主觀的認定。**胡塞爾**認為以「**存而不論**」（P.250）的方法進行**現象學的還原**，來探究主觀認定的根據。

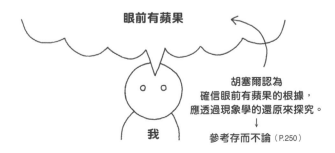

眼前有蘋果

胡塞爾認為
確信眼前有蘋果的根據，
應透過現象學的還原來探究。
↓
參考存而不論（P.250）

我

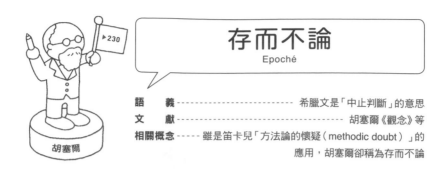

# 存而不論
Epoché

| 語　　義 | 希臘文是「中止判斷」的意思 |
|---|---|
| 文　　獻 | 胡塞爾《觀念》等 |
| 相關概念 | 雖是笛卡兒「方法論的懷疑（methodic doubt）」的應用，胡塞爾卻稱為存而不論 |

**胡塞爾**為了進行**現象學的還原**（P.248）而提出的方法。**存而不論（懸置）**就是把那些你**確信**理所當然存在的事物放入括弧中，抱持懷疑的態度。因為眼前看得到蘋果，所以我們就確信蘋果是存在的。如果要探究為什麼我們確信，應當先徹底質疑（**存而不論**）蘋果的存在。

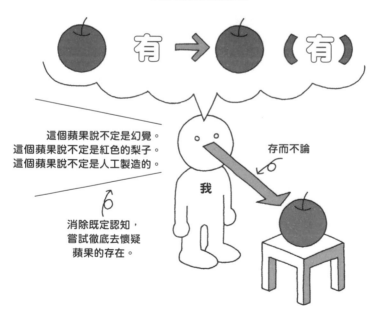

**存而不論**
將「有」這個詞彙先放入括弧中，
試著去質疑它的存在。

有 → （有）

這個蘋果說不定是幻覺。
這個蘋果說不定是紅色的梨子。
這個蘋果說不定是人工製造的。

我

存而不論

消除既定認知，
嘗試徹底去懷疑
蘋果的存在。

這麼一來，或許眼前的蘋果只是幻覺，但是「紅色」、「圓圓的」、「很香」這些**感官產生的感覺**（**感知直觀**），以及「看起來很好吃」、「好像很硬」等有關蘋果的**知識所產生的感覺**（**本質直觀**）存在你的意識中，所以你確信那是真的。即使懷疑蘋果的存在，卻不會懷疑這些感覺本身。應該不會有人認為「雖然我覺得是紅色，但實際上或許是白色」。

出現在意識中的「紅色」、「圓圓的」、「好聞的香氣」等感覺只是蘋果的一部分，並不是蘋果的整體，但我們卻憑這些直覺對蘋果的存在確信不疑。

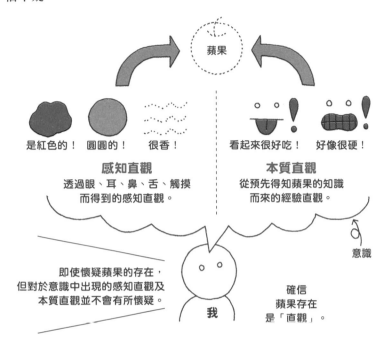

是紅色的！　圓圓的！　很香！　看起來很好吃！　好像很硬！

**感知直觀**
透過眼、耳、鼻、舌、觸摸
而得到的感知直觀。

**本質直觀**
從預先得知蘋果的知識
而來的經驗直觀。

意識

即使懷疑蘋果的存在，
但對於意識中出現的感知直觀及
本質直觀並不會有所懷疑。

確信
蘋果存在
是「直觀」。

**我**

對蘋果採取存而不論的做法，就是探究確信的根據。換作不是蘋果，而是面對「道德」或「法律」時，也是相同的。**胡塞爾**認為以存而不論回歸根本來重新捕捉事物是非常重要的。

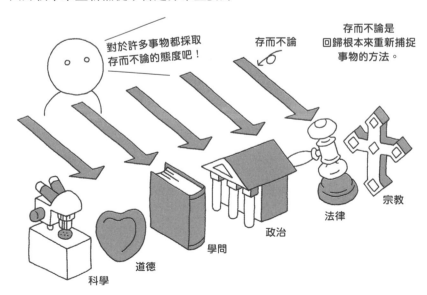

對於許多事物都採取
存而不論的態度吧！

存而不論

存而不論是
回歸根本來重新捕捉
事物的方法。

科學　道德　學問　政治　法律　宗教

▶230

# 意向性
## Intentionality

文　　獻 ------------ 胡塞爾《邏輯研究》、《笛卡兒沉思錄》等
相關概念 ------------ 現象學的還原（P.248）、能思｜所思（P.253）
備　　註 ------------ 胡塞爾從哲學家恩師布倫塔諾承襲了
　　　　　　　　　　　　　「意向性」的想法

胡塞爾

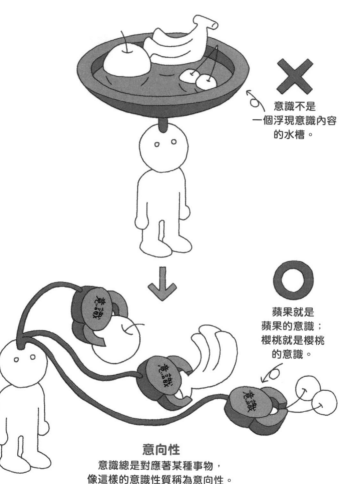

意識不是
一個浮現意識內容
的水槽。

蘋果就是
蘋果的意識；
櫻桃就是櫻桃
的意識。

### 意向性
意識總是對應著某種事物，
像這樣的意識性質稱為意向性。

252

**胡塞爾**說意識並不像一個漂浮著許多意識內容的水槽。舉例來說，針對蘋果有蘋果的意識；針對香蕉有香蕉的意識，對於種種事物都有個別相應的意識，像這樣的意識性質，**胡塞爾**稱為**意向性**。

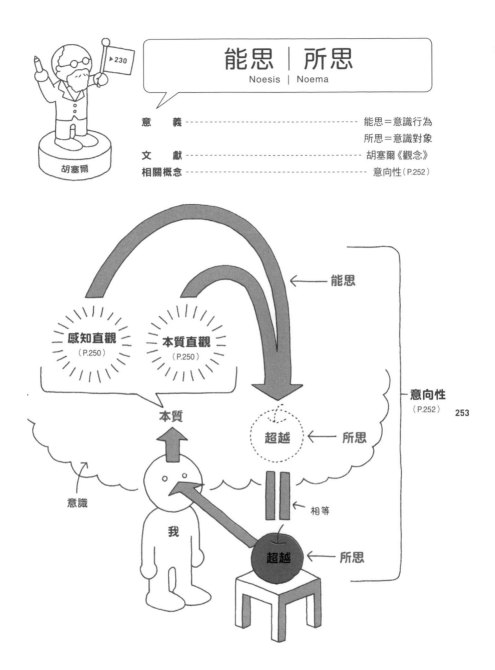

# 能思 ｜ 所思
Noesis ｜ Noema

意　　義 ---------------------------------- 能思＝意識行為
　　　　　　　　　　　　　　　　　　　　所思＝意識對象
文　　獻 ---------------------------------- 胡塞爾《觀念》
相關概念 ---------------------------------- 意向性（P.252）

▶230

胡塞爾

能思

感知直觀
（P.250）

本質直觀
（P.250）

本質

超越 ← 所思

意向性
（P.252）

253

意識

我

相等

超越 ← 所思

**意向性**（P.252）中有**能思**及**所思**兩個面向，以**感知直觀**（P.250）和**本質直觀**（P.250）（兩者合稱為**本質**）為基礎，以蘋果等對象形成意識的行為稱為**能思**，被形成意識的對象（蘋果）稱為**所思**。另外，**本質**雖然具有無法質疑的性質，但由**本質**構成的蘋果等對象，則經常保留被質疑的空間（存而不論 P.250）。**胡塞爾**把這樣的對象性質稱為**超越**。

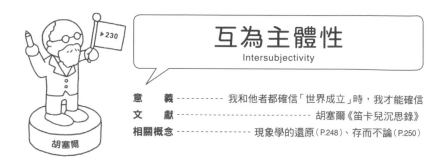

# 互為主體性
## Intersubjectivity

意　　義 ---------- 我和他者都確信「世界成立」時，我才能確信
文　　獻 ---------------------------- 胡塞爾《笛卡兒沉思錄》
相關概念 --------------- 現象學的還原（P.248）、存而不論（P.250）

我們不可能找到世界**存在**於主觀之外的保證，然而我們卻**確信**世界的存在。這是為什麼呢？我們不妨看看**胡塞爾**思考的，過去我們確信世界存在的路徑。

### 直到客觀世界形成　之一

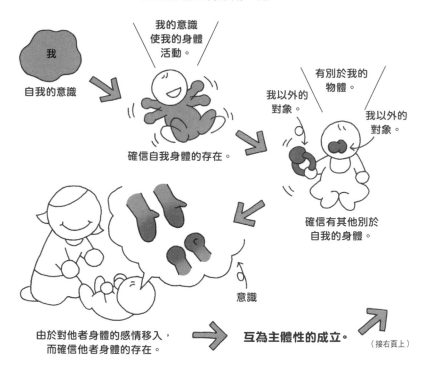

我

自我的意識

我的意識使我的身體活動。

確信自我身體的存在。

我以外的對象。

有別於我的物體。

我以外的對象。

確信有其他別於自我的身體。

意識

由於對他者身體的感情移入，而確信他者身體的存在。

**互為主體性的成立。**

（接右頁上）

首先有**自我意識**，其次是藉由自我意識能夠活動**身體**，因此確信「我的身體」的存在；其次是獲得非自我身體的感覺，這種情況下的**對象**不是客觀世界，而是外在刺激的事物，更進一步清楚明白「有別於自我、擁有類似身體的他人」產生感情移入，因而確信**他我**（不是自我）的存在。

胡塞爾把確信這個他我的狀況，稱作**互為主體性**的成立。**互為主體性**就是對自我而言的世界，與對他我而言的世界，確信兩者是相同的事物，因而產生**客觀的世界**。

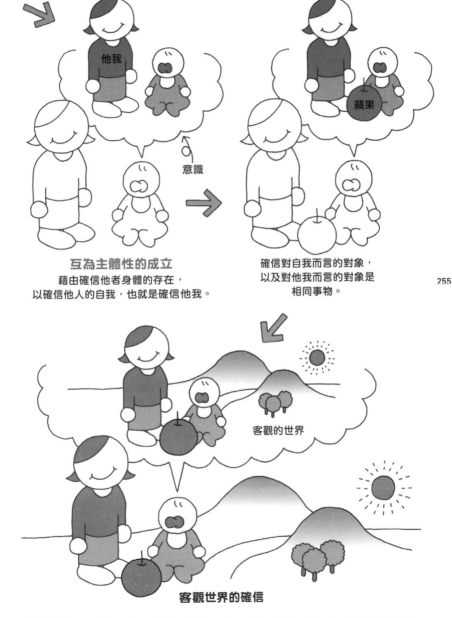

接續上頁

**直到客觀世界形成　之二**

他我

意識

蘋果

**互為主體性的成立**
藉由確信他者身體的存在，
以確信他人的自我，也就是確信他我。

確信對自我而言的對象，
以及對他我而言的對象是
相同事物。

255

客觀的世界

**客觀世界的確信**

**客觀世界**的確信，對於確信的人而言，和存在是相同的。**胡塞爾**認為**互為主體性**正是為世界的存在建立基礎。

# 本體論
## Ontology

意　義 ------------ 探求存在是怎麼一回事，是哲學的一個領域
備　註 ------------ 亞里斯多德把探求存在根本原理的學問
　　　　　　　　　稱為「第一哲學」，置於追求學問的最高位置

TOMB

海德格

海德格主張世界分為**存在者**（seiende）與**存在**（sein）。而哲學原本的目的不是思考**存在者**，而應該思考**存在**。

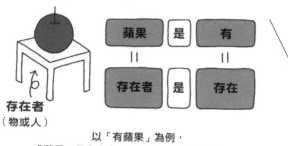

**存在者**
（物或人）

| 蘋果 | 是 | 有 |
|---|---|---|
| ‖ | | ‖ |
| 存在者 | 是 | 存在 |

應當從存在者
轉而思考存在
是怎麼一回事。

以「有蘋果」為例，
「蘋果」是存在者，而「有」則是「存在」，
存在者不僅包括物也包括人。

256

不是思考個別事物的性質，而是思考物體**存在**是怎麼一回事的學問稱為**本體論**。**本體論**是由古希臘**巴門尼德斯**（P.019）提出，因**知識論**（P.133）成為主流而衰微。海德格則宣告了**本體論**的復興。

## 本體論從古代就成為研究課題的例子

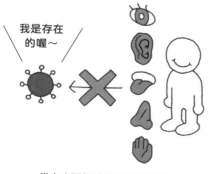

我是存在
的喔～

當有人類無法觀測的物質時，
還能說它「存在」嗎？

□ 是存在的。

□可以代入「無」
這個詞彙嗎？YES或NO？

「不存在的狀態是存在的」，
也可說「『無』是存在的」。

海德格

▶231

# 將來｜曾在
## Zukunft｜Gewesenheit

| | |
|---|---|
| 文　　獻 | 海德格《存有與時間》 |
| 相關概念 | 被拋狀態（P.261）、向死存有（P.262） |
| 備　　註 | 以存在的時間概念來說明「將來」、「當下」、「曾在」 |

**海德格**把未來稱為**將來**（zukunft），過去稱為**曾在**（gewesenheit）來解釋**時間**。所謂的將來，就是指向應有的自我可能性；所謂曾在，則是截至目前為止自己承接的一切。對他而言，時間並不是和我們自身毫無關係似的在外圍流動。

**一般的時間觀點**

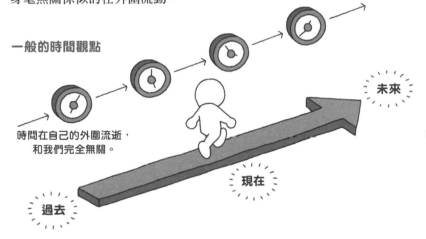

時間在自己的外圍流逝，
和我們完全無關。

未來

現在

過去

257

**海德格的時間觀點**

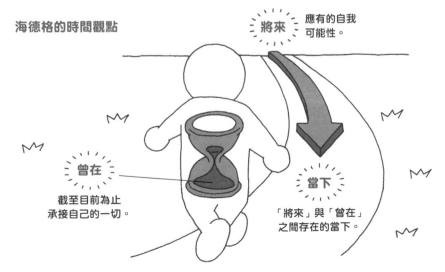

將來　應有的自我可能性。

曾在

截至目前為止
承接自己的一切。

當下

「將來」與「曾在」
之間存在的當下。

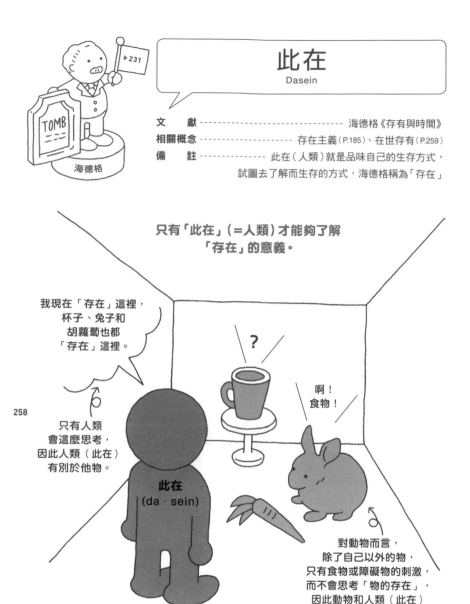

# 此在
Dasein

文　獻 -------------------------------- 海德格《存有與時間》
相關概念 -------------------------- 存在主義(P.185)、在世存有(P.259)
備　註 -------------------------- 此在（人類）就是品味自己的生存方式，
試圖去了解而生存的方式，海德格稱為「存在」

只有「此在」(＝人類)才能夠了解
「存在」的意義。

我現在「存在」這裡，
杯子、兔子和
胡蘿蔔也都
「存在」這裡。

?

啊！
食物！

只有人類
會這麼思考，
因此人類（此在）
有別於他物。

此在
(da · sein)

對動物而言，
除了自己以外的物，
只有食物或障礙物的刺激，
而不會思考「物的存在」，
因此動物和人類（此在）
有所區別。

258

人和物體或動物之間的差異是什麼？人、物體及動物都是**存在者**
（**seiende**），但只有人類懂得思考自己及物體「是存在的」。相對於
只是單純存在的物體，**海德格**把能夠理解「存在」概念的人類稱為「**此
在**」（**da · sein**）。（德文中的「da」意思如同英文中 There is 的 There。
「sein」的意思則是「存在」，能夠意識到 There 的存在，這樣的人就
稱為「此在」）。

海德格

# 在世存有
Being-in-the-world

文　獻 -------------------------------- 海德格《存有與時間》
相關概念 -------------------------------- 此在（P.258）
備　註 ------------「在世存有」以此在（＝人）的條件來思考，
較容易理解

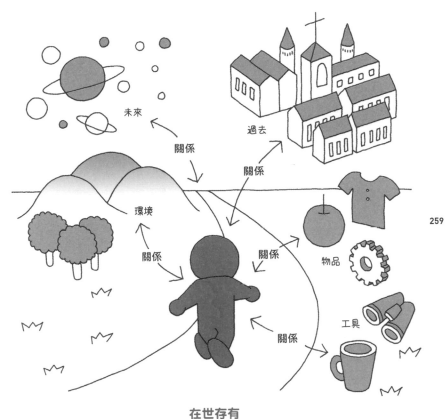

**在世存有**
人從懂事時起，
就不斷地理解世界（工具、環境、時間等）、
與世界產生關聯而生存著。
海德格把像這樣的存在方式稱為「在世存有」。

依**海德格**的說明，探求「存在」究竟是什麼概念，是人類獨具的能力
（此在 P.258）。世界就是在**「此在」**的概念下成立的。只有人類才會去
詮釋世界的定義，而且人類總是一邊詮釋世界一邊活下去。像這樣的
人，其存在方式就稱為**「在世存有」**。

▶231

# 世人
### Das Man，一譯「人們」

文　獻 ------------------------------------ 海德格《存有與時間》
備　註 ------ 海格德把埋頭於日常事務的生存方式稱為「沉淪」，
而採取這個生存方式的人稱為「世人（Das Man）」

此在分為
本真與非本真。

**此在**
（P.258）

**非本真**
世人被日常生活中發生的事
奪走注意力，而沉淪於世俗。
人們都說同樣的意見，採取同樣的行動，
成為一個「誰都不是的人」。

260

**本真**
覺察死亡總有一天會來到，
決定在那一天來到以前，
活得像自己的人。

我的意見
是這樣 / 我的意見
是這樣 / 我的意見
是這樣 / 我的意見
是這樣

世人　世人　世人
世人　世人　世人　世人

死亡

到死之前，
都要全力以赴
活下去！

存在

我的意見
是這樣

世人

不論是哪一方，
大家的意見都相同，
因此彼此能夠互換。

朝自己
應走的道路
前進。

**海德格**把**此在**（P.258）分為**本真**與非本真。然後又把採取非本真而生活的人稱為**世人**（**Das Man**）。所謂**世人**就是會受其他人的意見影響，採取和他人同樣行動的人，也就是沉淪於俗世的人。

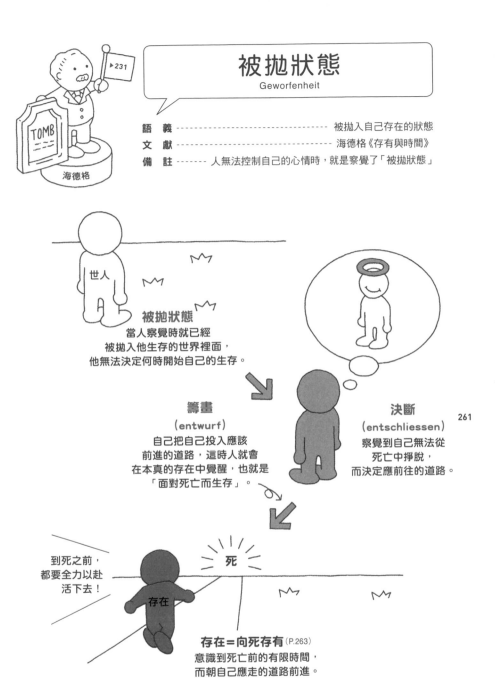

# 被拋狀態
## Geworfenheit

語　義 -------------------------------- 被拋入自己存在的狀態
文　獻 -------------------------------- 海德格《存有與時間》
備　註 ------- 人無法控制自己的心情時，就是察覺了「被拋狀態」

世人

**被拋狀態**
當人察覺時就已經
被拋入他生存的世界裡面，
他無法決定何時開始自己的生存。

**籌畫**
（entwurf）
自己把自己投入應該
前進的道路，這時人就會
在本真的存在中覺醒，也就是
「面對死亡而生存」。

**決斷**
（entschliessen）
察覺到自己無法從
死亡中掙脫，
而決定應前往的道路。

261

到死之前，
都要全力以赴
活下去！

死

存在

**存在＝向死存有**（P.263）
意識到死亡前的有限時間，
而朝自己應走的道路前進。

人從懂事時就已經生存了，根本無法自主決定何時開始**生存**。**海德格**
把這種人類的共同狀態稱為**被拋狀態**。不久，人類將自覺總有一天會
死亡，因而決定在死亡前的有限時間內，往自己的道路前進（**決斷**）。
依據此決斷，將自己投入自我覺醒的可能性，海德格稱為**籌畫**。

▶231

# 向死存有
Sein zum Tode

海德格

文　獻 ---------------------------------- 海德格《存有與時間》
備　註 ---------------------------------- 海德格揭示「死」的特徵：
不可交換性、確實性、無規定性（無法知道何時來臨）、
與他者無涉（與他人無關）、不可逾越

人類不可能逃避得了死亡。同時，也只有人類知道死亡會來臨。雖然死亡只會帶來恐懼，但通常我們都會被日常事物分散注意力，因而背對死亡的不安而活著。

262

時間要多少
就有多少。

時間對
個人而言明明就
是有限的……

背對著死亡
的人們。

大家盡情
享樂吧！

**海德格**説當人類認真面對自己的死亡時，就會確認自己的使命，決心朝著使命前進。

我有一天會死亡，
在死亡之前
為自己的使命而努力吧！
沒有時間與他人玩樂！

ZZZZ…

貓不會思考
自己何時死亡，
所以沒有浪費生命
的念頭。

在這個階段，人類覺察**存在**（P.185）的本質。對**海德格**而言，**存在**就是覺察自己所剩時間的有限性，即向**死存有**。

到死之前，都要全力以赴活下去！

死

存在

**存在＝向死存有**
意識到死亡前的有限時間，
而朝自己應走的道路前進。

**海德格**總是隨時把自己的死亡置於腦海，他認為從現在直到死亡時的自己是一個**全體**。這樣的思維很可能連自己存在的本身都視作全體的一部分。**海德格**有一段時期加入納粹黨（一年後退黨），他思考或許也有一部分的自我和納粹的**極權主義**（P.287）相通。

我

死

**海德格思考的全體**

**加入納粹黨的原因？**
海德格先推測自己的死亡，
思考從現在的自己到死亡為止
是自己存在的「全體」。
海德格所說的「全體」，
和納粹的極權主義（P.287）
究竟有多少連結，
在哲學家之間也引發激烈的論戰。

**納粹的極權主義**

雅斯培

▶231

# 界限處境
## Limit situation

文　　獻 ------------------------------ 雅斯培《哲學入門》

相關概念 ------------------------------ 存在主義（P.185）

備　　註 ------------- 接觸所謂涵攝者的神以後，覺察存在。
雅斯培的哲學，一般認為是有神論的哲學

人類並不像物體般只是單純的**存有**，而是以**存在**（P.185）而活著。雅斯培認為人類實際存在（活得像自己）的瞬間，就是**界限處境**發生的時候。所謂**界限處境**指的是**死亡**、**罪惡**、**戰爭**、**意外**等，科學無法解釋、技術難以解決的人生障礙。

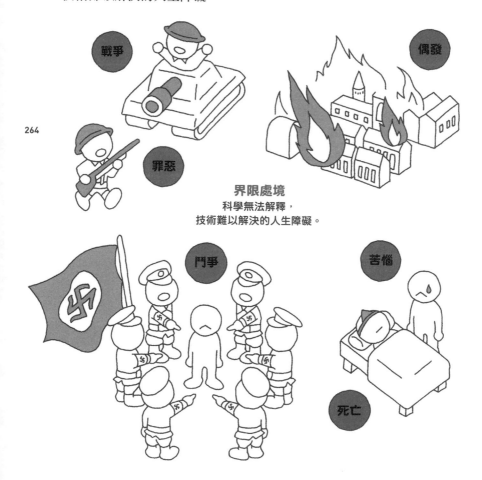

**界限處境**
科學無法解釋，
技術難以解決的人生障礙。

當處於**界限處境**時，人將會了解自己的**有限性**。

因為處於**界限處境**經歷到真正的挫折時，就會遇到包容一切悲傷，有如神明般存在的**涵攝者（超越者）**。這樣的相遇將是人對真實**存在**的覺醒。

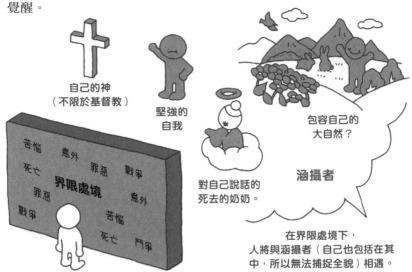

自己的神
（不限於基督教）

堅強的
自我

包容自己的
大自然？

涵攝者

對自己說話的
死去的奶奶。

在界限處境下，
人將與涵攝者（自己也包括在其
中，所以無法捕捉全貌）相遇。

但只是遇到涵攝者，仍然無法跨越**界限處境**。**雅斯培**認為還必須與同樣處於界限處境的孤獨的他者彼此互相交換意見，進行**「存在」之交流（愛的戰鬥）**。

處在界限處境
的同伴彼此以
真實的自我交換意見
才有真實的存在。

一個人
無法存在。

若你不是你，
我就無法成為我。
by 雅斯培

處於界限處境

**雅斯培**因為妻子是猶太人而被解除大學教授的職務，而後不斷遭到將被送去集中營的威脅。兩人始終困守在自己家中，直到兩人幾乎被迫選擇自殺之際，幸好因為戰爭結束而逃過一劫。雅斯培與他的妻子因為**「存在」之交流**而跨越**界限處境**。

我怎麼可能
交出妻子。

我們知道
裡面有
猶太人！

界限處境下的
存在之交流。

文　獻 ------------------------------- 列維納斯《整體與無限》
備　註 ------- 胡塞爾的「互為主體性」中略過了他者的他者性，
列維納斯的他者論克服了這個課題

**列維納斯**，他的家人、親戚、友人幾乎全遭到納粹的迫害而死。只有**列維納斯**勉強從集中營生還，卻失去了一切。即使如此，世界仍像一切都不曾失去般地**存有**。

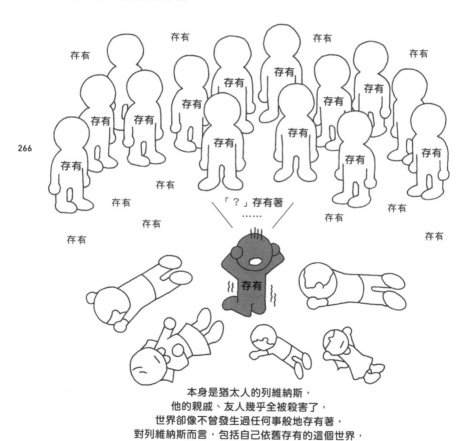

本身是猶太人的列維納斯，
他的親戚、友人幾乎全被殺害了，
世界卻像不曾發生過任何事般地存有著，
對列維納斯而言，包括自己依舊存有的這個世界，
實在太不可思議。

明明失去了一切，卻仍**存有**著……究竟是什麼還存有著呢？列維納斯把這彷彿沒有**主體**般的**存有**，稱為「**ilya**」（英文：there is）。

若是建立自我中心的世界，能夠逃離**存有**的孤獨嗎？

答案是否定的。即使創造了自我中心世界，他仍然無法逃離**存有**中的
孤獨。這是因為，結果他只是在自己理解的範圍中建構世界。

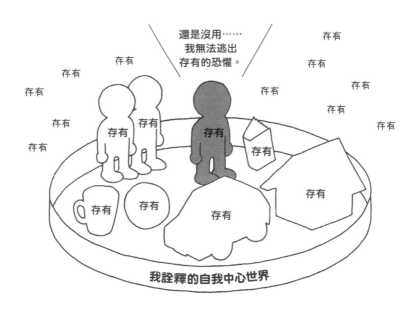

真的無法逃離可怕的存有嗎？**列維納斯**在**他者的面容**（P.268）中找出可
行的路徑。

▶234

# 面容
Visage

文　　獻 ------------ 列維納斯《困難的自由》、《整體與無限》
相關概念 ------------------------------- 存有（P.266）
備　　註 ----- 列維納斯指的面容，並不是具體可見的臉孔，而是
想運用譬喻觀念來掌握他者的他者性之意義

列維納斯

就自我的詮釋收編一切，建構出自我中心的世界，仍然無法逃離**存有**
（P.266）。

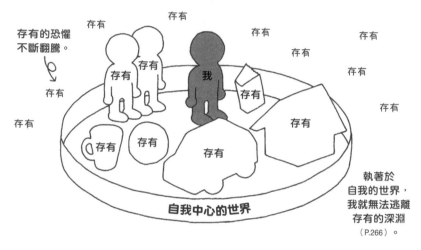

存有

存有

存有

存有

存有

存有

**存有的恐懼
不斷翻騰。**

存有

存有

存有

我

存有

存有

存有

存有

存有

存有

存有

**自我中心的世界**

執著於
自我的世界，
我就無法逃離
存有的深淵
（P.266）。

268

對**列維納斯**而言，逃離存有的關鍵是他者的面容。要是**他者**的**面容**訴
說：「**不可殺人。**」<sup>※</sup> 因為人無法**自律**（P.169），並不能藉由**理性**逃離，
只能無條件地對他者負起倫理的**責任**。

※語出十誡中的第六誡。

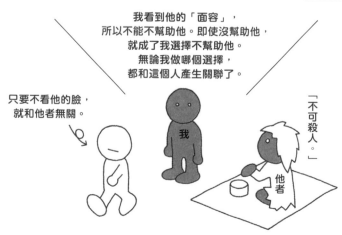

我看到他的「面容」，
所以不能不幫助他。即使沒幫助他，
就成了我選擇不幫助他。
無論我做哪個選擇，
都和這個人產生關聯了。

只要不看他的臉，
就和他者無關。

我

「不可殺人。」

他者

所謂**他者**，不是納入自己所詮釋的世界，而是處在外圍的**無限**存有。
**列維納斯**認為：當與他者的**面容**產生關聯，換句話說就是對其面容負有**責任**時，人就能飛越充滿**存有**恐懼的自我中心世界，透過他者看到無限。

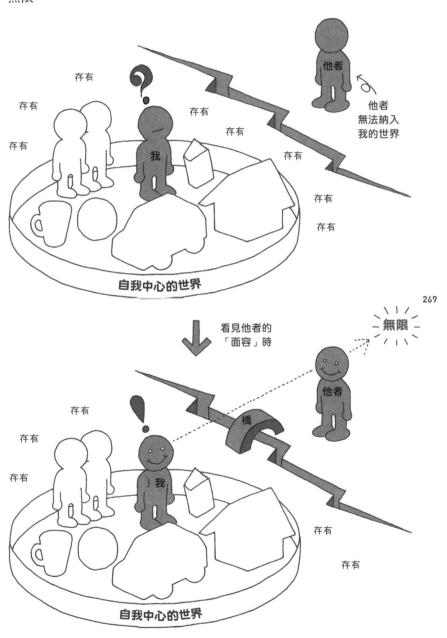

他者是無法納入自我世界的無限存在。藉由對他者的「面容」負有責任，
我就能穿越自我世界、逃離恐懼翻騰的存有，迎向無限。

# 圖像理論
## Picture Theory

意　　義 -------------------------- 認為言語是描繪世界的思維
文　　獻 -------------------------- 維根斯坦《邏輯哲學論》
相關概念 --- 語言遊戲(P.272)、分析哲學(P.276)、邏輯實證主義(P.278)
備　　註 -------------------------- 前期維根斯坦的哲學特徵

維根斯坦

**維根斯坦**認為**現實世界**是一個一個**事實**的聚合。另一方面，他也認為，語言是**科學語句**的組合。所謂**科學的語句**就像「鳥停在樹上」這樣描繪一項**事實**。科學的語句和事實是一對一的對應，語句和事實的數量相同。這就稱為**圖像理論（圖像說）**。

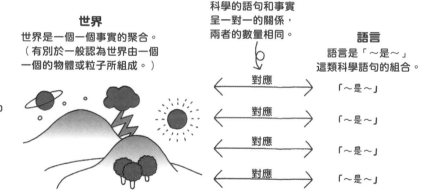

**世界**
世界是一個一個事實的聚合。
（有別於一般認為世界由一個一個的物體或粒子所組成。）

科學的語句和事實呈一對一的關係，兩者的數量相同。

**語言**
語言是「～是～」這類科學語句的組合。

對應　「～是～」
對應　「～是～」
對應　「～是～」
對應　「～是～」

270

**科學的語句**是用來描繪現實世界，所以把**科學的語句**加以分析的話，就能分析世界的一切。然後只要確認每句**科學的語句**是否正確即可。

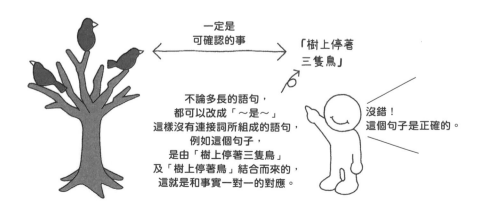

一定是可確認的事

「樹上停著三隻鳥」

不論多長的語句，都可以改成「～是～」這樣沒有連接詞所組成的語句，例如這個句子，是由「樹上停著三隻鳥」及「樹上停著鳥」結合而來的，這就是和事實一對一的對應。

沒錯！這個句子是正確的。

相反的，理論上無法確認的語句，已超出事實的對應，已經和內容正確與否無關，而是語言的誤用。例如，哲學的「上帝已死」、「知即是德」這類無法確認真偽的**命題（語句）**就不是正確的語言用法。

也就是說，不對應事實，就無法語言化。維根斯坦認為過去的哲學，就是語言誤用而成立的學問。

**維根斯坦**認為，哲學真正的功能是確定可說和不可說的命題界限。他認為對於不可說的命題，應保持**緘默**。

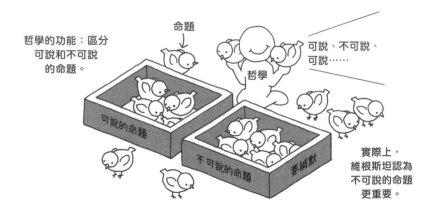

▶228

# 語言遊戲
Sprachspiel

| 文　　獻 | 維根斯坦《哲學研究》 |
|---|---|
| 相關概念 | 圖像理論（P.270）、家族相似性（P.274） |
| 備　　註 | 後期維根斯坦的中心概念，基於對圖像理論的反省 |

維根斯坦

**維根斯坦**曾經認為只要分析和**事實**對應的**科學語言**，就能分析世界（圖像理論 P.270），但他卻又親自否定這個論點。這是因為他發現並不是先有**科學語言**，然後才運用於**日常語言**；而是先有**日常語言**，然後才有**科學語言**的系統化。也就是說為了理解世界，一定要分析原始的日常語言。

原始

～是～

與事實對應的
科學語言

衍生 →

日常語言

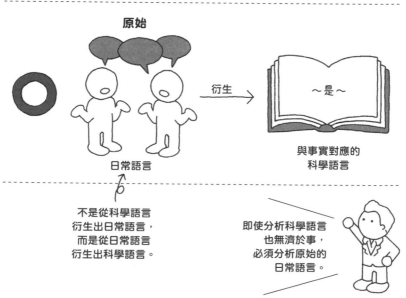

原始

日常語言

衍生 →

～是～

與事實對應的
科學語言

不是從科學語言
衍生出日常語言，
而是從日常語言
衍生出科學語言。

即使分析科學語言
也無濟於事，
必須分析原始的
日常語言。

而且，**日常語言**並不像**科學語言**般對於一個事實有一對一的對應。「今天是好天氣」，依據不同時間及場合，具有不同意義，若是我們不了解這個會話的規則，就無法處理**日常語言**。**維根斯坦**把這類的會話特性稱為**語言遊戲**。他又說，**語言遊戲**的規則只能在日常生活中學習。

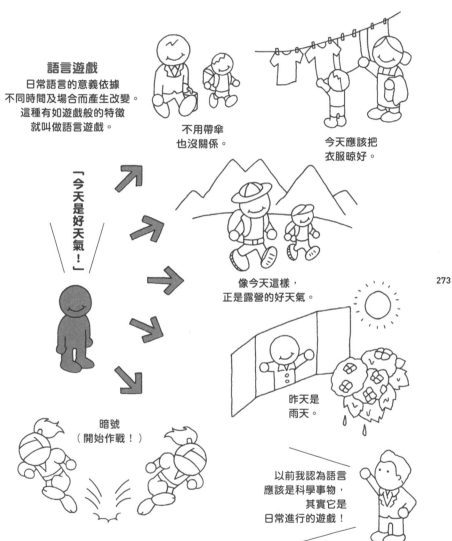

**語言遊戲**
日常語言的意義依據
不同時間及場合而產生改變。
這種有如遊戲般的特徵
就叫做語言遊戲。

「今天是好天氣！」

不用帶傘
也沒關係。

今天應該把
衣服晾好。

像今天這樣，
正是露營的好天氣。

昨天是
雨天。

暗號
（開始作戰！）

以前我認為語言
應該是科學事物，
其實它是
日常進行的遊戲！

「今天是好天氣！」這類的**日常語言**，從會話中挑出來加以分析也會產生不同的意義。為了了解究竟指的是什麼，有必要在實際的日常生活中參加**語言遊戲**。遺憾的是，無論怎麼分析**日常語言**，由於使用語言的自己本身也置身於其中的結構，所以無法捕捉全貌。

維根斯坦

▶228

# 家族相似性
## Family Resemblance

文　　獻 -------------------------------- 維根斯坦《哲學研究》
相關概念 -------------------------------- 語言遊戲（P.272）
備　　註 -------------------------------- 家族相似性的發想，
　　　　　　　　　　　　　　　　　對過去的邏輯學產生極大的翻轉

**維根斯坦**雖然把日常語言比喻為語言遊戲（P.272），但他表示「遊戲」
這個詞彙本身並沒有明確的定義。

這些都稱為「遊戲」，
但缺乏一個能貫徹
所有遊戲的共同性質。

網球

黑白棋

共同點是對戰

沒有共同點

共同點是智力遊戲

俄羅斯方塊

沒有共同點

冒險遊戲

共同點是
電動玩具遊戲

沒有共同點

共同點是
冒險

定向越野
活動

274

「遊戲」這個**詞彙**非常籠統，這就像同一家人的臉雖然沒有一個完全
相同的特徵，但是父親的耳朵和哥哥很像；哥哥的眼睛像母親；妹妹
的鼻子像母親，整體來看，還是很像一家人般的**家庭合照**。

像這樣相互之間有一個籠統關係形成的集合體，就叫做**家族相似性**。

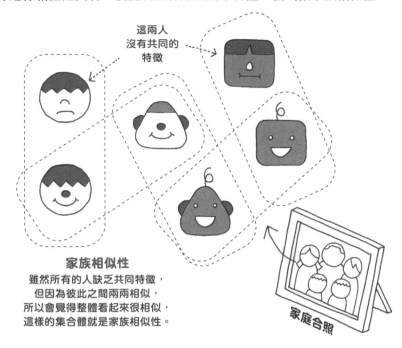

這兩人
沒有共同的
特徵

**家族相似性**
雖然所有的人缺乏共同特徵，
但因為彼此之間兩兩相似，
所以會覺得整體看起來很相似，
這樣的集合體就是家族相似性。

家庭合照

從**家族相似性**的思維，可以了解一個集合體可能有數種共同性質。例如這個世界有著各種正義，但不一定有一個完全共同的性質。這個論點等於否定了**柏拉圖**的**理型論**（P.046）。

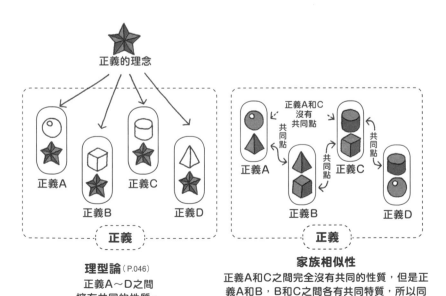

正義的理念

正義A　正義B　正義C　正義D

**正義**

**理型論**（P.046）
正義A～D之間
擁有共同的性質。

正義A和C
沒有
共同點

共同點

共同點

共同點

正義A　正義B　正義C　正義D

**正義**

**家族相似性**
正義A和C之間完全沒有共同的性質，但是正義A和B，B和C之間各有共同特質，所以同樣使用「正義」這個詞彙也適用於A和C。

維根斯坦

# 分析哲學
## Analytic Philosophy

**代表人物** ---------------------- 維根斯坦、卡爾納普、奧斯丁
**相關概念** 圖像理論（P.270）、語言遊戲（P.272）、邏輯實證主義（P.278）
**備 註** ------------- 分析哲學是從數理邏輯學的研究發展而來。
現代英美哲學的主流是分析哲學

▶228

哲學從以前就在探討「真理」、「正義」、「神」等問題，然而這些都是
人類自創的**詞彙**。

我可以把你
稱作神嗎？

不要在牆上亂畫！
神在看著你唷！

不是替神命名，
神是從日常的語言活動中產生的。

也就是說，不是思考什麼叫做「神」，而是分析「神」這個詞彙以什麼
樣的意義被使用，就能解決「神」的問題。哲學的功用不是思考「所
謂～是什麼」，而是分析語言的意義，因此稱作**（語言）分析哲學**。

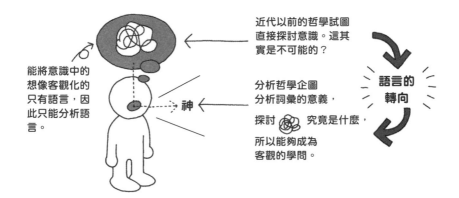

近代以前的哲學試圖
直接探討意識。這其
實是不可能的？

能將意識中的
想像客觀化的
只有語言，因
此只能分析語
言。

分析哲學企圖
分析詞彙的意義，

探討　　究竟是什麼，

所以能夠成為
客觀的學問。

神

**語言的
轉向**

**分析哲學**把過去獨斷、主觀的哲學轉向為客觀的語言問題。這稱為**語
言的轉向（Linguistic Turn）**。

**分析哲學**源自於**摩爾、弗雷格、羅素**等人的哲學，再由**維根斯坦**扎下
基礎，成為現代英美哲學的主流。

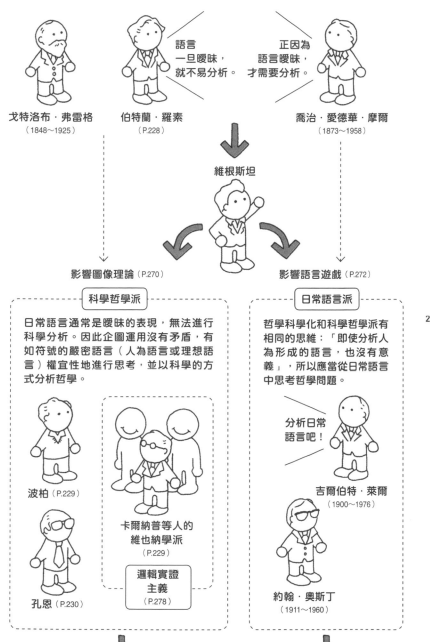

戈特洛布．弗雷格
（1848～1925）

伯特蘭．羅素
（P.228）

語言
一旦曖昧，
就不易分析。

正因為
語言曖昧，
才需要分析。

喬治．愛德華．摩爾
（1873～1958）

維根斯坦

影響圖像理論（P.270）

影響語言遊戲（P.272）

科學哲學派

日常語言通常是曖昧的表現，無法進行
科學分析。因此企圖運用沒有矛盾，有
如符號的嚴密語言（人為語言或理想語
言）權宜性地進行思考，並以科學的方
式分析哲學。

波柏（P.229）

孔恩（P.230）

卡爾納普等人的
維也納學派
（P.229）

邏輯實證
主義
（P.278）

日常語言派

哲學科學化和科學哲學派有
相同的思維：「即使分析人
為形成的語言，也沒有意
義」，所以應當從日常語言
中思考哲學問題。

分析日常
語言吧！

吉爾伯特．萊爾
（1900～1976）

約翰．奧斯丁
（1911～1960）

主要在美國發展

主要在英國發展

# 邏輯實證主義
## Logical Positivism

▶229

代表人物 ------------------------------------- 石里克、卡爾納普
備　　註 ---------- 一九二〇代末期，由維也納大學的哲學家或
科學家集團「維也納學派」推動的哲學革新運動。
第二次世界大戰時，活動核心開始移至英美

卡爾納普等人

二十世紀初期，由於相對論及量子力學的導入，使得自然科學發展顯
著。其中，**馬克思**的**唯物史觀**（P.202）、**佛洛伊德**的**潛意識**（P.220）等即
便根據並不確定的邏輯，也被恍如科學般加以闡述。

人類的行為
受到潛意識
支配！

總之都會形成
共產主義！
因為是社會科學
不會有錯！

278

**卡爾納普**等物理學家及數學家組成的**維也納學派**對此產生危機意識，
因此他們訂定統一的規則，藉由觀察及實驗將可以**檢證**的邏輯視作科
學；不能檢證的邏輯視作非科學。

### 邏輯實證主義

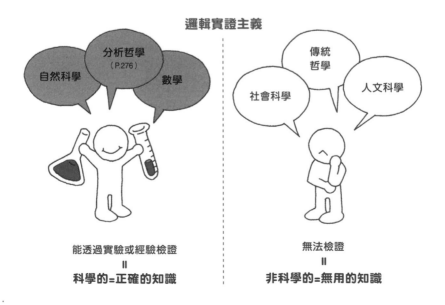

分析哲學
（P.276）

自然科學　　數學

傳統
哲學

社會科學　　人文科學

能透過實驗或經驗檢證
＝
**科學的＝正確的知識**

無法檢證
＝
**非科學的＝無用的知識**

根據他們的理論，哲學常處理的「所謂真理是～」等問題無法**實證**，因此是非科學，只能歸之於無用的知識。那就像**維根斯坦**所批判的，只不過是錯誤的語言用法（圖像理論 P.270）。**維也納學派**提倡只將能夠檢證的「科學事實」視作正確知識的**邏輯實證主義**，哲學的任務不是以言語說明世界，而是**分析**（分析哲學 P.276）語言本身。

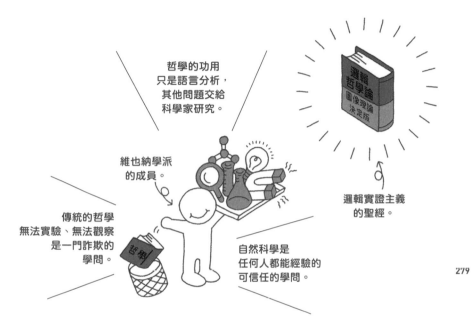

哲學的功用只是語言分析，其他問題交給科學家研究。

維也納學派的成員。

傳統的哲學無法實驗、無法觀察是一門詐欺的學問。

自然科學是任何人都能經驗的可信任的學問。

邏輯實證主義的聖經。

邏輯哲學論 圖像理論 決定版

然而，把實證做為科學思考方法的條件也有不合理處。這是因為經由檢證的「科學事實」，經常可能因為新事實的發現而被推翻。實際上，幾乎所有的「科學事實」都是一再更新的。

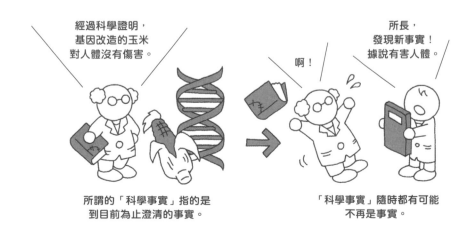

經過科學證明，基因改造的玉米對人體沒有傷害。

啊！

所長，發現新事實！據說有害人體。

所謂的「科學事實」指的是到目前為止澄清的事實。

「科學事實」隨時都有可能不再是事實。

▶229

# 可否證性
## Falsifiability

波柏

文　　獻 ------------------------------------------《科學發現的邏輯》
相關概念 ------------------------------------ 邏輯實證主義（P.278）
備　　註 ------------------------------------ 可否證性的理論，
對於歸納主義及邏輯實證主義提出批判

主張能夠**檢證**的邏輯才是科學的**邏輯實證主義**（P.278）有個重大的缺點——無論怎麼完美的理論，只要一個例外就能推翻其可能性。人類不可能利用檢證來證明科學理論。

280

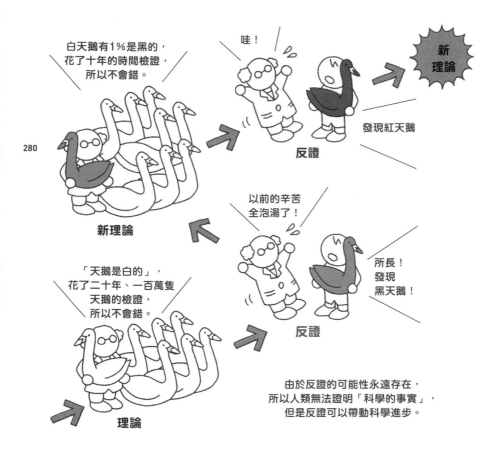

白天鵝有1％是黑的，
花了十年的時間檢證，
所以不會錯。

哇！

新理論

發現紅天鵝

反證

**新理論**

以前的辛苦
全泡湯了！

所長！
發現
黑天鵝！

反證

「天鵝是白的」，
花了二十年、一百萬隻
天鵝的檢證，
所以不會錯。

**理論**

由於反證的可能性永遠存在，
所以人類無法證明「科學的事實」，
但是反證可以帶動科學進步。

因此**波柏**是以能不能**反證**來區分科學或非科學，而**卡爾納普**（P.229）則以能不能檢證來區分。**波柏**認為**可否證性**既是科學的思考條件，依據反證使得科學進步。

### 卡爾納普區分科學與非科學的方式

採取能否檢證來區別的話，根本沒有任何理論屬於科學。

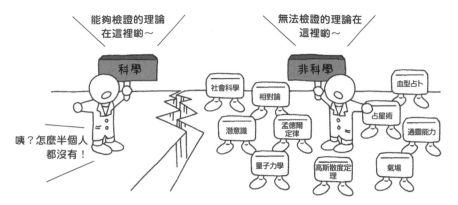

### 波柏區分科學與非科學的方式

能證明錯誤可能性的是科學理論；反之，無法證明錯誤可能性的則不是科學理論。

281

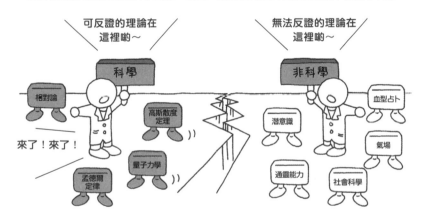

根據**波柏**的說法，科學的邏輯換句話說就是「目前無法反證的邏輯」。
相對的，偽科學因為建立於直覺及感性，所以無法反證。

科學家能夠老實地承認錯誤，偽科學充滿了逃避的藉口？

▶230

# 典範
## Paradigm

孔恩

| | |
|---|---|
| 意　義 ------------------------------ | 支配某一個時代或領域的概念 |
| 文　獻 ------------------------------ | 湯瑪斯・孔恩《科學革命的結構》 |
| 備　註 ------------ | 狹義來說，指科學家集團共有的理論性框架 |

過去認為科學知識是透過觀察或實驗等不斷累積，逐漸接近真實。但**孔恩**發現科學的知識並非**連續性**的而是斷續性變化的。

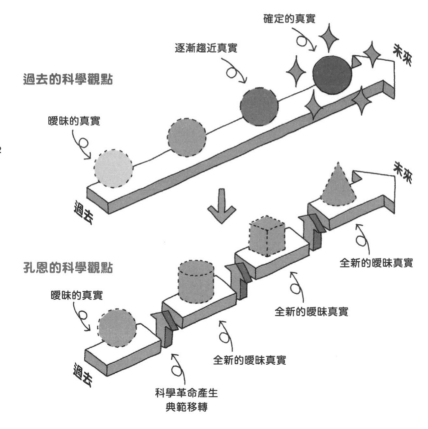

過去的科學觀點

確定的真實

逐漸趨近真實

曖昧的真實

未來

過去

孔恩的科學觀點

曖昧的真實

全新的曖昧真實

全新的曖昧真實

全新的曖昧真實

科學革命產生
典範移轉

未來

過去

例如，古人堅信的天動說或牛頓運動定律中無法說明的事實開始一一發現時，新學說如：地動說或相對論，便得到眾多科學家的支持。不久，這些新學說便成為知識的標準。**孔恩**把一個時代的思考框架稱為**典範**，轉換的情況稱為**典範移轉**。

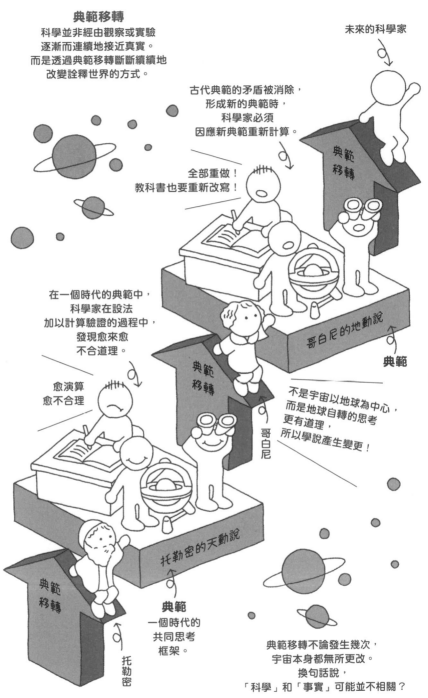

**典範移轉**
科學並非經由觀察或實驗
逐漸而連續地接近真實。
而是透過典範移轉斷斷續續地
改變詮釋世界的方式。

未來的科學家

古代典範的矛盾被消除，
形成新的典範時，
科學家必須
因應新典範重新計算。

典範
移轉

全部重做！
教科書也要重新改寫！

哥白尼的地動說 ← **典範**

在一個時代的典範中，
科學家在設法
加以計算驗證的過程中，
發現愈來愈
不合道理。

典範
移轉

不是宇宙以地球為中心，
而是地球自轉的思考
更有道理，
所以學說產生變更！

愈演算
愈不合理

哥白尼

托勒密的天動說

典範
移轉

托勒密

**典範**
一個時代的
共同思考
框架。

典範移轉不論發生幾次，
宇宙本身都無所更改。
換句話說，
「科學」和「事實」可能並不相關？

283

現在**典範移轉**不僅用在科學，也廣泛使用於社會學。

霍克海默

## 工具理性
### Instrumentellen Vernunft

意　　義 ----------------------- 為了實現某個目的做為手段的理性
文　　獻 ----------------------------- 霍克海默《啟蒙辯證法》
相關概念 ------------------------------------ 溝通理性（P.286）
備　　註 ------------- 工具理性不但支配著自然也支配著人類。

法蘭克福學派成員的**霍克海默**及**阿多諾**在納粹的法西斯主義及虐殺猶
太人中，看穿近代以後始終盛行的**理性萬能主義**之限制。

人類的
理性何在？

284　而且，他們也批判近代理性的發展「只是為達成支配自然之目的的工
　　具」。

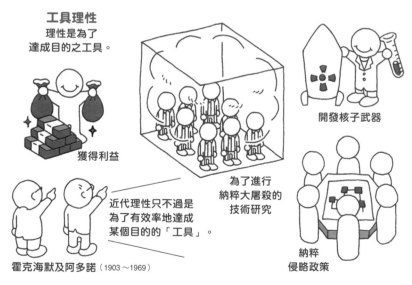

**工具理性**
理性是為了
達成目的之工具。

獲得利益

開發核子武器

為了進行
納粹大屠殺的
技術研究

近代理性只不過是
為了有效率地達成
某個目的的「工具」。

納粹
侵略政策

霍克海默及阿多諾（1903～1969）

法蘭克福學派認為，為了達成某個目的的**工具理性**，和追求利益結
合，成為法西斯主義的政治策略及開發戰爭武器的工具。

而且，對於只重實證、分析部分現實的**科學萬能主義**，法蘭克福學派批判其有未能抱著更寬廣視角的局限。

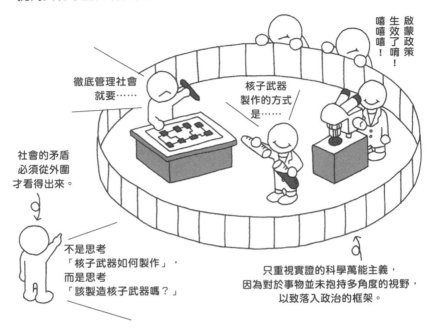

徹底管理社會就要……

核子武器製作的方式是……

啟蒙政策生效了唷！
嘻嘻嘻！

社會的矛盾必須從外圍才看得出來。

不是思考「核子武器如何製作」，而是思考「該製造核子武器嗎？」

只重視實證的科學萬能主義，因為對於事物並未抱持多角度的視野，以致落入政治的框架。

另外，法蘭克福學派的心理學家**弗洛姆**，則觀察到獲得自由的近代人們，常因難以忍耐自由的孤獨，而產生服從納粹權力的心理。

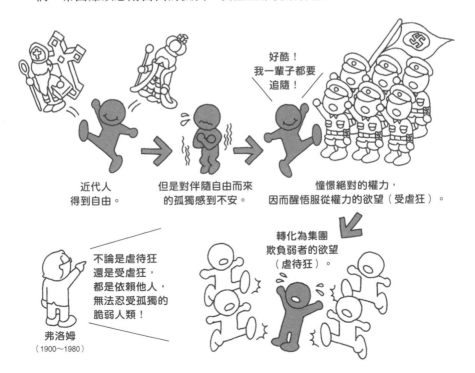

好酷！我一輩子都要追隨！

近代人得到自由。

但是對伴隨自由而來的孤獨感到不安。

憧憬絕對的權力，因而醒悟服從權力的欲望（受虐狂）。

轉化為集團欺負弱者的欲望（虐待狂）。

不論是虐待狂還是受虐狂，都是依賴他人，無法忍受孤獨的脆弱人類！

弗洛姆
（1900～1980）

哈伯馬斯

## 溝通理性
### Dialogical Rationality

| | |
|---|---|
| 文　　獻 | 哈伯馬斯《現代性的哲學話語》 |
| 相關概念 | 工具理性（P.284） |
| 備　　註 | 哈伯馬斯承襲來自霍克海默及阿多諾的<br>近代批判問題意識，積極重新捕捉理性 |

創始期的法蘭克福學派認為**理性**只是被視作支配自然及人類的工具（工具理性 P.284）。但是，法蘭克福學派第二世代的**哈伯馬斯**則主張理性中也有**溝通理性（對話式的理性）**。

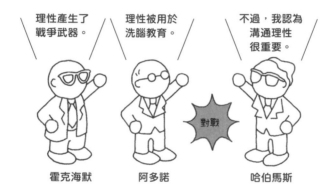

理性產生了戰爭武器。

理性被用於洗腦教育。

不過，我認為溝通理性很重要。

霍克海默　　阿多諾　　　　對戰　　　　哈伯馬斯

並不是把理性做為硬要對方接受自己邏輯論點的工具，**哈伯馬斯**認為根據**對話**，也能運用理性重新改變自我的思維。只不過，溝通必須在彼此能夠充分交流意見的情況下才行。

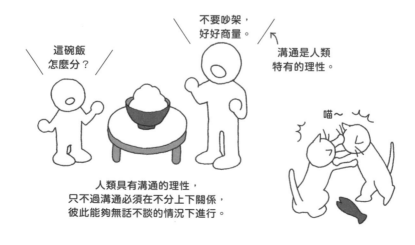

這碗飯怎麼分？

不要吵架，好好商量。

溝通是人類特有的理性。

人類具有溝通的理性，
只不過溝通必須在不分上下關係，
彼此能夠無話不談的情況下進行。

喵～

286

▶234

## 極權主義
### Totalitarianism

文　獻 ----------------------------------- 鄂蘭《極權主義的起源》
備　註 --------- 鄂蘭《極權主義的起源》的內容，以反猶主義、
　　　　　　　帝國主義及極權主義三個論述視角來分析極權主義的起源

鄂蘭

國家、民族、人種等**集團**優先於**個人**的思想稱為**極權主義**。強制以單一政黨為集團優先的思維是其特徵。具體來説像德國的納粹主義、蘇聯的史達林主義。

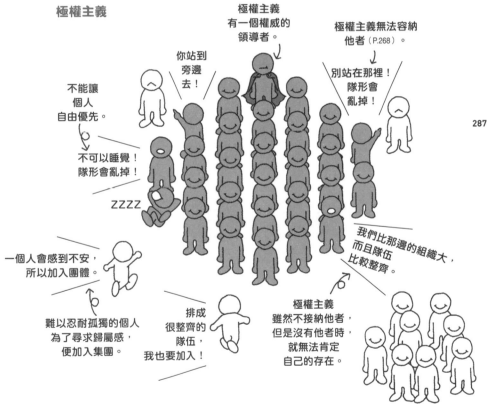

287

**極權主義**是階級社會崩壞以後，大眾以思想相互聯繫的結果。由於人會感到孤獨不安或空虛，所以尋求歸屬感及一體感。**鄂蘭**認為，若是未經思索就行動，很容易落入以民族或人種為基礎的思想集團。

▶232

# 存在先於本質
l'existence précède l'essence

意　　義 ----------------------------- 世上沒有所謂自我的本質，
「本質」是由人具體的生存抉擇而決定的
出　　處 ------------------------- 沙特《存在主義是一種人道主義》
相關概念 ----------- 存在主義(P.185)、人被判定是自由的(P.289)

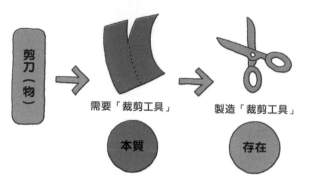

物體是先有本質
（存在理由），
而後產生存在。

剪刀（物） → 需要「裁剪工具」（本質） → 製造「裁剪工具」（存在）

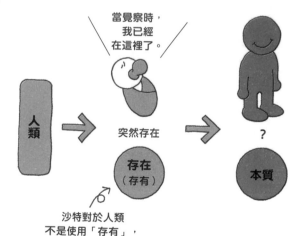

當覺察時，
我已經
在這裡了。

人類 → 突然存在 存在（存有） → ？ 本質

沙特對於人類
不是使用「存有」，
而是使用「存在」一詞。

**存在
先於本質**
沙特說，
當人覺察時就已經存
在（存有）。
因此，人必須自己建
構本質。
也就是說人類的存在
（存有）先於本質。
「人類一開始什麼都
不是，人是後來憑藉
自己而成為人。」

**沙特**以「**存在先於本質**」來表現**存在主義**(P.185)。他所謂的**存在**，在
這裡指的是**人類的存在**。而**本質**指的是物體之所以成為該物體不可或
缺的條件。例如剪刀的**本質**是「裁剪工具」，如果欠缺這個條件，剪
刀就沒有**存在**理由。物體是先有**本質**，然後才存在。但人類在覺察以
前就已經**存在**了，所以之後必須自行建構自己的**本質**。

沙特

▶232

# 人被判定是自由的
## Man is condemned to be free

出　處 ----------------------- 沙特《存在主義是一種人道主義》
備　註 ----------------------- 重視人類「主體性」的沙特思想，
隨著結構主義的抬頭而失去影響力

物體因為必須先有**存在理由**（P.288）所以沒有自由。但是人類可以自由地創造自己的**存在理由**。想要成為什麼樣的人或是想做什麼，都是一個人的自由。然而其中伴隨而來的是不安及責任，有時甚至會形成沉重的負擔。**沙特**把這個情況稱作「**人被判定是自由的**」。

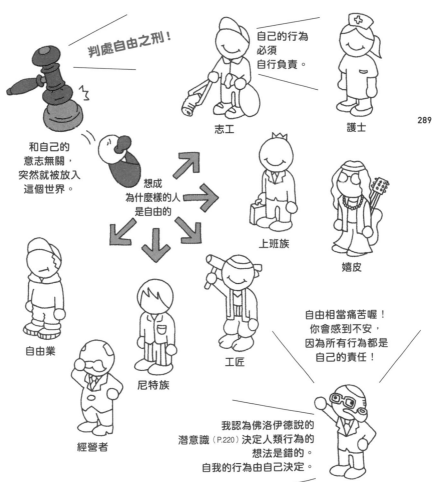

判處自由之刑！

和自己的
意志無關，
突然就被放入
這個世界。

想成
為什麼樣的人
是自由的

自己的行為
必須
自行負責。

志工

護士

上班族

嬉皮

自由業

尼特族

工匠

自由相當痛苦喔！
你會感到不安，
因為所有行為都是
自己的責任！

經營者

我認為佛洛伊德說的
潛意識（P.220）決定人類行為的
想法是錯的。
自我的行為由自己決定。

289

沙特

# 在己存有 | 對己存有
Being-in-itself | Being-for-itself

文　　獻 ------------------------------------- 沙特《存在與虛無》
相關概念 ------ 辯證法（P.174）、存在先於本質（P.288）、介入（P.292）
備　　註 ----------------------------「在己」、「為己」的用詞，
是黑格爾辯證法的基本概念，沙特運用這個概念加以發揮

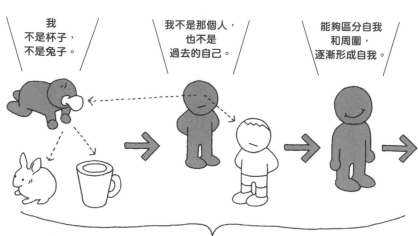

我
不是杯子，
不是兔子。

我不是那個人，
也不是
過去的自己。

能夠區分自我
和周圍，
逐漸形成自我。

290

**對己存有**
人的意識經常在
意識到自我之際，
而創造出
自我的本質。

**在己存有**
一開始
就以本質的
形式存有。

**沙特**認為，**「我」**並不是自始存有。一開始存有的只是**意識**，當這個
意識漸漸可以區隔出杯子、過去的自己、他人和現在的自己有別，就
漸漸創造出**「我」**。

像這樣，人類持續地意識自我而創造出「**我**」的本質，**沙特**稱為**對己存有**。相反的，如果是像物品般，一開始就因為有本質而被固定的存有，稱為**在己存有**。

**人（對己存有）並不是原本就有，而是沒有。**

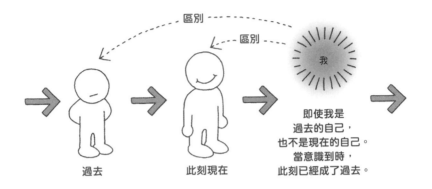

區別

區別

我

過去

此刻現在

即使我是
過去的自己，
也不是現在的自己。
當意識到時，
此刻已經成了過去。

而且，**對己存有**和過去的自己，不用說當然有區別，和此刻現在的自己也有區別。因為當**我**意識到自身的這一刻，就已經超越了現在。因此，對己存有即「**不是它所是的**（過去到現在），**而是它所不是的**（未來）」。然而這個無限的可能性，也就是自由，使得人感到不安。

291

我是
帥氣的
服務生。

你在
偽裝自己。

從自己的可能性中逃逸，扮演他人
給予的角色「咖啡館的服務生」，
把自己固定化的結果，就等於在己
存有。因為他人的眼光使得自己做
這個選擇，當然自己的眼光也會對
別人造成這樣的影響。

沙特

▶232

# 介入（參與）
## Engagement

意　　義 ------------------------------- 社會參與、自我約束
文　　獻 ------------------------------- 沙特《處境》
相關概念 ------------------------------- 存在先於本質（P.288）
備　　註 ------------------------------- 英語通常譯為 commitment

**黑格爾**認為**歷史**（P.176）正朝向一個理想的方向。馬克思則預言新歷史的登場將取代資本主義。究竟他們說的是否真實？**沙特**認為應積極參與社會，親自以雙手去實踐。**沙特**說過，參與社會雖然會受到社會的拘束，但改變社會的也是自己。他將社會參與稱為**介入（參與）**，親自付諸行動。**沙特**的行動力對於日本的全共鬥運動及世界各國的社會運動都造成很大的影響。

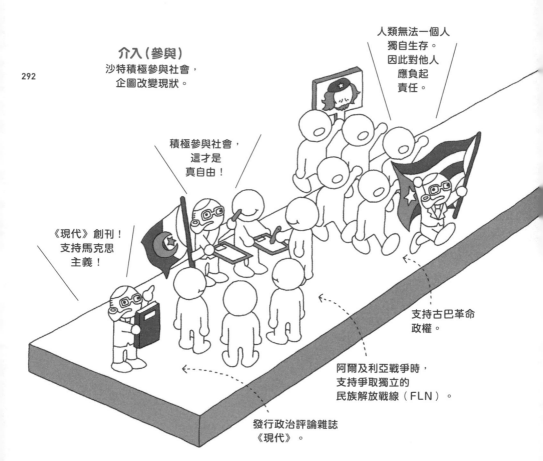

介入（參與）
沙特積極參與社會，企圖改變現狀。

人類無法一個人獨自生存。因此對他人應負起責任。

積極參與社會，這才是真自由！

《現代》創刊！支持馬克思主義！

支持古巴革命政權。

阿爾及利亞戰爭時，支持爭取獨立的民族解放戰線（FLN）。

發行政治評論雜誌《現代》。

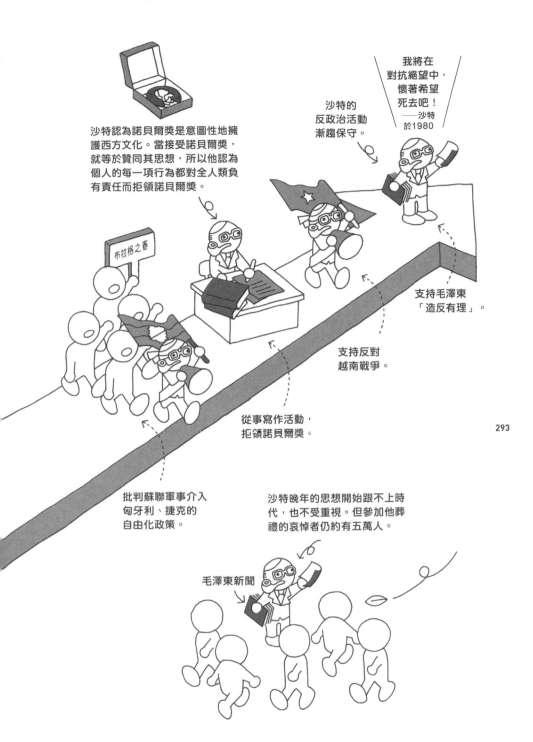

沙特認為諾貝爾獎是意圖性地擁護西方文化。當接受諾貝爾獎，就等於贊同其思想，所以他認為個人的每一項行為都對全人類負有責任而拒領諾貝爾獎。

布拉格之春

沙特的反政治活動漸趨保守。

我將在對抗絕望中，懷著希望死去吧！
——沙特於1980

支持毛澤東「造反有理」。

支持反對越南戰爭。

從事寫作活動，拒領諾貝爾獎。

批判蘇聯軍事介入匈牙利、捷克的自由化政策。

沙特晚年的思想開始跟不上時代，也不受重視。但參加他葬禮的哀悼者仍約有五萬人。

毛澤東新聞

晚年，**結構主義**（P.298）抬頭，**沙特**的思想受到批判，但他直到死前仍然持續支持民族解放運動。對於主張自由的他來說，對他者不負任何責任，只是冷眼旁觀，或許比任何事都更令他覺得不自由。

梅洛龐蒂

▶232

# 身體圖式
## Body Schema

意　義 -------------------------------- 指身體對各種情況的對應
文　獻 -------------------------------- 梅洛龐蒂《知覺現象學》
備　註 ------------- 梅洛龐蒂的身體論受到胡塞爾現象學極大的影響

騎腳踏車時，握著手把的雙手及踩著踏板的雙腳，即使沒有刻意以意
識操縱，也會逕行對應坡道或障礙物。**梅洛龐蒂**認為之所以能夠做到
這個行為，是因為手腳這樣的肢體，和意識不同，具有**獨立意志**，所
以身體具有為了採取行動而能相互聯繫的圖式。他把這個圖式稱為**身
體圖式**。

294

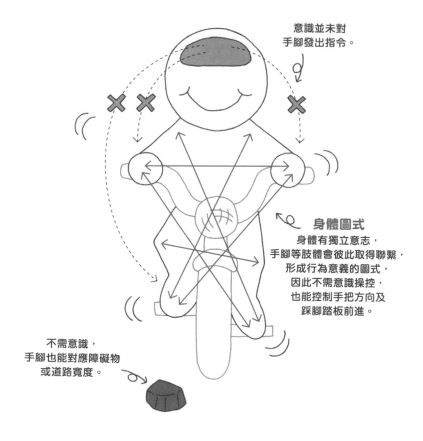

意識並未對
手腳發出指令。

**身體圖式**
身體有獨立意志，
手腳等肢體會彼此取得聯繫，
形成行為意義的圖式，
因此不需意識操控，
也能控制手把方向及
踩腳踏板前進。

不需意識，
手腳也能對應障礙物
或道路寬度。

若是沒有**身體圖式**，不僅無法進行電腦盲打，不可能演奏樂器，連走
路都沒辦法。

因為意外而失去腳的人，不知不覺會想使用照理說意識上已不存在的腳。梅洛龐蒂認為這是因為**身體圖式**尚未更新。不過，只要身體拿著柺杖行動而形成新的圖式，就能順利地走路。

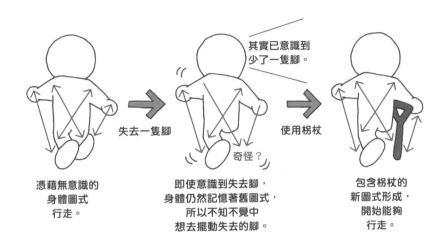

憑藉無意識的
身體圖式
行走。

其實已意識到
少了一隻腳。

即使意識到失去腳，
身體仍然記憶著舊圖式，
所以不知不覺中
想去擺動失去的腳。

奇怪？

包含柺杖的
新圖式形成，
開始能夠
行走。

從這個例子可以知道**身體圖式**不僅在身體內部，像柺杖這樣的工具或身邊的其他物品也能形成圖式。**梅洛龐蒂**說正因為是自己的**身體**，所以能將自己和物品或世界，甚至將自己和他者產生連結。

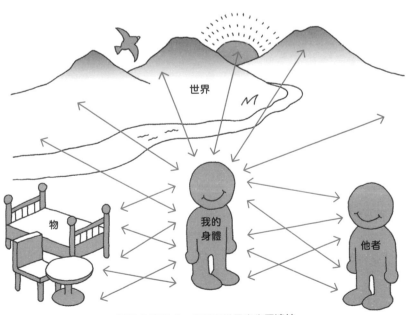

透過身體圖式，自己和世界產生了連結。
若是失去重要的人或物，
要更新其間複雜而堅強的身體圖式需要時間。

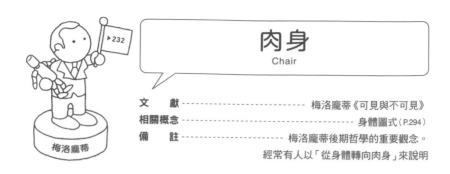

▶232

# 肉身
## Chair

文　　獻 ------------------------------ 梅洛龐蒂《可見與不可見》
相關概念 ------------------------------ 身體圖式（P.294）
備　　註 ------------------------------ 梅洛龐蒂後期哲學的重要觀念。
經常有人以「從身體轉向肉身」來說明

梅洛龐蒂

所謂的**我**，是指我的**意識**，並非我的**身體**，身體應當與周圍的世界一樣視作**客體**，是**笛卡兒**以後的近代哲學思想（二元論 P.114）。

**笛卡兒的心物二元論**

不是我

不是我

身體

客體

KEEP OUT

意識

主體

我

所謂的我，是指我的意識，
我的身體不是我。
笛卡兒認為身體應當與
周圍的世界一樣視作客體。

296

不過意識在身體裡面。意識絕對不是在天空飛舞，沒有身體，意識不可能存在。**梅洛龐蒂**從這一點思考，認為身體既是客體也同時是**主體**，具備**互為主體性**。

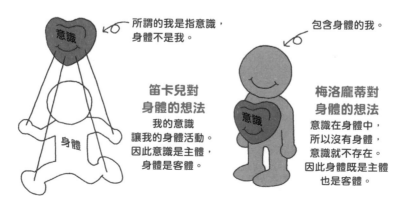

所謂的我是指意識，
身體不是我。

包含身體的我。

意識

身體

**笛卡兒對
身體的想法**
我的意識
讓我的身體活動。
因此意識是主體，
身體是客體。

意識

**梅洛龐蒂對
身體的想法**
意識在身體中，
所以沒有身體，
意識就不存在。
因此身體既是主體
也是客體。

另外，他說當我們看著蘋果或觸摸蘋果時，蘋果對我們而言是客體。但這個時候，看著蘋果的眼睛（眼睛是身體的一部分），觸摸蘋果的手並不是客體而是主體。而且，眼睛注視他者的同時，也被他者注視。握手時，握住他者的手的同時，也被他者緊握。

**身體存在的當下，既是主體也是客體。**

看著蘋果、摸著蘋果時，蘋果雖然是客體，這時的眼睛和手是我的主體。

我的眼睛注視著對方，同時也被對方注視；我的手握著對方，同時也被對方握著。身體既是客體又是主體。

**梅洛龐蒂**說明身體「**既是做為有感受性存在的主體，也是做為他者可感受其存在的客體**」。正因為有身體，我們才能接觸這個世界，世界也才能接觸到我們。我們的意識透過身體與世界產生聯繫。**梅洛龐蒂**把身體與世界接觸的部分稱作世界的「**肉身**」。

**因為有身體，亦即世界的「肉身」，我才能和世界相互接觸。**

我的眼睛觀看世界時，世界也觀看著我的眼睛。

我的身體踩著大地時，大地也接受我的身體。

我的身體和他者接觸時，我的身體也被他者接觸。

▶235

# 結構主義
## Structuralism

意　　義 ---------------------------------- 認為人類的言行舉止，
　　　　　　根據那個人所屬社會及文化的結構所規定的思想
代表人物 ------------- 李維史陀、米歇爾·傅柯、羅蘭·巴特等

李維史陀

**沙特**認為人是**自由**的，主體性地行動非常重要，但**李維史陀**則認為並非如此。

積極地
行動吧！

人類具備
主體性嗎？

沙特

李維史陀

298

這是因為**李維史陀**認為奠定人類的思考及行動的基礎受到社會、文化**結構**支配。他認為**索緒爾**的**語言學**（符號的任意性 P.244）適用於人類社會而導出這個結論。

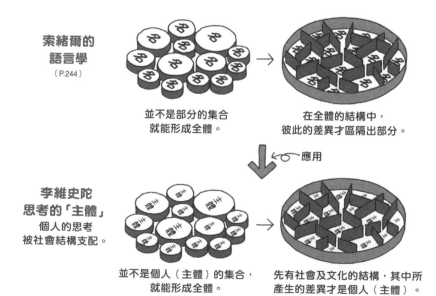

**索緒爾的語言學**
（P.244）

並不是部分的集合
就能形成全體。

在全體的結構中，
彼此的差異才區隔出部分。

應用

**李維史陀思考的「主體」**
個人的思考
被社會結構支配。

並不是個人（主體）的集合，
就能形成全體。

先有社會及文化的結構，其中所
產生的差異才是個人（主體）。

這麼一想，人類的主體性就會受社會**結構**支配。**李維史陀**批判**沙特**強調主體性，是西方獨特的以人為中心的思想。

李維史陀親自和
原始部落的人
一起行動，
調查人類與社會結構
的關係。

同時也是文化人類學者的**李維史陀**，曾經和好幾個原始部落的人共同生活，調查出社會**結構**規範了人類行為。例如兩個原始部落交換女性的風俗背後，其實是**禁止近親結婚**的人類共通**結構**所造成的。

人類行為受社會結構支配。
如果只觀察單方面（原始部落Ａ）不會發現。
西方及日本都有女性出嫁的習俗，
但並未意識到其中的真正意義。

原始部落Ａ

交換女性的
風俗背後，
其實是禁止近親結婚。

原始部落Ｂ

另外，兩個原始部落的人們，彼此並不了解交換女性的風俗意義。行為的意義若是只觀察單方面也無從得知。**李維史陀**主張永遠都應該以**二元對立**（P.318）為軸心去解讀事物。現象的意義不是來自它本身，而是從和它有關係的社會及文化**結構**去解讀。此思想稱為**結構主義**。

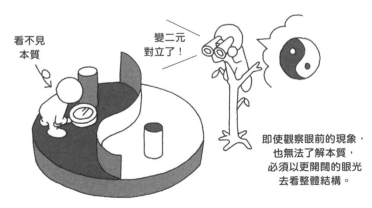

看不見
本質

變二元
對立了！

即使觀察眼前的現象，
也無法了解本質，
必須以更開闊的眼光
去看整體結構。

▶235

# 野性的思維
## The Savage Mind

意　　義 ⋯⋯⋯⋯⋯⋯⋯ 無文字社會中未被意識到存在的邏輯
文　　獻 ⋯⋯⋯⋯⋯⋯⋯⋯⋯ 李維史陀《野性的思維》
相關概念 ⋯⋯⋯⋯⋯⋯⋯⋯⋯⋯⋯⋯⋯ 結構主義（P.298）
對 立 詞 ⋯⋯ 人工高效率培育的思維、文明的思維、科學的思維

**沙特**主張主體性地參與社會讓歷史進步（介入 P.292）。但是**李維史陀**對這個想法持強烈反對意見。

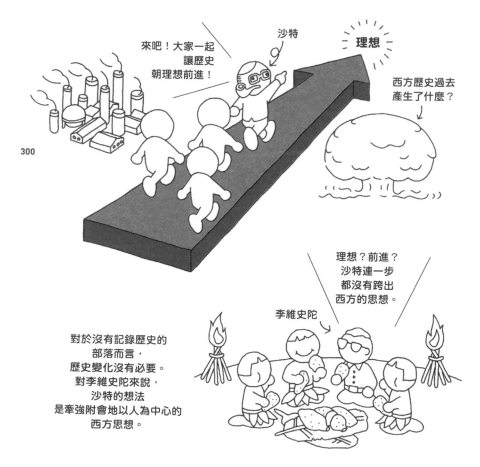

對於和未記錄歷史的波洛洛族（Bororo）及卡都衛歐族（Caduveo）一起生活的**李維史陀**而言，**沙特**的主張「對人類而言，歷史正朝向正確的方向」，這個以人為中心的西方思想，其實是牽強附會。

西方人以設計圖為基礎、計畫性地建構未來，相對之下，原始部落的人則就地取材，使用他們手邊的材料，以**隨創力（Bricolage）**重新組合。隨創力絕非不成熟幼稚的發想，而是維持地球環境及社會安定的一個極富邏輯又合理的手段。李維史陀把這樣的思考稱為**野性的思維**，與西方所謂**文明的思維（科學的思考）**成對比。

### 文明的思維

西方思維有如工程師般，以設計圖為基礎，有計畫地製造物品。因為以推測未來而採取行動，所以歷史會不斷變化（進化？）。

### 野性的思維

沒有設計圖，使用現有素材，不加工而直接製作物品。在必要時使用必要的素材。若原本的用途不需要此素材，則再使用於其他物品。這樣的思維並不是落後於歷史變化，而是刻意不變化。

**文明的思維**產生嚴重的環境破壞及核子武器，**野性的思維**則是以隨創力在潛意識中抗拒文明（歷史）進步。**李維史陀**認為對於事物不採單方面思考，而是**結構性**地（結構主義 P.298）加以全面考慮，就能讓**野性的思維**及**文明的思維**相互截長補短。

羅爾斯

## 自由主義
### Liberalism

▶238

備　註 ------------ 中文單純譯成「自由主義」，很容易誤解，
必須注意。這裡的自由主義指的是透過財富的再分配，
救助經濟上的弱者，支持福祉國家的政策稱為自由主義

為了社會全體幸福，勢必有人得犧牲，是**效益主義**(P.191)的思想。但對於主張**自由主義**的羅爾斯而言，那並不是**正義**。**羅爾斯**為了克服**效益主義**的弱點，提出人們應該站在「不明白自己所處的立場」──自己是男是女？是白人還是黑人？身體健康或殘障等前提下，也就是應該在**無知之幕**的籠罩下，去思考建構什麼樣的社會。

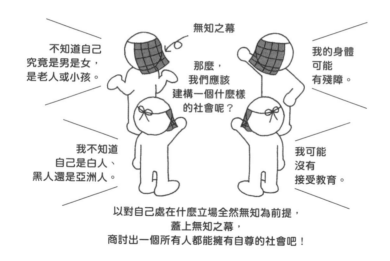

無知之幕

不知道自己
究竟是男是女，
是老人或小孩。

那麼，
我們應該
建構一個什麼樣
的社會呢？

我的身體
可能
有殘障。

我不知道
自己是白人、
黑人還是亞洲人。

我可能
沒有
接受教育。

以對自己處在什麼立場全然無知為前提，
蓋上無知之幕，
商討出一個所有人都能擁有自尊的社會吧！

羅爾斯認為回到無知之幕下的原初立場，立約者將導出維護社會正義的三項原則。第一項是**基本自由原則**。個人自由一定要受到原則性的保障。

## ❶基本自由原則

必須保障
良心思想及言論
的自由。

第二項是**機會均等原則**。例如即使在經濟條件上有差異，也應該給予公平競爭的機會。

**❷機會均等原則**

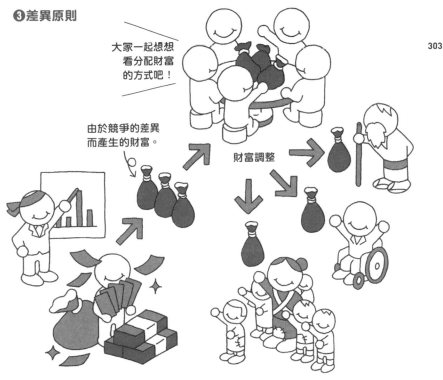

即使有天生條件的差異，公平競爭的機會也應當受到保障。

不過，身體殘障或是處於受歧視的立場、天生環境不良的情況，是否能夠公平競爭呢？**羅爾斯**認為，由於競爭產生的差異，本來就應該為了改善天生環境劣勢人們的生活而調整，所以他最後提出**差異原則**。

**❸差異原則**

大家一起想想看分配財富的方式吧！

由於競爭的差異而產生的財富。

財富調整

由於競爭差異而產生的財富，
必須為了改善最居劣勢者的生活而重新分配。

諾齊克

# 自由至上主義
## Libertarianism

▶239

意　　義 ‒‒‒‒‒‒‒‒‒‒‒‒‒‒‒ 尊重個人精神自由及經濟自由至上的立場
代表人物 ‒‒‒‒‒‒‒‒‒‒‒‒‒‒‒‒‒‒‒‒‒‒‒ 諾齊克、海耶克、傅利曼
備　　註 ‒‒‒‒‒‒‒‒‒‒‒‒‒‒‒‒‒‒‒ 與新自由主義有許多部分重疊

對**羅爾斯**的**自由主義**（P.302）加以批判的是諾齊克。他認為集中稅金再重新分配財富，將會使得國家權力坐大，他認為國家權力應該僅限於能防止暴力、竊盜、詐欺等侵略行為就好的**最小國家**。由民間企業來執行福祉服務的社會是他的理想。這樣的思想稱為**自由至上主義**。

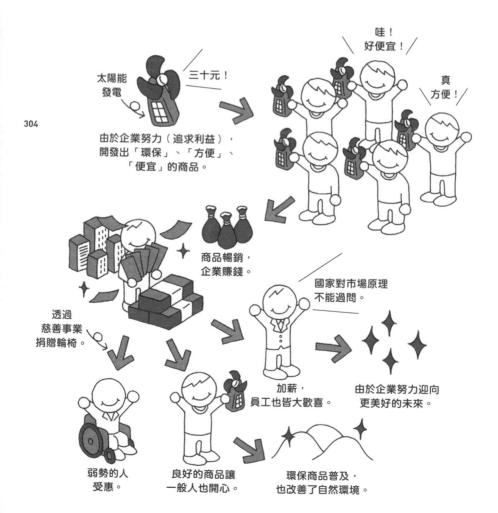

太陽能
發電

三十元！

由於企業努力（追求利益），
開發出「環保」、「方便」、
「便宜」的商品。

哇！
好便宜！

真
方便！

商品暢銷，
企業賺錢。

國家對市場原理
不能過問。

透過
慈善事業
捐贈輪椅。

加薪，
員工也皆大歡喜。

由於企業努力迎向
更美好的未來。

弱勢的人
受惠。

良好的商品讓
一般人也開心。

環保商品普及，
也改善了自然環境。

▶239

# 社群主義
## Communitarianism

意　　義 ---------------------------- 尊重社群道德及價值的立場
代表人物 ---------------------------- 桑德爾、麥金泰爾
備　　註 ----- 社群主義對於自由主義及自由至上主義都大力批判

桑德爾

重視自己的社群倫理及**習慣**（ethos, P.066），像桑德爾這樣的思想稱為
**社群主義**。**桑德爾**對於**自由主義**（P.302）及**自由至上主義**（P.304）都以不
同形式加以否定。人是在成長環境及周圍夥伴的影響下養成個性，**羅
爾斯**無視個人背後的故事，而以**無知之幕**（P.302）追求正義的原則，**桑
德爾**認為過度抽象。

我既不是白人，
或許也居於劣勢，
但我最喜愛自己出生的
地方及夥伴！

無知之幕（P.302）
的抽象理論，
無法說明個人所
認同的價值。

成長環境以及陪伴身邊的夥伴
不能從個人特質中切割開來思考。
桑德爾認為，
應該重視自己的社群倫理和習慣來生活。

垃圾分類的規則

禁止穿鞋到室內的規矩

輪流清潔打掃

日本三一一大地震的避難所，大家依自己社群的規則而行動。
桑德爾認為他在避難所的人們身上看到社群主義的精神。

德希達等人

# 後結構主義
## Post-structuralism

意　　義 -------- 以法國為中心的結構主義後期登場的思想潮流

代表人物 --------------------- 德希達、德勒茲、克莉斯蒂娃等

備　　註 ---- 這些哲學家、思想家並不自認為是「後結構主義者」

西方哲學從古希臘開始直到**結構主義**（P.298）為止，都是把事物如「○○成為這個樣子」，圈在一個模式之下去掌握其特性。反省這種獨斷的觀點，摸索出的新哲學，如後期的傅柯、德希達、德勒茲等人的思想稱為**後結構主義**（「時期比結構主義晚」的意思）。

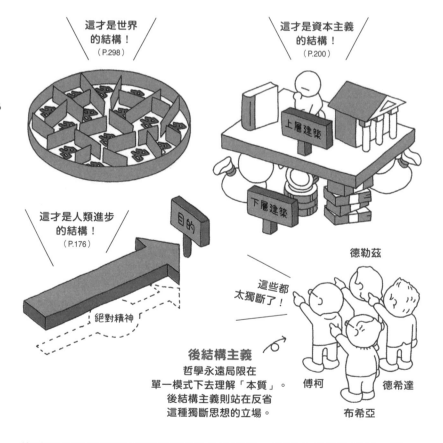

**後結構主義**思想雖然沒有明顯的共同特徵，但都會掌握結構這一點，有相似之處。

306

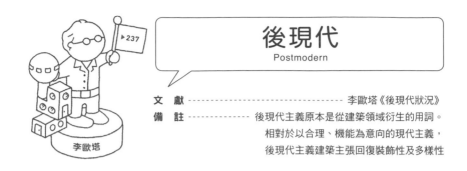

# 後現代
## Postmodern

文　獻 -------------------------------- 李歐塔《後現代狀況》

備　註 ------------- 後現代主義原本是從建築領域衍生的用詞。
相對於以合理、機能為意向的現代主義，
後現代主義建築主張回復裝飾性及多樣性

李歐塔

近代哲學像**黑格爾**或**馬克思**的思想（歷史 P.176、唯物史觀 P.202）一般，思考有關人類全體進步的思想，**李歐塔**稱為**大敘事**。

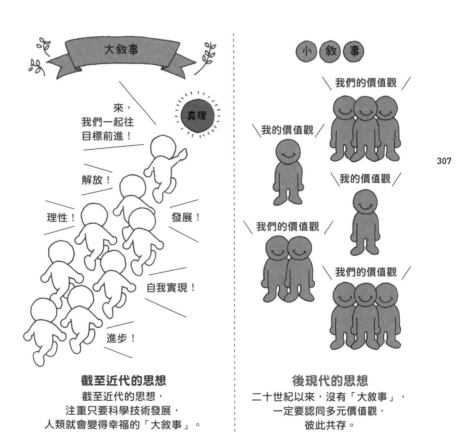

大敘事

真理

來，
我們一起往
目標前進！

解放！

理性！　　　發展！

自我實現！

進步！

**截至近代的思想**
截至近代的思想，
注重只要科學技術發展，
人類就會變得幸福的「大敘事」。

小 敘 事

我們的價值觀

我的價值觀

我的價值觀

我們的價值觀

我們的價值觀

**後現代的思想**
二十世紀以來，沒有「大敘事」，
一定要認同多元價值觀，
彼此共存。

然而，二十世紀以來，核子武器的開發及大規模環境破壞等，近代文明明顯錯誤，**大敘事**時代已經結束，必須調整思維，彼此認同多元價值觀，摸索共存的道路。李歐塔把這樣的時代稱為**後現代主義**。

布希亞

# 差異原理
l'altérité

| 文　獻 | 布希亞《消費社會的神話與結構》 |
|---|---|
| 相關概念 | 後現代（P.307）、擬仿物（P.310） |
| 備　註 | 布希亞的消費社會論在日本也被廣泛閱讀，<br>運用於市場行銷 |

**布希亞**指出：在達成經濟成長的先進國家消費社會中，人們選擇商品（不僅是物品，也包括情報、文化、服務等）時，已不是基於功能，而是基於與其他商品間的**差異**所產生的**符號**（情報）。

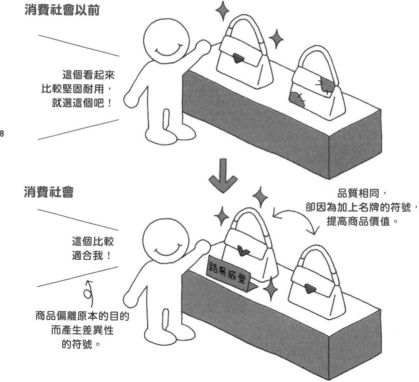

**消費社會以前**

這個看起來
比較堅固耐用，
就選這個吧！

**消費社會**

品質相同，
卻因為加上名牌的符號，
提高商品價值。

這個比較
適合我！

路易威登

商品偏離原本的目的
而產生差異性
的符號。

生活必需品完全普及之後，商品不一定就賣不出去。在之後到來的消費社會，商品的角色由原本的使用目的，變化為用來展現商品的個性或與眾不同的符號。消費社會將使得和其他商品僅有些微差異的商品不斷出現，無限地創造消費欲望。然後人們將會身陷這個**結構**中。**布希亞**把這個原理稱為**差異原理**。

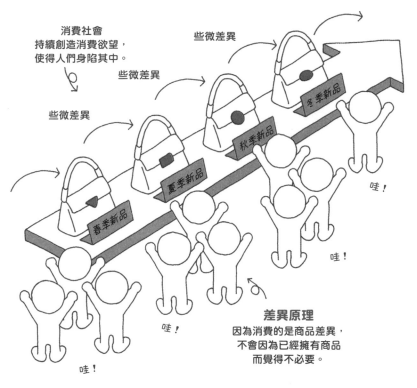

消費社會持續創造消費欲望，使得人們身陷其中。

些微差異

些微差異

些微差異

春季新品

夏季新品

秋季新品

冬季新品

哇！

哇！

哇！

哇！

**差異原理**
因為消費的是商品差異，
不會因為已經擁有商品
而覺得不必要。

由差異而產生的符號，名牌商品當然無庸置疑，其他諸如「有益健康的商品」、「限量品」、「環保／樂活」、「名人愛用品」、「經典收藏品」、「會員制／少人數制」、「商品本身具有歷史或故事」等多元差異。消費社會中，個人的**實體**（P.132），將會產生對這些差異的**欲望**。

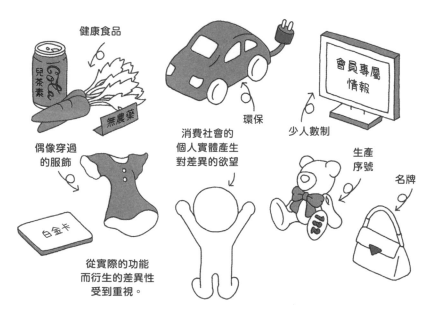

健康食品

兒茶素

無農藥

環保

會員專屬情報

少人數制

生產序號

偶像穿過的服飾

消費社會的個人實體產生對差異的欲望

名牌

白金卡

從實際的功能而衍生的差異性受到重視。

布希亞

## 擬仿物
### Simulacra

意　　義 ----------------------------- 原創及複製的區別消失
文　　獻 ----------------------------- 布希亞《擬仿物與擬像》
相關概念 --------------------- 後現代（P.307）、差異原理（P.308）
備　　註 --------------------- 法語有「贗品」、「模仿品」之意

所謂**符號**就是為了代替**原創**而**模仿原創**。但是消費社會中，符號比原創也就是**擬像**模型更重要（差異原理 P.308），從一開始擬像模型的生產就是目的。**布希亞**預言一切現實將成為擬像模型。

### 不具原創的擬像模型

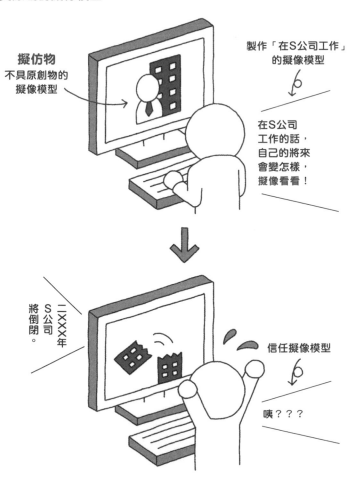

擬仿物
不具原創物的
擬像模型

製作「在S公司工作」
的擬像模型

在S公司
工作的話，
自己的將來
會變怎樣，
擬像看看！

二XXX年
S公司
將倒閉。

信任擬像模型

咦？？？

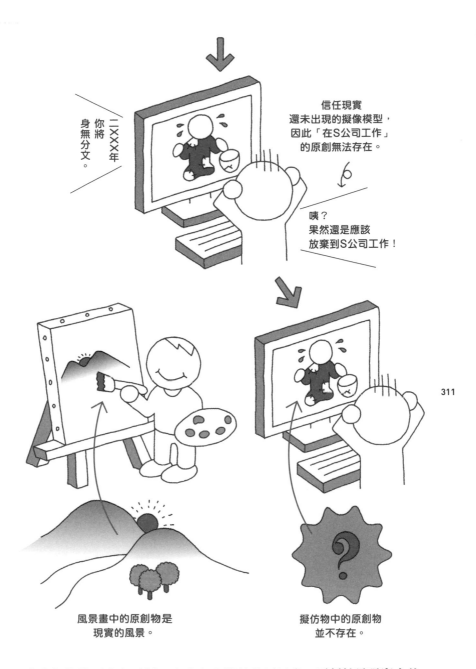

信任現實
還未出現的擬像模型，
因此「在S公司工作」
的原創無法存在。

咦？
果然還是應該
放棄到S公司工作！

二ＸＸＸ年
你將
身無分文。

311

風景畫中的原創物是
現實的風景。

擬仿物中的原創物
並不存在。

本來擬像模型中有原創。在畫布上描繪的風景畫，原創就是現實中的風景。然而，在電腦上勾勒的自我未來擬像的原創物卻不存在。**布希亞**把不存在原創物的擬像模型稱為**擬仿物**；創造出**擬仿物**的過程稱為**擬像**。只要原創物不存在，擬像模型就會成為**實體**（P.132）。**布希亞**把無法區別原創（現實）和擬像模型（非現實）的現代狀況稱為**超真實**。

傅柯

▶236

# 知識型
## Episteme

意　　義 ---------------------- 隨著時代而產生差異的知識架構
文　　獻 ---------------------------------------- 傅柯《詞與物》
相關概念 ------------------------------------ 人之終結（P.314）
備　　註 ---------------------- 意味著古希臘的「學問的知識」

**傅柯**認為人類的思想並不是從古至今一直連續不斷地進步，而是每個時代有它獨特的思想。他以「瘋狂」為例，每個人的想法在近代以前和以後完全不同。

### 中世紀的「瘋狂」（～十六世紀）

這個世界是錯的！
我們要覺醒！

他說的
不妨聽聽看，
搞不好他是
一個天才！

中世紀的「瘋狂」
是常人無法理解，
但可以接納
近似真理的思考。

### 近代的「瘋狂」（十七世紀）

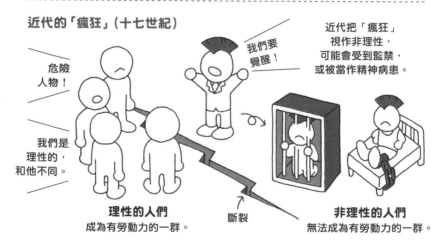

近代把「瘋狂」
視作非理性，
可能會受到監禁，
或被當作精神病患。

我們要
覺醒！

危險
人物！

我們是
理性的，
和他不同。

**理性的人們**
成為有勞動力的一群。

斷裂

**非理性的人們**
無法成為有勞動力的一群。

中世紀的「瘋狂」是闡述真理，被視作神聖的行為，能和人們共存；但是近代以後的社會結構，對於無法成為勞動力的「瘋狂」則予以徹底隔離。

**傅柯**把像這樣各個時代完全不同的人類思想稱為**知識型**。他把西方社會分為十六世紀以前、十七～十八世紀、十九世紀以後的三個時代，分別研究它們的**知識型**。

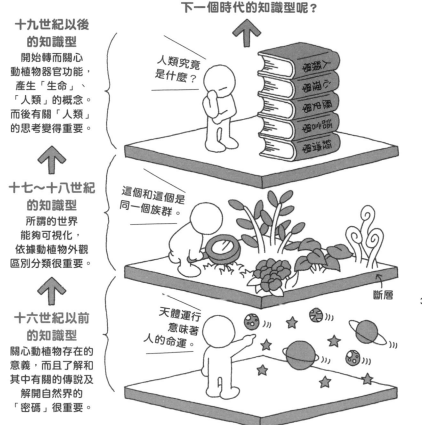

**下一個時代的知識型呢？**

**十九世紀以後的知識型**
開始轉而關心動植物器官功能，產生「生命」、「人類」的概念。而後有關「人類」的思考變得重要。

人類究竟是什麼？

**十七～十八世紀的知識型**
所謂的世界能夠可視化，依據動植物外觀區別分類很重要。

這個和這個是同一個族群。

斷層

**十六世紀以前的知識型**
關心動植物存在的意義，而且了解和其中有關的傳說及解開自然界的「密碼」很重要。

天體運行意味著人的命運。

313

**傅柯**提及中國百科全書上記載的「動物」項目時，完全無法了解其中的意義。相同的，**知識型**的差異將可能使未來的人類在閱讀二十一世紀的科學書籍，或許也會覺得難以理解。

中國百科全書的「動物」項目記載著「皇帝所有的」、「遠古的」、「剛剛打破水罐的」、「遠看像蒼蠅的」、「乳豬」等完全難以了解的分類。

完全看不懂！

中世紀百科全書

現代人

完全看不懂！

二十一世紀科學

未來人

知識型不同的未來人無法理解現代科學書籍？

※傅柯引用的是波赫士（J.L.Borges）的「中國的百科全書」，但後來證實這個分類是波赫士杜撰的。

▶236

# 人之終結
the End of Man

文　獻 ----------------------------------- 傅柯《詞與物》

相關概念 ----------------------------------- 知識型（P.312）

備　註 --------- 所謂「人」的概念，是由近代的知識型中誕生

**傅柯**說人們的思想及感情受到各個時代的**知識型**（P.312）所支配。他從這個想法延伸，說「人」被認為是普遍的價值只不過是剛從十九世紀誕生的新發現。

### 「人」的概念形成以前

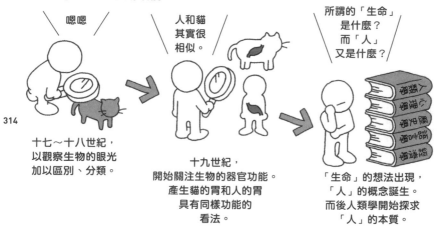

嗯嗯

人和貓其實很相似。

所謂的「生命」是什麼？而「人」又是什麼？

十七～十八世紀，以觀察生物的眼光加以區別、分類。

十九世紀，開始關注生物的器官功能。產生貓的胃和人的胃具有同樣功能的看法。

「生命」的想法出現，「人」的概念誕生。而後人類學開始探求「人」的本質。

314

**傅柯**認為開始研究生物外觀與器官功能始於十九世紀，從這時開始產生「生命」的想法，從而認真研究「人究竟是什麼」。

「人」將被抹去，猶如海灘上由沙堆砌的一張臉。
by 傅柯

隨著基因工學的進步，可以人工製造生命的現在，或許正如傅柯的預言，「人」的概念將重新被思考（P.338）。

但是他斷言「**人之終結**」來臨的日子不遠。因為「人」並不是以自己的意志主體採取行動，而是受到社會**結構**（結構主義 P.298）持續地束縛。

# 生的權力
## the Right of Life

| | |
|---|---|
| 意　　義 | 介入人們的「生」並加以管理的近代權力 |
| 文　　獻 | 傅柯《規訓與懲罰：監獄的誕生》、《性史》 |
| 對 立 詞 | 死的權力 |
| 相關概念 | 全景監獄（P.316） |

**傅柯**認為進入民主主義的時代後，雖然像過去國王般的權力者已消失，但即使民主國家仍有著看不見的權力取而代之。過去的權力是由對死刑的恐懼來支配，但民主主義的權力則不是以恐懼來管理。

### 十八世紀以前，死的權力
絕對的權力者藉由對死刑的恐懼來控制人民。

### 十九世紀以後，生的權力
我們的欲望產生肉眼看不見的權力。那是為了讓我們適合資本主義而未曾停止的監控。我們既是監視者，也是被監視者。

透過軍隊的訓練，讓身心都服從於社會。

在學校、職場、醫院，所有的眼睛都嚴格地監視著。

工作或公司以晨會或體操加以管理。

**傅柯**把民主國家擁有的權力稱為**生的權力**。它存在於學校及職場各個場所，在潛意識中將我們的心理、身體訓練成適合這個社會（全景監獄效果 P.317）。

傅柯

►236

# 全景監獄
## Panopticon

| | | |
|---|---|---|
| 文　　獻 | ----------------------- | 傅柯《規訓與懲罰：監獄的誕生》 |
| 相關概念 | --------------------------------------- | 生的權力（P.315） |
| 備　　註 | ------- | 全景監獄雖然是功利主義創始人邊沁想出來的，但傅柯視為權力論來解讀 |

**傅柯**把民主主義創造出的權力稱為**生的權力**（P.315），讓我們具備適合社會生活的一般常識。他以**全景監獄**來比喻民主國家，進入這個監獄的犯人，不久將會變成不需要他人強制，便能自動遵從規範。

**全景監獄**

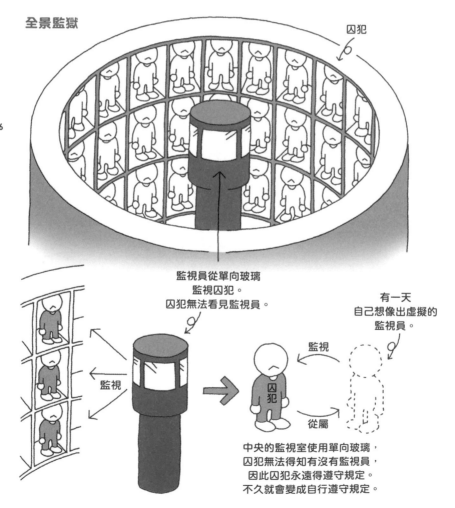

囚犯

監視員從單向玻璃
監視囚犯。
囚犯無法看見監視員。

有一天
自己想像出虛擬的
監視員。

監視

監視

從屬

中央的監視室使用單向玻璃，
囚犯無法得知有沒有監視員，
因此囚犯永遠得遵守規定。
不久就會變成自行遵守規定。

類似**全景監獄**這樣的原理也常用在學校、公司、醫院及街角等生活中的許多場所。三百六十五天、二十四小時監視，使我們在潛意識中養成遵從社會規範的習慣。

## 全景監獄效果
從始終處在被監視的意識，開始自行主動遵從規範。

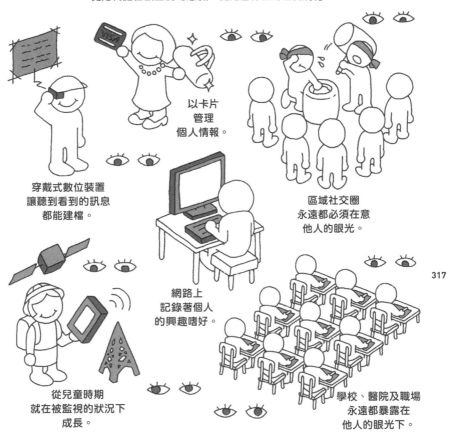

以卡片
管理
個人情報。

穿戴式數位裝置
讓聽到看到的訊息
都能建檔。

區域社交圈
永遠都必須在意
他人的眼光。

網路上
記錄著個人
的興趣嗜好。

從兒童時期
就在被監視的狀況下
成長。

學校、醫院及職場
永遠都暴露在
他人的眼光下。

日常生活中的**全景監獄效果**，總有一天會導致人們對社會的矛盾不再懷疑，甚至反而把不符這些「常識」的人，視作**狂人**而予以排斥。

危險分子！

這是錯的！
大家應該覺醒！

德希達

►237

# 二元對立
## Dichotomy

文　　獻 ------------《書寫與延異》、《聲音與現象》、《書寫學》
具體實例 ------------「男｜女」、「西方／東方」、「原創／複製」
相關概念 ------------------------ 解構主義（P.320）、延異（P.322）

**德希達**批評西方哲學常以「善／惡」、「真／偽」、「主觀／客觀」、「原創／複製」、「正常／異常」、「內部／外部」等，建構出前項優於後項的思考之**二元對立**。

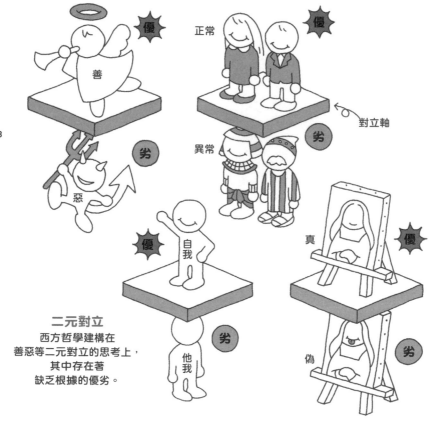

318

**二元對立**
西方哲學建構在
善惡等二元對立的思考上，
其中存在著
缺乏根據的優劣。

**德希達**又說，**二元對立**的優劣是根據西方人特有的「邏輯性事物優先於一切的思想」、「眼見為憑的思想」、「男性或歐洲優先的思想」、「世界是懷著目的而前進的思想」、「口說的言詞優先於書寫用詞的思想」。

**德希達**認為，這些想法沒有任何根據，不但如此，推定**二元對立**，在這個關係中找出優劣，是排除異質性的事物及弱者。在納粹政權下，身為**猶太人**的**德希達**，把**二元對立**和「德國人／猶太人」關係重疊，以**解構主義**（P.320）的方法，抽離其中的對立軸，試圖將其解構。

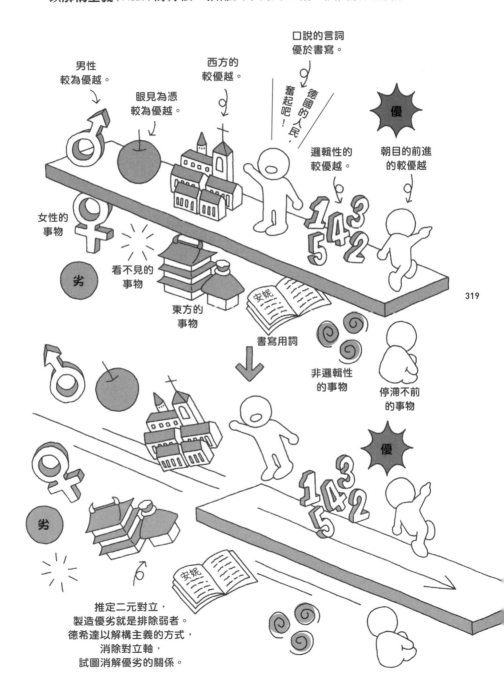

男性較為優越。

眼見為憑較為優越。

西方的較優越。

口說的言詞優於書寫。

德國的人民，奮起吧！

邏輯性的較優越。

朝目的前進的較優越

優

女性的事物

看不見的事物

劣

東方的事物

書寫用詞

安妮

非邏輯性的事物

停滯不前的事物

劣

優

安妮

推定二元對立，
製造優劣就是排除弱者。
德希達以解構主義的方式，
消除對立軸，
試圖消解優劣的關係。

德希達

▶237

## 解構主義
### Deconstruction

文　獻 -------- 德希達《書寫與延異》、《聲音與現象》、《書寫學》
備　註 --------- 解構主義對於文學批評及女性主義理論造成影響

依據德希達的論述，西方哲學往往以「善／惡」、「主觀／客觀」、「原創／複製」、「強／弱」、「正常／異常」、「男／女」般，建構在「優／劣」的**二元對立**（P.318）。他認為建立在**二元對立**思考的結果就是排除弱者及異質事物，因而試圖將**二元對立**解體，這就稱為**解構主義**。

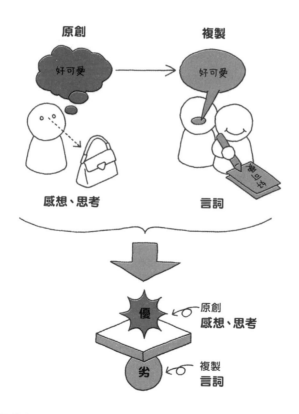

就以**原創及複製**之間的關係為例來說明**德希達**的**解構主義**方式吧！例如，看到手提包而產生「好可愛」的**感想**（思考），以**言詞**說出「好可愛」時，言詞就是複製感想。原創的感想（思考）比複製的言詞更為優越。

但是**德希達**認為這個感想並不是原創。這是因為人類都是以現成的詞彙來思考，詞彙並不是自己創造的。感想只是曾在什麼地方看到或聽到而複製的詞彙。在這樣的思維下，原創及複製的關係便產生逆轉。

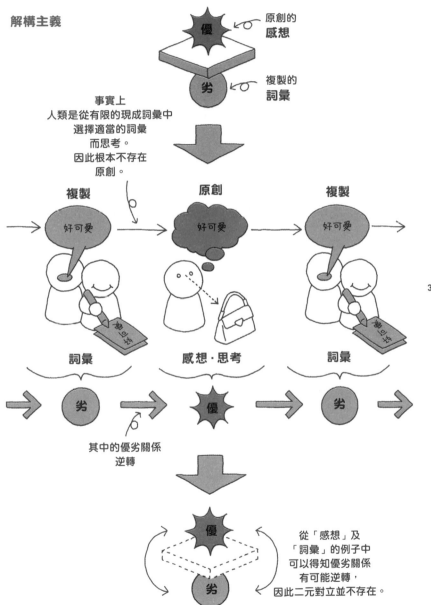

解構主義

原創的
**感想**

複製的
**詞彙**

事實上
人類是從有限的現成詞彙中
選擇適當的詞彙
而思考。
因此根本不存在
原創。

複製　　　　原創　　　　複製

好可愛　　　好可愛　　　好可愛

詞彙　　　感想·思考　　　詞彙

其中的優劣關係
逆轉

從「感想」及
「詞彙」的例子中
可以得知優劣關係
有可能逆轉，
因此二元對立並不存在。

像這樣「優／劣」有輕易逆轉的可能性，他以解構主義說明把事物以**二元對立**來解讀的危險性。

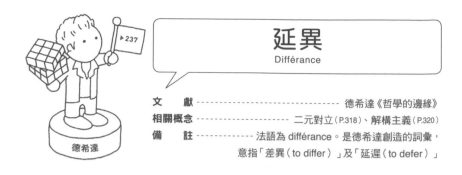

▶237

# 延異
## Différance

| | |
|---|---|
| 文　　獻 | 德希達《哲學的邊緣》 |
| 相關概念 | 二元對立（P.318）、解構主義（P.320） |
| 備　　註 | 法語為 différance。是德希達創造的詞彙，意指「差異（to differ）」及「延遲（to defer）」 |

德希達

西方認為**文字（書寫詞彙）**是為了代理**語音（口說詞彙）**而產生的**複製**，因此語音比文字有價值，這就是**語音中心主義**。

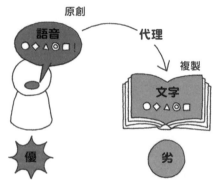

原創

語音

代理

複製

文字

優　　劣

西方認為原始的語音（口說詞彙）
比複製出來的文字（書寫詞彙）更有價值。

322

**德希達**認為**語音中心主義**，是以眼前存在、直接、容易了解為最優先的危險思想。對他而言，**語音中心主義**和以直接、淺顯易懂的言詞及加上演技的演說來主導的納粹政權有重疊之處。

蘇格拉底認為
以文字無法正確
傳達思想，
因此連一本著作
都沒寫。

文字是「死的語言」，
相反的，
語言是活生生的。

語音中心主義
是危險的。

蘇格拉底

德希達

德希達認為文字並不是語音的正確複製。當語音變化成文字時，已將動態存在轉化成靜態形式的存在。而且，變化之際會產生時間差距，因而語音和文字並不一致。**德希達**把語音轉化成**文字、原創和複製**之間的**差異**稱為**延異**。既然文字和語音並不一致，文字就不再是語音的代理，而應該將兩者同等看待。

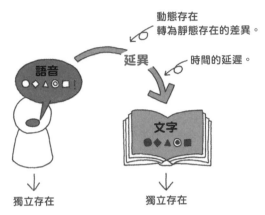

文字並非語音的代理。
兩者是獨立存在的，
德希達認為兩者具有同等的價值。

另外，據**德希達**表示，語音並不完全是原創，因為人類是由自己所知的詞彙中選擇適當用詞而思考。過去曾經在某處看到的文字產生**延異**而形成語音的可能性十分高。對**德希達**而言，事物永遠有著：原創→**複製**→原創→**複製**的**延異**，其中並沒有孰優孰劣之分。

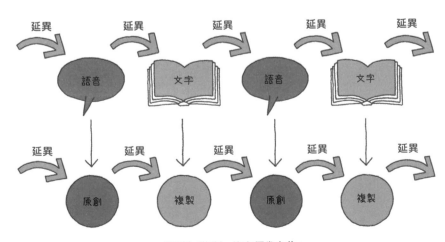

「原創／複製」沒有優劣之分；
「正常／異常」、「強／弱」也可說是同樣沒有優劣之分。

# 樹狀思維｜塊莖理論
## Tree｜Rhizome

文　獻 ------------------------------ 德勒茲與瓜塔里合著《千重臺》

備　註　哲學家千葉雅將代表德勒茲的塊莖理論分為「連續的德勒茲」及「剖面的德勒茲」，他認為應該更重視剖面的分析。

德勒茲

**德勒茲**及精神科醫師**瓜塔里**（Félix Guattari, 1930～1992）認為西方的思想，就如系統圖般，是從一個絕對的事物展開的思想。他們表示，如果將它以**樹狀思維（Tree）**為例，有時會有系統沒被納入而遭到排除。因此**德勒茲**提出塊莖理論（**Rhizome**）以對抗樹狀思維。

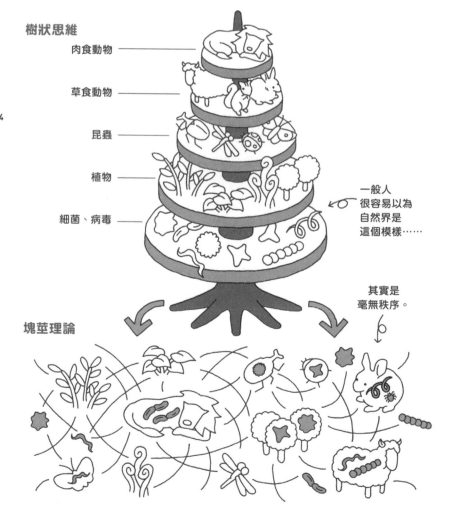

**樹狀思維**

肉食動物

草食動物

昆蟲

植物

細菌、病毒

一般人
很容易以為
自然界是
這個模樣……

其實是
毫無秩序。

**塊莖理論**

324

相對於**樹**，**塊莖**沒有所謂的起點也沒有終點，而是一個網狀的迷宮，縱橫交錯且無盡地擴展。**德勒茲**和**瓜塔里**認為以**塊莖**理論的印象來解讀事物，並不是像**黑格爾**的**辯證法**(P.174)般**統一**不同的思維，而是直接對於**差異性**採取接納的想法。

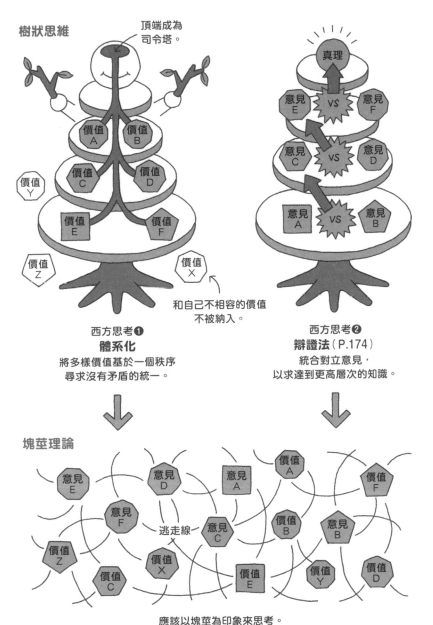

樹狀思維

頂端成為司令塔。

價值A　價值B

價值Y

價值C　價值D

價值E　價值F

價值Z

價值X

和自己不相容的價值不被納入。

西方思考❶
**體系化**
將多樣價值基於一個秩序
尋求沒有矛盾的統一。

真理

意見E　VS　意見F

意見C　VS　意見D

意見A　VS　意見B

西方思考❷
**辯證法**(P.174)
統合對立意見，
以求達到更高層次的知識。

塊莖理論

意見E　意見D　意見A　價值A　價值F

意見F　逃走線　意見C　價值B　意見B

價值Z　價值X　價值C　價值E　價值Y　價值D

應該以塊莖為印象來思考。
這麼一來就不致把多樣化的價值在自己的內在進行統一，
而是直接接納原本的差異。

325

德勒茲

▶236

# 精神分裂｜偏執狂
## Schizophrenia｜Paranoia

文　　獻 -------------------- 德勒茲和瓜塔里合著《反伊底帕斯》
相關概念 --------- 樹狀思維｜塊莖理論（P.324）、游牧思維（P.328）
備　　註 ----------- 日本於八〇年代因淺田彰的介紹一時風行，
　　　　　　　　　　　　　　　　獲得流行語大賞

**德勒茲**和**瓜塔里**對於欲望以有如分子般不斷增生往四面八方擴散的印象加以解讀，把因**欲望**而運轉的這個世界稱為**欲望機器**。**欲望機器**中也包括我們人類，而且在潛意識中對我們身體的一切**器官**產生作用。

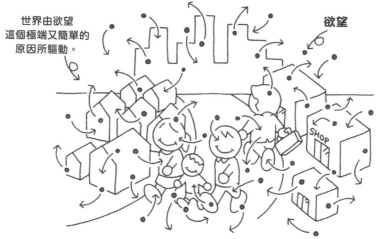

世界由欲望
這個極端又簡單的
原因所驅動。

欲望

世界由擴散至四面八方的欲望所驅動，
但社會卻試圖壓抑而推動體制化。

原本人類應該依欲望的驅使而行動，但由於父母、社會等**壓抑裝置作用**，企圖讓這些有如擴散分子般的動力在自身中朝同一方向統一，能夠做到這一點則稱為**認同**。

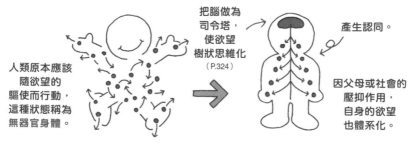

人類原本應該
隨欲望的
驅使而行動，
這種狀態稱為
無器官身體。

把腦做為
司令塔，
使欲望
樹狀思維化
（P.324）

產生認同。

因父母或社會的
壓抑作用，
自身的欲望
也體系化。

一旦在自己的身上製造出自我認同，就會受到社會規範拘束，在意他人的評價下，背負著許多羈絆而生存。此狀態稱為**偏執狂**（paranoia）。**偏執狂**把一切事物全框在自己的價值基準領域當中，這麼一來將無法產生新的價值。

**偏執狂**

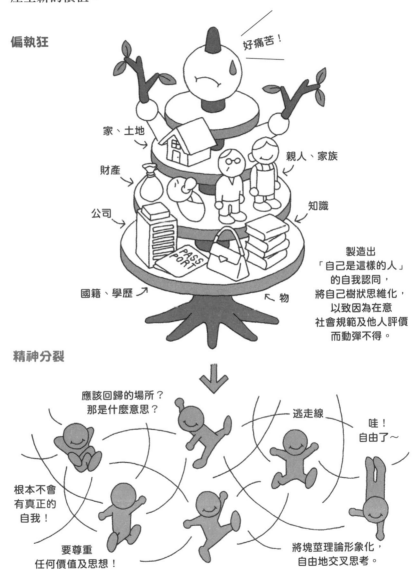

好痛苦！

家、土地

財產

公司

國籍、學歷

親人、家族

知識

物

製造出
「自己是這樣的人」
的自我認同，
將自己樹狀思維化，
以致因為在意
社會規範及他人評價
而動彈不得。

**精神分裂**

應該回歸的場所？
那是什麼意思？

逃走線

哇！
自由了～

根本不會
有真正的
自我！

要尊重
任何價值及思想！

將塊莖理論形象化，
自由地交叉思考。

相反的，沒有抱持自己的人格或認同立場，則稱為精神分裂。**精神分裂**（schizophrenia）能對每一時刻的欲望驅使樂在其中，而且不受限於任何價值，採取接納的態度。**德勒茲**及**瓜塔里**認為**精神分裂**是理想的生存方式（游牧思維 P.328）。

德勒茲

# 游牧思維
Nomad

文　獻 ---------------------- 德勒茲和瓜塔里合著的《千重臺》

相關概念　樹狀思維｜塊莖理論（P.324）、精神分裂｜偏執狂（P.326）

備　註 ------- 《千重臺》中，描述游牧思維成為「戰爭機器」，
與壓抑的國家對抗之遠景

我們都追求居住安定、財富蓄積、讓人生充實。但是依**德勒茲和瓜塔里**的說法，這樣的生存方式是受到社會規範及他人評價所束縛，背負著許多羈絆而生活。尋求安定的想法很快就會轉變成無法接納和自己不同的思想，成為一切都以自我的價值觀來解釋的**偏執狂**（P.327）。

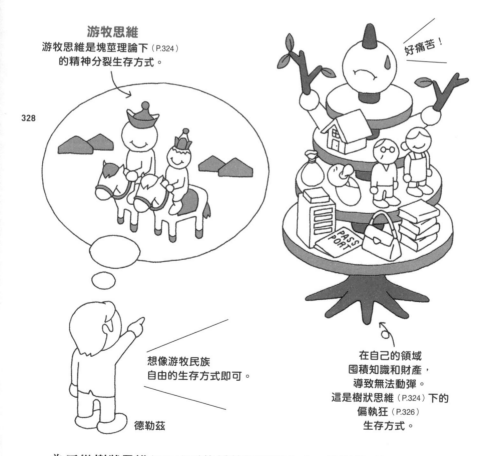

**游牧思維**

游牧思維是塊莖理論下（P.324）
的精神分裂生存方式。

好痛苦！

想像游牧民族
自由的生存方式即可。

德勒茲

在自己的領域
囤積知識和財產，
導致無法動彈。
這是樹狀思維（P.324）下的
偏執狂（P.326）
生存方式。

328

為了從**樹狀思維**（P.324）下的**偏執狂**得到自由，他們著眼於**游牧思維**（游牧民族）的生存方式。

德勒茲和瓜塔里提倡**游牧思維**的生存方式——不是長久停留在固定場所，而是橫跨多元價值的不同領域，即**塊莖理論**（P.324）而且採精神分裂式（P.326）的**游牧思維**生存方式。

**單純喜愛旅行和游牧思維生存方式的差異**

### 單純喜愛旅行（樹狀思維、偏執狂的）

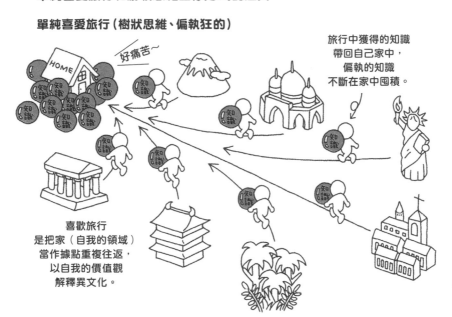

好痛苦~

HOME

旅行中獲得的知識
帶回自己家中，
偏執的知識
不斷在家中囤積。

喜歡旅行
是把家（自我的領域）
當作據點重複往返，
以自我的價值觀
解釋異文化。

### 游牧思維的生存方式（塊莖理論、精神分裂式的）

NET CAFE

並未擁有一個固定住所，
而是橫跨多樣的價值。
形象不是「喜愛旅行」而是
更近似「搬家狂」。

# 女性主義
Feminism

語義 ----------------------------------- 批判男性支配的社會，
主張女性自我決定權的思想、運動

備註 ----------------------------------- 除了參政權，近代民主主義
從男性中心的民主主義開始啟動

▶240

西蒙·波娃

所謂**女性主義**，就是對男性支配世界提出異議，發起創造男女平等的社會之思想或運動。一般分為第 1 期、第 2 期及第 3 期。

女性受教育的權利
女性參政權
女性工作權

**第1期**
19世紀～1930年代
為了使女性和男性在法律上達到同等地位，並獲得具體權利而展開的運動。

330

男人工作，女人持家。
父權體制
養兒育女、照顧父母及家事是女人的工作。
胡說八道！

**第2期**
1960～1970年代
重新檢視肉眼看不見、殘留在潛意識中的性別歧視。

**第3期**
1970年代～
肯定同性戀及變性等不受生理性別（先天性別）或社會性別（P.331）的限制，摸索真正像自己的生活方式。

朝向社會性別是女性而生理性別是男性，或社會性別是男性而生理性別是女性都可被接納的時代。

巴特勒

社會性別
Gender

意　義 ----------------------------------- 社會、文化形成的性別
備　註 ------- 社會性別的研究，以各項案例來說明過去人們認為
　　　　　屬於天性的性別差異，其實是社會及歷史因素下形成的

**社會性別**指的是人類因為社會、文化、歷史等後天因素而形成的**性別差異**，有別於生物學造成性別差異的**生理性別**。

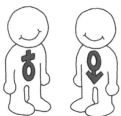

**生理性別**
生物學上的性別差異。
自然界先天存在
的性別差異。

**社會性別**
社會、文化形成的性別差異。
並非先天的特質，
而是社會形成的性別差異。

331

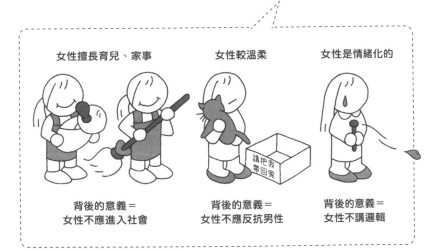

女性擅長育兒、家事

女性較溫柔

女性是情緒化的

背後的意義＝
女性不應進入社會

背後的意義＝
女性不應反抗男性

背後的意義＝
女性不講邏輯

請把我帶回家

**社會性別**中往往背後含有一層「女性不可以進入社會」的訊息，可以說是為了方便男性社會而產生。另外，**巴特勒**也認同生物學中的**生理性別**及社會形成的**社會性別**，而支持同性戀及變性。

# 東方主義
## Orientalism

意　義 ------------------------------- 指西方擅自塑造的東方印象
文　獻 ------------------------------- 薩依德《東方主義》
備　註 ------------- 薩依德認為克服東方主義需要多文化主義

薩依德

近代西方社會看到的非西方社會只不過是莫名其妙的**他者**（P.268）。

因此西方把非西方社會統括在一起，冠上「東方」之名，認為他們是
「怠惰」、「情緒化（不講邏輯）」、「具異國風情（沒有現代化）」、「神
祕（不可思議、無法理解）」、「無法客觀看待自己」等印象。

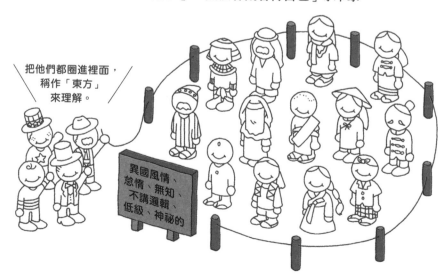

西方塑造出的東方印象，被視作正確的解讀，並透過各種形式傳播：
電影、小說，連應該講求客觀的經濟學或社會學都包括在內，讓「東
方」印象廣為人知。

另一方面，相對於東方，使用「西方」這個詞彙來詮釋講邏輯的世界。
認為自己擁有正確的知識，應該教育現代化較遲緩的東方。**薩依德**認
為西方自認優越的思考，讓支配殖民地正當化。

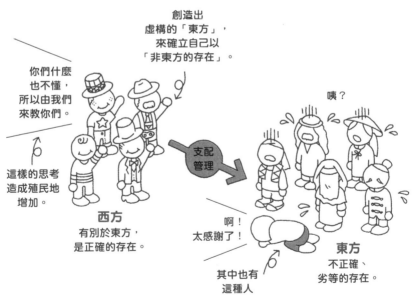

**薩依德**批判西方眼中的東方只是流於表面理解的**東方主義**。同屬於
「東方」的日本，積極汲取西方近代化，也曾有過把未近代化的亞洲
國家殖民地化的歷史。

▶241

# 「帝國」
## Empire

| | |
|---|---|
| 意　　義 | 超越國境的網狀權力系統 |
| 文　　獻 | 納格利、哈德合著《帝國》 |
| 相關概念 | 群眾（P.336） |
| 備　　註 | 並不是指美國或中國等實際的國家 |

納格利

**納格利**和**麥可‧哈德**（Michael Hardt，1960～）主張支配全世界的新**權力「帝國」**之出現。過去的帝國，指的是羅馬帝國、大英帝國，或是做為比喻表現的「美國帝國」般，權力結構的中心是國王或國家擴張**領土**的情況。

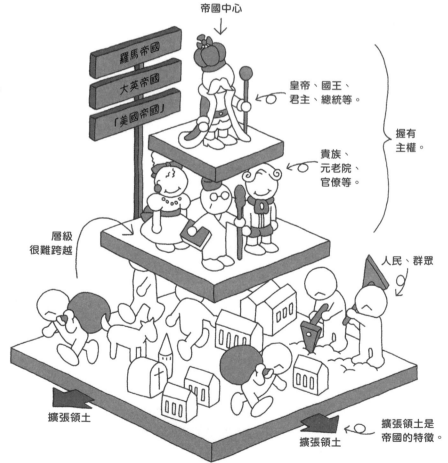

**過去的帝國**

帝國中心

羅馬帝國
大英帝國
「美國帝國」

皇帝、國王、君主、總統等。

貴族、元老院、官僚等。

握有主權。

層級很難跨越

人民、群眾

擴張領土

擴張領土

擴張領土是帝國的特徵。

相對之下，隨著通訊技術及傳送技術的進步，地球上出現了新型態的
「帝國」。「帝國」指的是以資本主義為基礎，美國政府或多國企業、
G-20、WEF（世界經濟論壇）等跨越國界、錯綜複雜的**網狀權力系統**。
「帝國」並未具有中心，也不需要擴張領土。在「帝國」中，擁有核
武等軍事設備的美國扮演很重大的角色。但是美國也必須服從這個系
統，因此，美國並不等於「帝國」。

## 現代的「帝國」

「帝國」是不具主權中心也沒有領土的網狀權力系統。
可以從各個場所管理、育成我們。

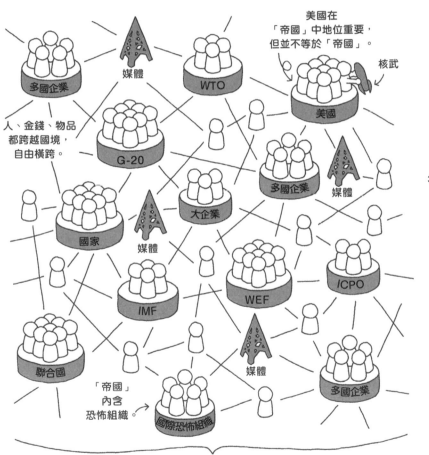

「帝國」是基於我們的欲望，也就是資本主義下形成的系統。

**納格利和麥可‧哈德**認為為了使我們必須順應資本主義，「**帝國**」滲
透日常生活中的各個角落，從每個地方加以管理、育成我們，而與之
對抗的手段就是**群眾**（P.336）。

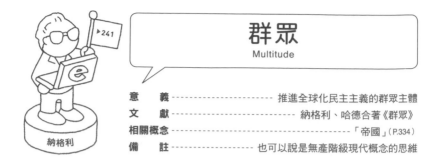

# 群眾
Multitude

納格利

| 意 義 | 推進全球化民主主義的群眾主體 |
|---|---|
| 文 獻 | 納格利、哈德合著《群眾》 |
| 相關概念 | 「帝國」（P.334） |
| 備 註 | 也可以說是無產階級現代概念的思維 |

**納格利**和**麥可·哈德**主張地球出現網路分布權力的**「帝國」**（P.334）。**「帝國」**為了培育順應資本主義的人們而從各個場所加以管理、育成。不過，**納格利**和**麥可·哈德**認為既然**「帝國」**呈網路分布，只要民眾反過來利用這個系統加以串聯，就能對抗**「帝國」**。

336

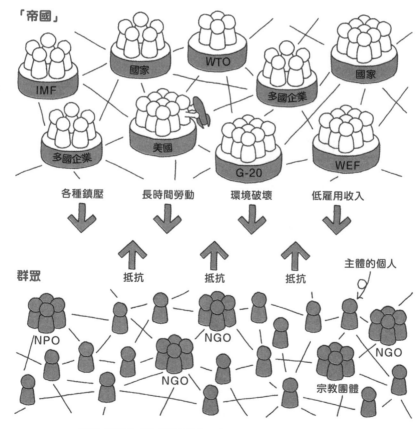

只要「帝國」形成網路分布，民眾就可以利用這個系統，
藉由網路分布串聯與之對抗。

納格利和麥可・哈德把在國家或資本主義支配下的人們稱為**群眾**，認為群眾擁有與權力對抗的能力。但是這和過去馬克思曾經提倡發起暴力革命的**無產階級**（P.195）並不相同。主婦、學生、移民、老人、性傾向弱勢族群、資本家、上班族、專家、新聞記者等各種不同的人們，都可以透過自己的專長，串聯成網路分布，有時彼此商談，有時集結一起，成為——解決**資本主義**矛盾力量的**群眾**。

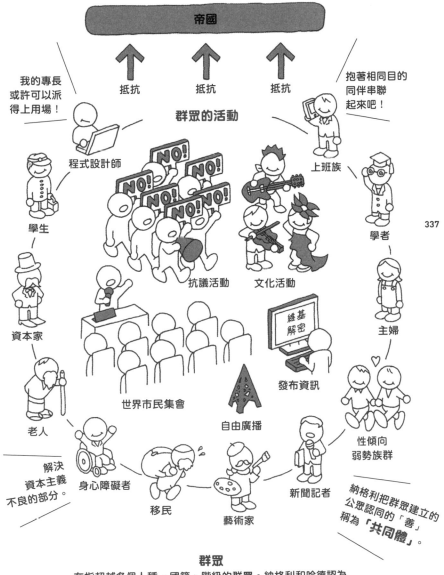

帝國

抵抗　抵抗　抵抗

**群眾的活動**

我的專長或許可以派得上用場！

程式設計師

學生

資本家

老人

身心障礙者

移民

藝術家

抗議活動

文化活動

世界市民集會

自由廣播

發布資訊

維基解密

NO! NO! NO! NO! NO! NO!

抱著相同目的同伴串聯起來吧！

上班族

學者

主婦

性傾向弱勢族群

新聞記者

解決資本主義不良的部分。

納格利把群眾建立的公眾認同的「善」稱為**「共同體」**。

**群眾**

在指超越各個人種、國籍、階級的群眾。納格利和哈德認為他們只要串聯成網路分布，就能對抗「帝國」，也就是資本主義的矛盾。

# 生命倫理 ｜ 環境倫理
Bioethics ｜ Environmental ethics

隨著基因技術及醫療技術的進步，人開始能夠操控人類的生死。同時，也因為破壞大自然及汙染，使得地球環境產生變化。過去的「人」、「家族」、「自由」、「死亡」等概念有必要重新定義。

## 基因操控

無性生殖使得製造人類成為可能。想要孩子卻無法生育的夫妻，或子女因為意外或病逝的夫婦的問題能夠得到解決。但是就倫理而言可以這樣做嗎？

使用與父母相同基因組織而製造出小孩。

我是無性生殖人類。

能歧視無性生殖人嗎？如果是，理由是什麼？

## 出生前的診斷

生產前能夠得知異常，使得人類可以有目的的選擇，這樣好嗎？

## 人工智能、人工器官

擁有人工製造人體的生化人和擁有人工智能及感情的人型機器人，兩者之間的差異呢？

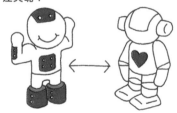

## 代理孕母生產

不能生小孩的夫妻也能由他人代理生產而擁有孩子。
出生的孩子可能擁有多達五人的父母。「家族」的概念可能必須重新定義？

我有五個爸媽

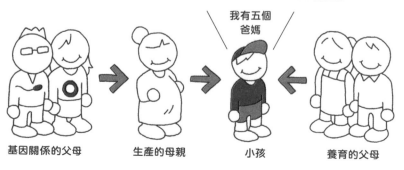

基因關係的父母　　生產的母親　　小孩　　養育的父母

### 訂做優生娃娃、人工授精

在受精卵階段控制基因，或是在網路上購買優秀的精子，意圖性地製造優生娃娃，所謂優生娃娃是最適合生存於「現在環境」的孩子。那麼，要是「現在環境」改變了呢？

### 器官移植

器官移植成為可能。這是人對他人的崇高行為，還是成為取代他人身體的非人行為？自己的身體屬於自己，所以自由販賣器官沒有不當？

### 安樂死、腦死

醫療技術的進步能夠延長人的壽命。該如何面對臨終？腦死的新標準產生，死的概念是什麼？

### 自然的生存權

因為自己是人，所以認為人類這個「種」最偉大的想法並不好。例如脊椎動物是能夠感覺痛苦和恐怖的生物。為了人類小小的利益，可以侵害生物「生存」的最大權利嗎？

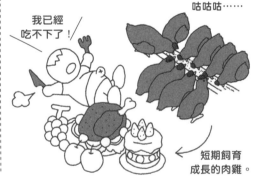

咕咕咕……

我已經吃不下了！

短期飼育成長的肉雞。

### 世代間倫理、地球有限主義

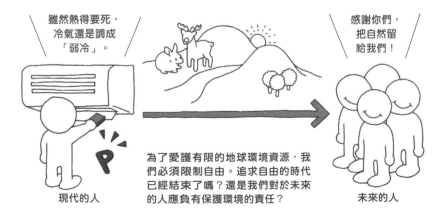

雖然熱得要死，冷氣還是調成「弱冷」。

感謝你們，把自然留給我們！

為了愛護有限的地球環境資源，我們必須限制自由。追求自由的時代已經結束了嗎？還是我們對於未來的人應負有保護環境的責任？

現代的人

未來的人

「或許我眼中看到的蘋果顏色、外形和其他人看到的並不同，只是我們一直各自抱著不同觀點相處而已」、「說不定這個世界根本就是一場夢」……

誰都可能存有類似這樣的謎題，我非常想要得知其中的答案。我的祖父很愛閱讀，老家的整面牆都充滿了法語、德語寫成，不明所以的原文書，以及經過日曬呈褐色的蠟紙包起來的哲學書。有一天，我突然覺得這些書中可能有我想找尋的答案。

確實，挑起「主觀與客觀」問題的知識巨人眾多。

笛卡兒說主觀與客觀是一致的，理由是「因為神讓它一致」；相反的，休謨卻否定客觀世界的存在；康德則認為人類主觀和物體本身的型態雖然不一致，但同屬人類的主觀是一致的。

黑格爾依據所謂的辯證法，主張能夠讓主觀與客觀達到一致；胡塞爾則相信人主觀外的世界是存在的，而試圖探尋其根據。

因為想把看到這些思想、感受到的驚奇視覺化，所以誕生了本書。

本書由主要涉獵哲學、思想、修養、社會科學領域的齋藤哲也監修，他對於我在詮釋時的誤解一一指正。本書能夠完成，衷心感謝齋藤的傾力協助，藉此表達對他的深切謝意。同時，也衷心感謝賜予出版機會的 PRESIDENT 出版社的中嶋愛。

最後，感謝閱讀本書的您，若是您能在本書中有所發現或驚奇，將使我感到無限欣慰。

田中正人

## ［主要参考文献］ *哲学原典除外

ラッセル『哲学入門』高村夏輝 訳 ちくま学芸文庫

ヤスパース『哲学入門』草薙正夫 訳 新潮文庫

フランソワ・シャトレ 編『ギリシア哲学（西洋哲学の知）』藤沢令夫 訳 白水社

フランソワ・シャトレ 編『中世の哲学（西洋哲学の知）』山田晶 訳 白水社

フランソワ・シャトレ 編『近代世界の哲学（西洋哲学の知）』竹内良知 訳 白水社

フランソワ・シャトレ 編『啓蒙時代の哲学（西洋哲学の知）』野沢協 訳 白水社

フランソワ・シャトレ 編『哲学と歴史（西洋哲学の知）』野田又夫 訳 白水社

フランソワ・シャトレ 編『産業社会の哲学（西洋哲学の知）』花田圭介 訳 白水社

フランソワ・シャトレ 編『人間科学と哲学（西洋哲学の知）』田島節夫 訳 白水社

フランソワ・シャトレ 編『二十世紀の哲学（西洋哲学の知）』中村雄二郎 訳 白水社

ディオゲネス・ラエルティオス『ギリシア哲学者列伝〈上〉〈中〉〈下〉』加来彰俊 訳 岩波文庫

クラウス・リーゼンフーバー『西洋古代・中世哲学史（平凡社ライブラリー）』矢玉俊彦 佐藤直子 訳
平凡社

トマス・ネーゲル『哲学ってどんなこと？』岡本裕一朗 若松良樹 訳 昭和堂

ピエトロ・エマヌエーレ『この哲学者を見よ─名言でたどる西洋哲学史』泉典子 訳 中公文庫

ヨースタイン・ゴルデル『ソフィーの世界』須田朗 監修 池田香代子 訳 NHK 出版


『岩波哲学・思想事典』廣松渉 編 岩波書店

『縮刷版 現象学事典』木田元 野家啓一 村田純一 鷲田清一 編 弘文堂

『新版 哲学・論理用語辞典』思想の科学研究会 編 三一書房

『概念と歴史がわかる 西洋哲学小事典』生松敬三 伊東俊太郎 岩田靖夫 木田元 編 ちくま学芸文庫

『哲学キーワード事典』木田元 編 新書館

ドミニク・フォルシェー『年表で読む哲学・思想小事典』菊地伸二 杉村靖彦 松田克進 訳 白水社

山本巍 宮本久雄 門脇俊介 高橋哲哉 今井知正 藤本隆志 野矢茂樹『哲学原典資料集』東京大学
出版会

麻生享志 伊古田理 桑田礼彰 河谷淳 飯田亘之 黒崎剛 久保陽一『原典による哲学の歴史』公論社

永井均 小林康夫 大澤真幸 山本ひろ子 中島隆博 中島義道 河本英夫『事典・哲学の木』講談社

今村仁司『現代思想を読む事典』講談社現代新書

ウィル・バッキンガム『哲学大図鑑』小須田健 訳 三省堂


重田園江『社会契約論─ホッブズ、ヒューム、ルソー、ロールズ』ちくま新書

石川文康『カント入門』ちくま新書

熊野純彦『カント─世界の限界を経験することは可能か（シリーズ・哲学のエッセンス）』NHK 出版

長谷川宏『新しいヘーゲル』講談社現代新書

長谷川宏『ヘーゲル『精神現象学』入門』講談社選書メチエ

金子武蔵『ヘーゲルの精神現象学』ちくま学芸文庫

生松敬三『社会思想の歴史─ヘーゲル・マルクス・ウェーバー』岩波現代文庫

大川正彦『マルクス─いま、コミュニズムを生きるとは？（シリーズ・哲学のエッセンス）』NHK 出版

今村仁司『マルクス入門』ちくま新書

魚津郁夫『プラグマティズムの思想』ちくま学芸文庫

竹田青嗣『現象学入門』NHK ブックス

竹田青嗣『はじめての現象学』海鳥社

木田元『ハイデガーの思想』岩波新書

内田樹『レヴィナスと愛の現象学』文春文庫

永井均『これがニーチェだ』講談社現代新書

富増章成『図解でわかる! ニーチェの考え方』中経の文庫

妙木浩之『フロイト入門』ちくま新書

野矢茂樹『ウィトゲンシュタイン『論理哲学論考』を読む』ちくま学芸文庫

永井均『ウィトゲンシュタイン入門』ちくま新書

渡辺公三『レヴィ＝ストロース（現代思想の冒険者たち Select）』講談社

橋爪大三郎『はじめての構造主義』講談社現代新書

内田樹『寝ながら学べる構造主義』文春新書

神崎繁『フーコー――他のように考え、そして生きるために（シリーズ・哲学のエッセンス）』NHK 出版

貫成人『フーコー――主体という夢：生の権力（入門・哲学者シリーズ 2）』青灯社

中山元『フーコー入門』ちくま新書

戸田山和久『科学哲学の冒険―サイエンスの目的と方法をさぐる』NHK ブックス

斎藤慶典『デリダ―なぜ「脱・構築」は正義なのか（シリーズ・哲学のエッセンス）』NHK 出版

今村仁司 三島憲一 鷲田清一 野家啓一 矢代梓『現代思想の源流（現代思想の冒険者たち Select）』講談社

久米博『現代フランス哲学』新曜社


戸田山和久『哲学入門』ちくま新書

木田元『わたしの哲学入門』講談社学術文庫

木田元『反哲学入門』新潮文庫

木田元『反哲学史』講談社学術文庫

貫成人『図説・標準 哲学史』新書館

貫成人『図解雑学 哲学』ナツメ社

三木清『哲学入門』岩波新書

竹田青嗣『自分を知るための哲学入門』筑摩書房

竹田青嗣『現代思想の冒険』ちくま学芸文庫

小阪修平『そうだったのか現代思想』講談社＋α文庫

小阪修平『図解雑学 現代思想』ナツメ社

熊野純彦『西洋哲学史―古代から中世へ』『西洋哲学史―近代から現代へ』岩波新書

今道友信『西洋哲学史』講談社学術文庫

仲正昌樹 藤本一勇 清家竜介 北田暁大 毛利嘉孝『現代思想入門』PHP 研究所

堀川哲『世界を変えた哲学者たち』角川ソフィア文庫

堀川哲『歴史を動かした哲学者たち』角川ソフィア文庫

畠山創『考える力が身につく 哲学入門』中経出版

飲茶『史上最強の哲学入門』マガジン・マガジン

瀧本往人『哲学で自分をつくる 19 人の哲学者の方法』東京書籍

岩田靖夫『ヨーロッパ思想入門』岩波ジュニア新書

山本信『哲学の基礎』北樹出版

荻野弘之『哲学の原風景』NHK ライブラリー

小須田健『面白いほどよくわかる 図解 世界の哲学・思想』日本文芸社

山竹伸二『フシギなくらい見えてくる! 本当にわかる哲学』日本実業出版社

岡本裕一朗『フシギなくらい見えてくる! 本当にわかる現代思想』日本実業出版社

甲田烈『手にとるように哲学がわかる本』かんき出版

秦野勝『面白いほどよくわかる! 哲学の本』西東社

沢辺有司『いちばんやさしい哲学の本』彩図社

小川仁志『超訳「哲学用語」事典』PHP 文庫

吉岡友治『必ずわかる!「○○（マルマル）主義」事典』PHP 文庫

高等学校公民科『倫理』教科書 東京書籍／清水書院／山川出版社／数研出版

『倫理用語集』濱井修 監修 小寺聡 編 山川出版社

# 索引

*最前面的數字表示，該名詞主要出現頁碼；( )中的數字，表示其他參見頁碼。

國家圖書館出版品預行編目 (CIP) 資料

哲學超圖解：直覺理解世界 72 哲人 x 古今
210個哲學概念，看圖就懂，面對未來不迷惘！
/田中正人著；江裕真，卓惠娟譯 . -- 三版 . --
新北市：野人文化股份有限公司出版：遠足
文化事業股份有限公司發行 , 2023.07
　面；　公分 . -- (Graphic time ; 3)
　譯自：哲　用語　鑑
　ISBN 978-986-384-896-7( 平裝 )

1.CST: 哲學

100　　　　　　　　　　　　112011539

哲學超圖解：世界 72 哲人 x 古今 210 個
哲思，看圖就懂，面對人生不迷惘！

線上讀者回函專用 QR CODE，您的
寶貴意見，將是我們進步的最大動力。

GRAPHIC
TIMES
003

# 哲學超圖解

世界72哲人╳古今210個哲思，
看圖就懂，面對人生不迷惘！

| | |
|---|---|
| **作者** | 田中正人／著；齋藤哲也／編輯監修 |
| **中文版審定** | 苑舉正、冀劍制 |
| **譯者** | 卓惠娟、江裕真 |
| **社長** | 張瑩瑩 |
| **總編輯** | 蔡麗真 |
| **責任編輯** | 徐子涵 |
| **校對** | 魏秋綢 |
| **行銷經理** | 林麗紅 |
| **行銷企劃** | 蔡逸萱、李映柔 |
| **封面設計** | 井十二設計研究室 |
| **內頁排版** | 洪素貞 |

| | |
|---|---|
| **出版** | 野人文化股份有限公司 |
| **發行** | 遠足文化事業股份有限公司 ( 讀書共和國出版集團 ) |
| | 地址：231 新北市新店區民權路 108-2 號 9 樓 |
| | 電話：（02）2218-1417　傳真：（02）8667-1065 |
| | 電子信箱：service@bookrep.com.tw |
| | 網址：www.bookrep.com.tw |
| | 郵撥帳號：19504465 遠足文化事業股份有限公司 |
| | 客服專線：0800-221-029 |
| | 法律顧問 華洋法律事務所　蘇文生律師 |
| **印製** | 凱林印刷股份有限公司 |
| **初版一刷** | 2015 年 12 月 |
| **二版一刷** | 2018 年 11 月 |
| **三版一刷** | 2023 年 08 月 |
| **ISBN** | 9789863848967( 紙本書 ) |
| | 9789863849001（PDF） |
| | 9789863848998（EPUB） |

特別聲明：有關本書中的言論內容，
不代表本公司 / 出版集團之立場與意
見，文責由作者自行承擔

有著作權　侵害必究
歡迎團體訂購，另有優惠，請洽業務
部（02）22181417 分機 1124

**野人文化**
**讀者回函卡**

書　名
_____

姓　名
_____ □女 □男　年齡

地　址
_____

_____

電　話　　　　　　　　手機
_____

Email
_____

□同意 □不同意　　收到野人文化新書電子報

學　歷　□國中（含以下）□高中職　　□大專　　　　□研究所以上
職　業　□生產/製造　□金融/商業　□傳播/廣告　□軍警/公務員
　　　　□教育/文化　□旅遊/運輸　□醫療/保健　□仲介/服務
　　　　□學生　　　□自由/家管　□其他

◆你從何處知道此書？
　□書店：名稱 _____　　□網路：名稱 _____
　□量販店：名稱 _____　□其他 _____

◆你以何種方式購買本書？
　□誠品書店　□誠品網路書店　□金石堂書店　□金石堂網路書店
　□博客來網路書店　□其他 _____

◆你的閱讀習慣：
　□親子教養　□文學　□翻譯小說　□日文小說　□華文小說　□藝術設計
　□人文社科　□自然科學　□商業理財　□宗教哲學　□心理勵志
　□休閒生活（旅遊、瘦身、美容、園藝等）　□手工藝／DIY　□飲食／食譜
　□健康養生　□兩性　□圖文書／漫畫　□其他 _____

◆你對本書的評價：（請填代號，1.非常滿意　2.滿意　3.尚可　4.待改進）
　書名 _____ 封面設計 _____ 版面編排 _____ 印刷 _____ 內容 _____
　整體評價 _____

◆你對本書的建議：
_____

_____

_____

_____

野人文化部落格 http://yeren.pixnet.net/blog
野人文化粉絲專頁 http://www.facebook.com/yerenpublish

野人

23141
新北市新店區民權路108-2號9樓
野人文化股份有限公司 收

請沿線撕下對折寄回

野人

書號：0NGT4003